少年フィデル
FIDEL my early years

フィディル・カストロ
Fidel Castro

東京外国語大学准教授　**柳原孝敦** 監訳

フィデル・カストロの最終成績表
1945年、ハバナ　ベレン高校

フィデル・カストロ＝ルス(1942〜45年)

芸術や文学などのあらゆる教養教科において、常にすぐれた成績を収めた。学生としても、生徒会役員としても優秀で、並はずれたスポーツ選手であり、校風を守るために常に勇気や誇りをもちあわせていた。ほかの生徒たちにも惜しみなく賞賛され愛されている。法律を学ぶというが、彼なら輝かしい名声を確立することは疑いない。フィデルはその才能を十分に発揮できる力をもっている。

FIDEL my early years
By Fidel Castro

Published by Ocean Press
Japanese translation rights arranged with Ocean Press

CONTENIDO

目　次

序文

Fidel Castro : El Oficio de la Palabra Hablada

素顔のフィデル

ガブリエル・ガルシア＝マルケス

海外からの賓客《ひんきゃく》に一週間同行してキューバをめぐったとき、フィデル・カストロはその客について「なんて弁の立つ男なんだ。私以上だ！」と語ったという。フィデル・カストロという人物をわずかでも知っているなら、それが大げさな話、とんでもない誇張だということがわかるというものだ。というのも、彼ほど会話という習慣にはまり込んでいる人物など見いだせないからだ。

彼の言葉に対する傾注の度合いはまるで魔術のようだ。革命の初期、ハバナへの勝利の入城から一週間もたたないころ、彼はテレビで休みなしに七時間も演説を続けた。これは世界記録に違いない。まだカストロの声に込められた催眠術のような力を知らなかったハバナの人々は、最初の数時間、伝統的なやり方にしたがってテレビの前に座って耳を傾けていた。しかし時がたつと、人々は日常生活に戻り、片方の耳をおのおのの仕事に向けながら、もう一方の耳は演説に向けることにしたのだった。

　カラカスからジャーナリストの一団とともに前日に現地入りしていた私は、ホテルの部屋で彼の演説を聞き始めた。それから私たちは途切れることなく、エレベーターでも、中心街へ向かうタクシーの中でも、花が飾られたカフェのテラスでも、冷房の効きすぎたバーでも、彼の演説を聞きつづけた。外を歩いているときでさえ、開けっ放しの窓越しにラジオから大音量の演説が聞こえた。夜になるころには、私たちは、一日のスケジュールをこなしたというのに、彼の言葉をひとことも聞き漏らしていなかった。

　はじめてフィデル・カストロの演説を耳にした私たちには、ふたつのことが気になった。ひとつは聞き手を魅惑する彼の恐ろしいほどの力、そしてもうひとつは彼の声のか細さだ。その声は、ときおり息を失った囁《ささや》きにしか聞こえなくなるくらいのしわがれた声だった。彼のしわがれ声を聞いたある医師は、アマゾン川の流れのように長くたゆたう演説をしなかったとしても、フィデル・カストロは五年以内には声が出なくなるだろうと見立てた。その後すぐの一九六二年八月、アメリカ合衆国企業の国有化を発表してから無言のままでいたときには、この診断が正しかったことを告げる最初の警告としての兆候かと思われた。しかしそれは一時的なもので、その後には二度と見られなかった。それから二六年がたった。フィデル・カストロは六二[*1]歳を超えた。彼の声はいまだにはっきりしないが、彼の語り口を巧妙にするもっとも効果的で打ち勝ちがたい魅力にあふれた楽器でありつづけている。

彼にとって三時間が平均的な会話のほどよい長さだ。一回につき三時間話すと、一日はあっという間に過ぎてしまう。彼は執務室に閉じこもる理論派のリーダーではなく、いつでもどこでも問題はないかと探し回るのを好む。だから轟音を立てる先導車もない目立たない車で、ハバナの人気のない通りや郊外を行く彼の姿が、夜明け前でさえも見かけられるという次第だ。こうしたことが、彼はさすらいの孤独家で、無秩序で型にはまらない不眠症患者、何時だろうといきなり人の家を訪ねたと思うと、朝まで家主を眠らせてくれないという伝説を作り出したのだ。

シエラ・マエストラ山脈からの習慣を引きずっていた革命初期のころには、このイメージもまだいくらかほんとうのことではあった。長時間の演説のためだけでなく、一五年もの間、家も、事務所ももたず、毎日の決められた仕事もない生活を送ったからでもある。当時は彼のいる場所が政府になり、権力は彼のさすらう時と場所について回った。現在では事情は変わった。彼ならではの性急さが減じたわけではないが、やっとのことで規則正しい生活をみずからに課すことができるようになった。以前は昼も夜もなく、疲れに打ち負かされたときにはどこででも、わずかに目を閉じるだけの生活を送っていた。いまではとくに時間は決まっていないが、最低六時間の深い睡眠をとるようにしている。ただし、その睡眠がいつとれるのかは彼自身にもわからない。状況次第では夜一〇時になることもあれば、翌朝七時になることもあるのだ。

彼は一日の何時間かを毎日の雑務整理のため、国家評議会議長の執務室で過ごす。そこはよく整理された机やなめしていない革でできた居心地のいい調度品でまとめられ、水耕栽培の論文から恋愛小説まで彼の趣味の広さを反映した本棚が置かれている。以前は毎日半箱ほど吸っていた葉巻も、完全にやめた。キューバはクリストファー・コロンブスがタバコを発見した国で、いまでも葉巻が最大の資金源となっているが、そんな国で、ただ単に喫煙と戦って精神的な強さを誇示するためにやめたのだ。

ちょっと気を許すと体重が増えるので、彼は長いことダイエットに取り組まざるをえないでいる。彼の旺盛な食欲と、ある種の科学的情熱をもって料理をするためのレシピを手に入れたときのつきない喜びを考えると、これは計り知れない犠牲だ。ある日曜日、食欲のままに、たっぷりとした昼食後にアイスクリームを一八個も平らげてしまったことがある。しかし、普段は決まった食事時間を設定せずに、空腹感に耐えられなくなったときには魚の切り身とゆでた野菜をつまむ。そして毎日数時間ジムに通い、頻繁《ひんぱん》に泳ぎ、良好な体力を維持している。酒はストレート・ウィスキー一杯を、ちびちびと目に見えないほどの量ずつ飲むにとどめている。革命後、最初のローマ教皇大使チェザーレ・サッキ猊下《げいか》に作り方を教わったスパゲティさえ、食べたいのをこらえている。ホメロスのごとく、かつ瞬間的な彼の激烈さは過去のものとなり、まねのできないほどの我慢強さで感情の起伏を消すことを学んだ。

以上を総括すると、鉄の制御力といえるだろう。しかし、この制御力も十分ではないかもしれない。時間がどうしようもなく不足しているために、不規則な生活をしなければならないからだし、想像力の豊かさから、あらぬ方向に走ってしまうこともあるからだ。彼といっしょにいると、どこから始まるかはわかっても、どこで終わるかの予想はつかない。気がつけば、極秘の目的地に向かう飛行機に乗っていたり、結婚式の仲人をしていたり、外洋でロブスターを獲っていたり、カマグエイではじめて作られるフランス風チーズを食べていたりすることも、めずらしいことではない。

かつて彼は「働くことを学ぶのと同じくらい重要なのは、休むことを覚えることだ」と言った。しかし彼の休み方はあまりにも独特で、明らかにそれは会話を排除するものではない。真夜中近くに大事な会議を終えたときには、見るからに憔悴《しょうすい》しきっていたのに、二時間ほど泳いで明け方に戻ってきたときには、完全に体力を回復していたということがあった。キューバ人にしてはめずらしく歌もうたわず、踊りもしない彼の性格とは相容れないのでプライベートのパーティーにはめったに出ないが、たまに出ると、彼が現れた瞬間から雰囲気が一変する。おそらく本人は気づいていないだろう。自分の存在感というものにまったくの無頓着なのだ。ひとめ見たときに感じられるほど背も高くないし、がっしりもしていないが、そんな彼が到着したとたんに会場全体を独占してしまう、そんな存在感が自分にはあるということに無自覚だ。もっとも自信満々な人たちが、彼といっしょにいて、どうにか平静を装ったり、大げさに自信があるようにふるまったりしながらも、冷静さを失う姿を見たことがある。彼らは、彼も自分たちと同じくらい臆病《おくびょう》で、最初はそれと気づかれないよう努力しなければならないなどとは想像だにできないようだ。私はつねづね思うのだが、彼が自分自身の行動について話すときに複数形を使うのは、威厳を示すためと思われがちだが、実はそうではなく、むしろ彼の内気さを隠すための、詩的破格とでもいったものではないだろうか。

彼が姿を現すと、ダンスは当然のごとく中断し、音楽は止まり、ディナーは後回しにされ、すぐに始まる会話に加わろうと人々がまわりに集まってくる。会話が続くかぎり、彼は立ったまま、飲まず食わずで話しつづけられる。ときどきは就寝前のとても遅い時間に、連絡もなしに訪ね、五分だけと言って家に上がり込んでも許されるほどに親しい友人宅をノックすることもある。五分だけだと言うときの彼はそれを本気で言っているのだから、座ろうともしない。ところがじょじょに、新しい話題に興奮して、しばらくしてようやく椅子《いす》に座り、足を伸ばして、「まるで生まれ変わったみたいだ」と言う。話し疲れたあとは、話すことで休息する。これが彼のやり方なのだ。

かつて彼は「今度生まれ変わったら作家になりたい」と言ったことがある。実際、彼は文章がうまいし、それを楽しんでもいる。移動中の車内でも、いつも持ち歩くノートに思いついたことをメモしたり、個人的な手紙すら書いたりしている。彼が持ち歩いているノートはごく普通の紙を青いプラスチックの表紙で綴《と》じたもので、そこには何年もの間、彼が書き溜めてきた個人的な文書がぎっしり詰まっている。彼の筆跡は一見したところ、まるで学生が書いたもののようにシンプルだが、小さく、難解な文字だ。まるでプロの作家のような文章作成法。文章を何度も書き直し、消してはまた隙間に書き直す、適切な言葉が見つかるまで辞書を調べ、まわりの人に尋ね、彼の求める文を探し出すまでに何日もかかることもめずらしくない。

一九七〇年代、彼はスピーチ原稿を書く習慣を身につけた。じっくり時間をかけ、機械で作っているのではと思えるほどに、ひとつひとつの過程に念を入れていた。しかしこのこだわりが落とし穴になった。原稿を読むときのフィデル・カストロはまるで別人になってしまったのだ。口調も変わり、スタイルも、声の質まで変わってしまった。広大な革命広場に集まった五〇万人を前にして、書かれた言葉の拘束衣の中で窒息しそうになり、ことあるごとに原稿からそれた演説をおこなったことが何度もあった。またあるときには、タイピストの打ちまちがえを見つけ、演説を続けずに、ボールペンを取り出して悠々とまちがいを直したこともあった。彼は満足したことがなかった。いくら原稿に命を吹き込もうとしても、何度も彼の演説が成功したという事実があろうとも、原稿にとらわれたままの演説では、彼の心は満たされないままだった。原稿は彼の言いたいことのすべてを、そしておそらくは、よりうまく語っているだろうが、彼の人生でもっとも重要な刺激、すなわちリスクを冒すことの興奮を欠いていたのだった。

つまり、即興で演説をおこなう場こそが彼にとっては理想の環境というわけだ。もっとも、常に最初のひとことを発する前のためらいを克服しなければならないのだが。この最初のためらいを知る者は少ないが、彼は知らないと言ったことはない。何年か前に彼から送られてきたある式典への招待状には、「一度は壇上での恐怖感に立ち向かってみてください。私がしばしばそうしているように」と記してあった。彼はごくたまに特別な場合にのみ、メモを書いたカードを使う。それを始まる前に何気なくポケットから取り出し、目の届くところに置く。いつも聞こえないくらいの、ためらった、五里霧中でどこに進むのかわからないといった口調で話しはじめる。しかし、霧の中でのどんなわずかな光も見逃さずにとらえ、一歩一歩と陣地を広げていき、しまいには観客に猛然と襲いかかり、獣が前脚で獲物をつかむように彼らの心を鷲づかみにしてしまうのだ。彼と聴衆の間には、そこである種の交流が生まれ、お互いの興奮が高まり、対話を通じた共犯関係のようなものが生まれる。この耐えがたい緊張感の中にこそ、彼の高揚感の本質が存する。つまり、インスピレーションだ。この逆らうことのできない、目もくらむばかりの絶頂の瞬間を否定できる者がいるとすれば、それを経験する栄誉に浴したことのない者だけだろう。

はじめのころは、公式の行事は彼の到着を待って始まるものだった。ただし彼の到着は、雨がいつ降るのかわからないのと同じほどに予想がつかないものだったが。ここ数年は、彼も時間どおりに到着しているが、演説の長さは聴衆のムードに左右される。初期の、永遠に続くかのような演説は伝説と区別がつかないような過去の話だ。それは、当時は説明しなければならなかった多くのことが、いまでは了解事項となっているからだし、何より、あれだけ何度も演説によっていろいろなことを教え諭してきたあとだけあって、フィデル・カストロ自身のスタイルも簡素化したのだった。スコラ哲学のように教条化した共産主義の、はりぼての人形のようなスローガンをくりかえしたり、体制の中で儀式のようにくりかえされる弁証法に頼ったりする姿は、一度として拝まれたことはない。そんなものは現実との接点を失った化石のような言葉で、何かを説明するためというよりは、隠蔽《いんぺい》するために紡がれる、賛美と記念のためのジャーナリズムのものなのだから。彼はすぐれて反教条主義的で、その想像力ときたら、異端の淵すれすれをただようようなものだ。会話や演説の中で他人の言葉を引用することはほとんどないが、もっとも敬愛するホセ・マルティだけは別だ。マルティの著書二八巻を読み込んでおり、マルクス主義革命の真髄にその思想を組み込む才能をもちあわせていた。しかし彼自身の哲学の本質はおそらく、公の活動とは、何よりもまず各個人に関係するものであるという信念だろう。

このことは、彼が人々との直接の接触に絶対的な信頼を置いていることの説明になるだろう。もっとも困難な演説ですら、まるで革命の最初期に大学の中庭で学生たちと交わした会話のような、くだけたおしゃべりの観を呈する。実際、とりわけハバナ以外では、公の集会で聴衆の中のだれかがカストロに話しかけ、そこから叫びながらの会話が始まることもめずらしくない。彼はどんな場面でも、そこに適した言葉と、対話の相手に応じたさまざまな説得の方法を用いた。相手が労働者であろうと農民であろうと、学生や科学者、政治家、作家に外国人であろうと同じことだ。しかし彼の性格がとても複合的で、予想しがたいものであるために、同じ場面にいあわせたとしても、それぞれの人が違う印象を受けることもあるだろう。

ただひとつ、はっきりしていることがある。彼がどこにいようと、どのようにそこにいようと、だれといようと、フィデル・カストロは勝つためにそこにいるのだということだ。彼以上に負けるのが下手な人間がいるとは、私には考えられない。負けに直面したときの彼の態度は、それが日常のささいなことでも、個人的な論理にしたがっているようにみえる。個人的な論理とは、負けを認めないというものだ。または、負けをひっくり返して勝ちにするまではいっときの安らぎも得られないというものだ。ともかく、それがなんであれ、どこであれ、すべては疲れを知らない会話という世界の中で起こることだが。

聴衆の興味にしたがって話題はどんなものにでもなる。だがたいていは、逆の事態が生じる。つまり彼が自分で選んだただひとつの話題をすべての人々に伝える結果になる。こうしたことは、彼を捉えて離さないある思いつきについて、あれこれと思いをめぐらせているときによくあることだ。何しろ、物事を深みまで掘り下げようとするとき、彼ほどとりつかれたようにふるまう人はそうそう見かけない。ことの大小にかかわらず、彼が激しい情熱をもって取りかからないプロジェクトはない。逆境に直面しているときなどはとくにだ。そんなときは見た目も調子がよさそうで、感じもよく、生き生きした様子がありありと感じられる。彼のことをよく知っていると思われる友人が、かつてこんなことを言っていた。「何か悪いことが起こっているのだろう。今日のきみは輝いて見えるよ」

それでも、何年か前にはじめて彼に会った外国人の来訪者が、私に「フィデルは年をとりましたね。昨晩は同じ話題を七回ほどもくりかえしていましたよ」と話したことがある。この躁病《そうびょう》的なまでのくりかえしは、彼独自の仕事の方法なのだと指摘しておいた。たとえば二年ほど前、会談の中でラテンアメリカの対外債務の話題がはじめてもちあがったが、この話題は発展され、枝葉末節に細分化されて、さらに深化し、しまいにはまるでくりかえす悪夢のようなものになった。彼が最初に言ったことは、簡単な算数の答えと同じで、負債は返済不可能だということだった。そしてその年に私がハバナを訪れた三回の間に、少しずつ、そのことについて彼の最新の意見を聞かされ、私はそれらの意見をつなぎあわせて理解していくことになる。聞かされたのは各国の経済における負債の反響、政治的・社会的な衝撃、国際関係に与える決定的な影響、そして統一体としてのラテンアメリカ政策への神意ともいえるほどの重要性などだ。そして最後には、ハバナの著名な専門家たちを招集して大きな会議を開き、以前に私との間に交わされた会談の中で出てきた顕著な問題を、ひとつ残らず解き明かしてみせるような演説を一席ぶったものだ。そのときまでに彼は、時の経過だけがもたらしてくれる包括的な見解をもつにいたったというわけだ。

私は思うに、政治家としての彼の類例のない最大の長所は、個々の問題が展開していったあげくに、どのような遠く離れた結論にいたるかを見すえる、この能力だろう。あたかも無数の氷山の一角だけでなく、同時に水面下にある残りの八分の七の氷塊をも見通しているようだ。しかしこの能力は直感によって働くのではなく、勤勉で粘り強い理性的思考の結果だ。注意深い話し相手であれば、彼がいつ、どのようにその思いつきの萌芽をいだいたか気づくはずだし、何ヵ月も倦《う》むことなく対話を重ねるうちに、どのようにその問題を展開していったかもたどることができるだろう。そして最後に完全な形で彼がその考えを公にする場に立ち会うことになるはずだ。ちょうど対外負債の話題で私がそうであったように。ひとたび議論が尽くされたら、ひとつの生命のサイクルが閉じたようなもので、その話題は永久にファイルにしまわれる。

このような言葉の粉挽き作業のためには、もちろん、よく咀嚼《そしゃく》され消化された情報の絶え間ない流れが要求される。そのために何よりも助けになるのが記憶力で、彼はそれを酷使といっていいほどに利用し、圧倒的な推論と驚くほど速い計算能力を併用しながら、演説も、個人的な会話も進めている。朝起きた瞬間からカストロの情報収集の作業は始まる。まず朝食中に、世界中のニュースを二〇〇ページ以上読む。そして、日中は絶え間なく移動しているというのに、その間もつねに緊急の情報に追い回されている。毎日約五〇の書類に目を通すと本人も見積もっている。さらに、この日常に加え、官庁からの報告書や来訪者についての記録、彼の尽きることのない好奇心の触手に触れそうなあらゆるものに関する報告などにも目を通す。この点に関して、誇張があるように思われるかもしれないが、あったとしても微々たるものだ。次の飛行機での移動についての話題は極端な例に思われるかもしれないが、そこにも大きな誇張はない。

カストロは飛行機嫌いで、ほかに選択肢がない場合だけ飛行機を使う。搭乗すればしたで、すべ

ならない。
答えの何気ない言い回しの小さな矛盾ですら気になるほどなので、もちろん正確な答えでなくては
トなのか、なぜエンジン音が変わるのか、なぜ好天なのに飛行機が揺れるのかなど、説明を求める。
もとらず、不審な点があるとクルーに航程地図を持ってこさせ、なぜほかのルートではなくこのルー
てを知りたいと望むものだから、彼ほど迷惑な乗客はいない。眠らず、本も読まず、ほとんど食事

彼にとってのもうひとつの生きた情報源は、当然、書籍だ。彼を敵視する相手が作ったフィデル・カストロのイメージからもっともかけ離れている点は、実際の彼が貪欲《どんよく》な読書家だということだ。あれほど忙しい中で、どうやって読書に時間を割き、大量の書籍を驚くべき速さで読んでいるのか、だれも説明できない。彼自身は、特別なことはしていない、と言っているのだが。先史時代のオールズモービルに始まり、ソビエト製の高級車ジル、そして現在のメルセデス・ベンツまで、彼の所有していた車には、夜の読書用にライトがついている。夜明け前に持っていった本について、朝にはコメントしたこともたびたびある。彼は英語も読めるが、話しはしない。いずれにせよスペイン語のものを読むのを好むが、手にした紙片に文字が書いてあればいつでも読む準備ができている。最新の本が必要なのにまだ翻訳されていなければ、それをただちに翻訳させる。医師の友人は、フィデルが読むとは思いもせず、ただ礼儀から発表したばかりの形成外科の論文を送った。しかし一週間後、その医師は論文に関する彼の意見を並べた長いリストを受け取ったのだ。彼は通常、経済や歴史の本を読んでいる。リー・アイアコッカの回想録を読んだ際、驚くべきまちがいを発見したので、スペイン語版と比べてみなければと、わざわざニューヨークに英語版を注文したこともある。

実際、翻訳者は英語のbillion（一〇億）とスペイン語のbillón（一兆）の意味を取り違えていたのだ。文学作品のよき読者でもあるし、その動向につねに注意を向けてもいる。公式書類に対する解毒剤として、また彼を時流に乗り遅れさせないために、すぐに読めるベストセラー小説に読みふけることを教えたのは私自身であると自任している。

それでも彼のいちばん身近で、実りの多い情報源はあいかわらず会話だ。矢継ぎ早にくりだす質問は、まるで人形から同じ形の小さい人形が次々に出てきて、可能なかぎりもっとも小さな人形が残るまで続くロシアの民芸品、マトリョーシカに似ている。理由の中からさらにその理由を取り出し、最後の理由に到達するまで彼は瞬時に爆発する質問を続けざまにぶつける。話し相手は、異端審問官の尋問にさらされている気分にならないではいられない。ラテンアメリカからの賓客が自国民の米消費量の統計をにわか仕立てで出した際、カストロは暗算して言った。「それはおかしい、一人が一日約二キロの米を食べる計算になる……」。時間がたつにつれて、彼の対話戦術は、すでに知っていることを尋ねて手持ちのデータを確認するところにあると気がつく。そして場合によっては、この戦術は相手の度量を品定めし、それに合った対応をするためにも使われる。彼は情報を得るためにはどんなささいな機会も逃しはしない。一度も会ったことさえなければ、両国間に正式な外交関係もないのにひんぱんに電話連絡を取っているコロンビアの大統領ベリサリオ・ベタンクールが一度、電話でちょっとしたことについて尋ねたことがある。フィデル・カストロは、あとになって私にこう話した。「時間があったので、ついでにコロンビアでのコーヒーの状況について、外電では伝えられない情報を聞いておいたよ」

彼が革命前に訪れた国は少ないし、革命後におこなった公式訪問も外交儀礼の窮屈な地平の範囲内でのことだった。しかしながら、訪問したことのある国に関してはよく話すし、行ったことのない国についても話す。アンゴラ戦争中に公式なレセプションの席上で戦闘について描写した際も、それがあまりにも詳細をきわめたため、フィデル・カストロはこの戦争に参加していないとヨーロッパの外交官たちにわからせるのにたいへん苦労した。チェ・ゲバラが捕虜《ほりょ》となり殺害された経緯を説明した演説や、モネダ宮での激動とサルバドール・アジェンデの死を語った演説、そしてハリケーン・フローラから受けた損害について彼が報告した演説は、言葉による信じられないほどの生き生きとした現状描写となっていた。

祖先の土地スペインは、彼にとりついてはなれることのない強迫観念だ。彼の描く未来のラテンアメリカのヴィジョンは、ボリーバルやマルティと同じものだった。すなわち、世界の運命に影響を与えることができる、統一され自治権をもった共同体となることを夢見ているのだ。しかし、キューバに次いで、彼がよく知っている国といえばアメリカ合衆国だ。合衆国の人々の性質、権力の構造、政府の隠された目標などを知りつくしている。だからこそ、絶え間なく続く経済封鎖の嵐の中を巧妙に舵《かじ》を切って進むことができたのだ。合衆国政府の制限にもかかわらず、ほぼ毎日マイアミからハバナに直行便が飛んでいるし、加えてさまざまな目的をもった合衆国からの訪問客が特別機やプライベート飛行機でキューバを訪れない日は一日たりとてない。

（アメリカ合衆国の）選挙の直前には、超党派の政治家が大挙してキューバを訪れる。フィデル・カストロはできるだけ多くの人に会い、彼らが待っている間もきちんともてなされているかを確認し、新しい情報をあますところなく交換するのに必要なだけの面会時間を作れるよう最善を尽くす。会談は正真正銘の懇話会となる。彼は内情を包み隠さず語り、相手がほんとうのところを語ってくれるまで辛抱強く待つ。野蛮なカウディーリョ[★1]に会うために敵意に満ちたプロパガンダによって心の準備を整えてやってきた人たちに対して、素顔を見せることがこれ以上なく楽しいといった印象が伝わってくる。あるとき、超党派の議員団に加えペンタゴンの幹部すらも含む人々の前で、自身の性格形成にとても重要だったことが証明ずみの道徳原理を、ガリシアの祖先とイエズス会の教師がどのように彼に吹き込んだかを、きわめて写実的に語ったことがある。そして「私はクリスチャンです」と締めくくった。これは列席者の度肝を抜いた。人生を白か黒かとしか見ない文化で育った合衆国からの客は、彼の説明を聞き飛ばしていたのだった。

謁見《えっけん》を終えるころには朝になろうとしていたが、そのときになって、議員の中でもっとも保守的な者が驚くべき見解を述べた。彼は、フィデル・カストロ以上にラテンアメリカとアメリカ合衆国を効果的に仲介できる人間はいないと信じる、と表明したのだ。

キューバに行く人すべてが、どのような状況であっても彼に会う機会を望んでいる。個別のインタビューを望む人は多く、とくにインタビューという手柄を手に入れるまではその仕事が終わったとみなそうとしない外国人記者はそうだ。もし物理的に不可能でなければ、彼はもちろん全員の要求に応えるだろうと私は思う。だが、現時点で三〇〇ほどの決定待ちの公式な取材要請があり、それらをさばくだけで永遠のような時間がかかる。ハバナのホテルには、彼に会うためにあらゆる方面に訴えつくしてもなお会えないで待っている記者が、いつでも一人はいる。何ヵ月も待ちつづけている者も何人かいる。彼らはだれに問い合わせればいいかわからず、いらだっている。彼に到達するまでの正しい過程とはどんなものなのか、だれもよく知らないのだ。実際は、正しい手順などというものはひとつもない。幸運な記者が公式の場で簡単な質問をし、ちょっとしたやり取りのつもりだったのに、それがきっかけとなって思いつくかぎりのあらゆる議題についての何時間にも及ぶインタビューが成立することもめずらしくない。彼はひとつひとつの質問に時間をかけながらも、どんなに予測不能で困難な領土でも前へ前へと進む。軽率にも不明確な答えは決してしない。たったひとつの不適切な言葉が修正不可能なダメージを引き起こしうることを知っているのだ。しかし、このようにめったにない公式インタビューでは、相手の希望どおりの時間を許すことが多い。しかしながら、ひとたび会話の力学に刺激されると、予想もつかない柔軟性をみせてしばしば時間を延長する。ごくまれに、前もって質問内容を知らせるよう要求することもある。どんな質問にも、たとえそれがどれだけ挑発的なものでも、返答を拒否したり、忍耐力を失ったりしたことはない。二時間の予定が四時間になり、いつもは六時間近くなって終わることもある。一七時間ということもあったが、それがイタリアのテレビ局のジャンニ・ミナ[*2]とのインタビューだった。これは彼がインタビューのために割いた最長時間であり、このときのインタビューはもっとも完全なもののひとつとなった。

　つまるところ、彼の気に入るインタビューはほとんどない。書かれた記事の場合はなおさらだ。というのも、紙幅の都合から正確さや彼の話し方がもつ独特のニュアンスなどが犠牲にされるのだ。テレビのインタビューも、断片化は避けられないため、最終的に不自然になると考えている。たった七分の放送時間のために彼の人生の五時間も無駄にするのは不当だと感じている。だが、フィデル・カストロにとっても視聴者にとっても何よりも残念でならないことは、最高のジャーナリストたちでも、とくにヨーロッパ人の場合は、質問を現実にそぐわしいものにしようとする好奇心すらもちあわせていないことだ。彼らが欲しがっているのはインタビューという手柄なので、自国の政治的固定観念や文化的偏見にしたがって書かれた質問にもとづくばかりで、自分たちの手をわずらわせて現在のキューバが実際にはどのようなものなのか、国民の夢と不満は何なのかといったこと、つまり彼らの生活の真実を見ようとはしない。これでは街頭のキューバ人が世界に向けて声を発しようとするのをさえぎるばかりか、フィデル・カストロに対して、遠くかけ離れたヨーロッパから見た仮定についてではなく、自国の人々が、とりわけこの大きな決断の時期にいだいている望みについて質問するというプロの仕事を、成し遂げることをみずから拒んでいることになる。

結論として言うと、これまで多くのフィデル・カストロの演説をさまざまな機会で聞いて私は、彼が会話にあれだけ固執するのは、権力というめまいをもたらす蜃気楼《しんきろう》の中にあっても、どんな犠牲を払ってでも真実の導きの糸を握りつづけていようという有機体としての欲求にしたがっているのではないだろうかと、何度も自問した。公私にわたる多くの対話を聞くたびに、私はそう考えるようになった。しかし、彼を目の前にしてわれを忘れてうろたえ、現実とはなんのかかわりもない理論上の公式を彼に投げかけるだけという人々と交わす、困難で実りのない対話を聞いていると、とりわけそう思う。あるいは、彼にいまある以上の心配の種を与えないようにと彼の視界から真実を取り払って隠してしまおうとする人々との会話を聞いてもそう思う。彼はそのことを見抜いている。ある官僚がそのような行動をとった際、カストロはこう言った。「私が困らないようにと真実を隠しているね。しかしそんなことを続けると、真実が多すぎてきみはそれを隠しおおせなくなるだろう。結局は私自身がそれに気づくことになる。そのとき、それだけ多くの真実に直面することから来る影響で、私は死んでしまう」。しかしながら、もっとも深刻なのは欠点を取りつくろおうとして官僚たちが彼に隠蔽してきた真実のほうだ。政治や科学、スポーツ、文化などの面での成果という、革命を支えてきた多大な業績とはまったく別に、官僚主義の手におえない無能さという問題があり、それが人々の日常生活、あるいはとくに家庭生活のほとんどあらゆるレベルに影響している。そのために、革命の勝利から三〇年近くたった現在でさえ、パンの製造やビールの流通といったとんでもない問題に、フィデル・カストロ本人が取り組まなければならないのだ。

その一方で、彼が街頭で市民に語りかけるときは、すべてが異なる。会話は表情も豊かで、真の愛情に満ちた素朴な率直さを取り戻している。文官としての肩書きも軍人としての肩書きもはずれて、「フィデル」というただひとつの名前が残るのだ。彼を取り巻く人々は恐れることもなく、彼に話しかけるのに親称の「tu（きみ）」を使い、議論を交わし、反論し、何かをお願いする。こうしたやりとりは市井の人々との情報伝達の水路・回路のようなもので、そこをほんとうの話が奔流となって流れているといった趣だ。一人でいるときなどでなくこういうときにこそ、自身のまばゆいばかりのイメージの影で見えなくなっていた稀有な人間性が見えてくる。これが、数えきれないほどの長時間の会話――そこに政治という亡霊が現れることは、そうしばしばはない会話――をへて、私が知りえたと信じるフィデル・カストロだ。厳格な人物であり、飽くことのない夢をいだき、古きよき厳格な教育を受け、言葉遣いも慎重で、礼儀は簡素、しかし思いつくことといったらいつも人並みはずれたことばかり。彼はキューバの科学者が癌《がん》の治療薬を発見することを夢見、真水もなく、最大の敵の八四分の一の広さしかないこの島国で、世界的に影響力の大きな外交策を築いた。私生活を守るために払う思慮は深く、おかげで彼の私生活は彼の伝説の中でもとりわけ不可侵の謎になってしまった。人類の到達点の最高のものは良心を正しく形成することにあり、世界を変え、歴史を前進させる動因は物質ではなく精神だという、ほとんど神秘主義的な信念をもっている。彼はわれわれの時代のもっとも偉大な理想主義者の一人であり、これが、ときに最大の危機をもたらしはしたけれども、おそらく彼の最大の美徳だと私は思う。

何度も彼が夜遅くに、終わりのない一日の最後の残滓《ざんし》を引きずったままわが家を訪れるのを迎え入れた。私が具合はどうかと尋ねると、一度ならず彼はこう答えたものだ。「とてもいいよ。すべての貯水池は満水だ」。そしておもむろに冷蔵庫を開け、チーズを食べはじめるのだった。おそらくこれが朝食以来最初に口にしたものだったろう。メキシコの友人に電話をかけて、以前食べて気に入った料理のレシピを教えてもらうのに立ち会ったこともある。まだ夕食に使ったきり洗ってもいない鍋釜食器の散らばるキッチンで、カウンターに寄りかかってそのレシピを書き写していた。その間、テレビではだれかが「人生は何千マイルも走る特急列車」という古い歌をうたっていた。めったにない郷愁にひたる瞬間に、彼が田舎での幼少時代に見た牧歌的な夜明けの風景を思い出し、去ってしまった若かりしころの恋人を思い出すのを聞いたことがある。いまとは違うどんなことをすれば人生が楽になったかという話も。ある夜、彼が小さなスプーンでゆっくりバニラアイスを食べる姿を見ていると、あまりに多くの彼自身からかけ離れた人々の運命の重さに打ちひしがれているようで、一瞬、私には彼がそれまでの彼ではない人物になったように思えたのだ。そのとき私は、この世界でいちばんやりたいことは何かと尋ねてみた。すると彼は即座にこう答えたのだ。「どこかの街角をぶらぶらしてみたいだけさ」

ガブリエル・ガルシア＝マルケス（Gabriel García Márquez）
コロンビアの作家。一九二七年生まれ。五〇年代からジャーナリストとして活動する傍ら、小説を発表。五九年キューバでフィデル・カストロと知り合い、一時、キューバの国営通信社プレンサ・ラティーナのボゴタ支局編集長を務める。八二年、ノーベル文学賞受賞。主な作品に『百年の孤独』(新潮社)、『族長の秋』(集英社)、『エレンディラ』(筑摩書房)、『予告された殺人の記録』(新潮社)、『コレラ時代の愛』(新潮社)、『戒厳令下チリ潜入記』(岩波書店)などがある。二〇〇六年より新潮社から『ガルシア・マルケス全小説』シリーズの刊行開始。

原注

＊1　本エッセイは一九八七年に書かれた(監訳者補足：日本では野谷文昭訳「フィデル・カストロ、語りの魔術」として『すばる』一九九一年二月号(集英社)に発表された。本書では新たに訳している)。

＊2　このインタビューは『カストロとの出会い』(*An Encounter with Fidel*)として、一九九一年、オーシャン・プレス社(オーストラリア)より刊行された。

監訳注

★1　カウディーリョは地方ボス。たいていは大地主で、民兵組織をしたがえ政治に介入した、ラテンアメリカのとりわけ一九世紀に特徴的な人物タイプ

第一章 Niñez y Juventud

フィデルという名の少年

本章は、ブラジルの解放の神学者フレイ・ベトによって一九八五年五月におこなわれたフィデル・カストロへの二四時間にわたるインタビューをまとめた『フィデルと宗教』(*Fidel and Religion*、オーシャン・プレス社刊)を要約し、若干短縮したものである。★1

フィデル・カストロ：まず私は、とても信仰の篤《あつ》い国で生まれました。そして、信仰の篤い家庭で育っています。少なくとも母はたいへん信仰が篤かった。父よりも敬虔《けいけん》な人でした。

フレイ・ベト：お母様は農村の出身ですか？

カストロ：はい、そうです。

ベト：キューバの方ですか？

カストロ：そうです。農村出身のキューバ人です。

ベト：お父様は？

カストロ：父も農村の出です。スペインのガリシア地方出身のたいへん貧しい農民でした。しかし母が信仰深かったのは、宗教的な教育を受けたからではないと思います。

ベト：たいへん信仰深かったわけですか？

カストロ：信仰の深さは疑いようのないものです。それから私が付け加えておきたいのは、母が大人になってから読み書きを覚えたということです。

ベト：お母様のお名前は？

カストロ：リナです。

ベト：お父様のお名前は？

カストロ：アンヘルです。

母は字が読めませんでした。独学で読み書きを覚えたのです。教師に習ったことがあるかどうかは記憶にありません。母がそのことを話したこともありません。たった一人で、非常に努力して学んだのです。ほんとうのところ、彼女が学校に行ったという話も聞いたことがありません。つまり、まったくの独学だったということです。学校にも通えず教会にも行けなかったので、宗教教育を受けることもありませんでした。思うに、彼女の信仰心は家族から受け継がれたものでしょう。彼女の両親からのものです。とりわけ母親、つまり、私にとっての祖母がとても敬虔な人でしたから。

ベト：家の中だけのことでしたか、それとも教会にはよく行かれましたか？

カストロ：私の生まれた家はひどい田舎で、教会がなかったので、教会に足しげく通うという宗教実践はありえませんでした。

ベト：どこで生まれたのですか？

カストロ：ニペ湾に近い旧オリエンテ州の北中部です。

ベト：なんという町でしょうか？

カストロ：町ではないですね。教会もなかったので、町ではありません。農場でした。ビランというのがその名で、いくつかの建物があるだけの場所でした。家族の住む家があり、角に接する土地に、小さな事務所が二、三棟建っていました。家はスペイン風の建築といっていいでしょう。なぜキューバにスペイン風の家が建っているのかというと、私の父がガリシア出身のスペイン人だからです。ガリシアの村では小さな土地を耕して暮らし、冬の間、あるいは一年中、家畜を家の床下で飼います。そこで豚を育てますし、牛がいることもあります。そんなわけで、脚柱の上に建っていた私の家はガリシア風建築だったというのです。

おもしろいことに、何年もあとになってキューバで田舎に中学校を作る計画が立てられた際にできた案でも、とても現代的で、丈夫な建築だったのですが、脚柱が使われました。小さな柱です。もっとも理由は違うものでした。整地作業を省くためのアイデアです。坂になっていたり傾斜していたりする土地があれば、そこに基礎柱を何本も立てるのです。土を掘ったり埋めたりしなくても、高さの違うセメントの柱を使うことで、床を平らにすえつけることができるというしくみです。

実家の脚柱はかなり高く、一八〇センチ以上のものもあったので、なぜこんなに柱が高いのか不思議に思っていました。床下の土地は平らではなく、それで家のいちばん端の増築された部分にある台所の脚柱は短くなっていました。その反対側は斜面になっており、高い脚柱を使っていました。でもいま説明したような理由、つまり地面をならす作業を節約するという理由からではありません。

まだ子どもだった当時は、それがなぜなのか思いつきませんでしたが、いまではこれがガリシア風なのだと確信しています。なぜかと言うと、とても小さかったころ、三歳だったか四、五歳だったか、もしかすると六歳だったかもしれませんが、牛が床下で眠っていたことを覚えているからです。牛は二、三〇頭ばかりもいたのですが、それを夕暮れ時になると引き上げて家まで連れて帰り、床下に入れて寝かせていました。そこで乳しぼりもして、脚柱につないだりもしていました。

言い忘れましたが、家は木造でした。コンクリートでも、セメントでも、レンガ造りでもなく、木造です。脚柱はとても丈夫な木でできており、その上に床が載っていました。その家のいわば一階は、もともとは正方形だったと思います。その後増築され、家の脇からいくつかの小部屋に通じる廊下がとりつけられました。ひとつめの小部屋には薬を入れた棚があり、私たちは薬部屋と呼んでいました。その次に来るのがトイレのある小部屋で、そして小さな食料置き場、さらに廊下は食堂に通じていました。突き当たりに台所があり、食堂と台所の間には地面に降りる階段がありました。その後にまた増築したところもあります。反対の角に事務所のような部屋をあとから作りました。ものごころがついたころには、すでに台所はありました。正方形部分にはもっと小さな望楼と呼ばれる二階があり、そこで私が四、五歳になるまで両親と上の子どもたち三人が寝ていました。

父は自分の出身地の習慣にしたがってこの家を建てたのです。同様に農民出身の父は勉強する機会もありませんでした。

母とまったく同様に、父もまた独学で、たいへんな努力をして読み書きを覚えました。

父はガリシア地方のほんとうに貧しい農民の子でした。一八九五年に始まった最後のキューバ独立戦争の際に、スペイン軍兵士としてここに派遣されました。とても若かった父は、徴兵され、スペイン軍の兵士として一度この地にやってきたのです。

戦争が終わるとスペインに返されましたが、キューバが気に入ったらしく、ほかの移民たちといっしょに、二〇世紀はじめにキューバにひとおもいにやってきました。一文なしで、身寄りもなしに、働きはじめたのです。

重要な投資がなされている時期でした。アメリカ合衆国の民間人がすでにキューバのいちばんよい土地を独占し、森林を破壊し、砂糖農場を作り、サトウキビを植えはじめていました。当時としてはたいへんな額の投資です。父はそのような砂糖農場のひとつで働いていたのです。

最後の独立戦争は一八九五年に始まり、一八九八年に終結しました。すでに事実上スペインは敗北していたのに、そこにアメリカ合衆国が巧妙に戦争に介入してきました。合衆国は兵を送り、プエルトリコを奪取し、フィリピンを領有し、その他の太平洋の島々を支配し、キューバを占領しました。しかし、キューバは長い間、戦ってきたので、決定的に領有するにはいたりませんでした。数は少なくとも、何年もキューバ国民は勇敢に戦ってきたのです。だから公然とキューバを領有するなどという考えはいだくことができなかった。キューバ独立という大義は、ラテンアメリカでも、世界中でも支持されていました。何度か言ったことですが、キューバは一九世紀のベトナムだったのです。

父はキューバに戻り、働きはじめました。のちに、どうやら彼は労働者の一団を組織し、そのグループの長として、ヤンキーの企業に雇われる労働者たちの斡旋《あっせん》業のようなことをやったようです。

それはもう小さな会社のようなもので、そこからは私も少しは覚えているのですが、森林を伐採してサトウキビを植え、切った木を薪として砂糖農場に供給することを始めました。おそらく、労働者の一団のまとめ役をする、そんな企業の形をとることによって剰余価値を産み出しはじめたのでしょう。言い方を変えれば、父はまちがいなくとても積極的で活動的、起業心のある人間で、組織力には天賦《てんぷ》の才能がある人だったのです。

最初のころ、父がどんなだったかはよく知りません。いまでは彼がものごころついてからどのような道をたどったか、こと細かに知りたいとは思いますが、そういったことを尋ねる機会があった時分には、まったく興味がありませんでした。いままさにあなたが私にやっているようなインタビューを、彼に対して私がおこなうことはできませんでした。そしていまとなっては、いったいだれが彼の経験を語ってくれるというのでしょうか？

そんなわけで、父が宗教に関係する行動をどれだけしていたか、よく覚えていません。とても少なかったと思います。母が信心深かったことはたしかに覚えています。祖母もそうでした。

ベト：家ではクリスマスはどのように過ごしましたか？

カストロ：伝統的な祝い方でした。二四日のクリスマス・イブは毎年、盛大に祝いました。それから、新年ですね。三一日の夜には一二時過ぎまでパーティをしました。幼子《おさなご》の日にも宗教的なお祝いがあったと思います。たしか一二月二八日でした。しかし通常その日は人に冗談を言う日でした。だましたり、何かうそを言ったり、からかうことをスペイン語で「髪の毛にさわる」と言うのですが、そういうことをする日でした。冗談を言い、だまし、そして最後に「やーい、ひっかかった!」と相手に言うのです。それもクリスマスの時期のことでした。

ベト:お父様が亡くなられたのは何年ですか?

カストロ:死んだのはもうだいぶ前の話です。一九五六年、メキシコからグランマ号[*1]で遠征してキューバに戻るちょっと前のことです。

一九五六年一〇月二一日に亡くなりました。私がちょうど三〇歳になった数ヵ月後のことです。つまり少数の部隊とメキシコから戻ってきた一九五六年の一二月には、私は三〇歳でした。モンカダ兵営を襲撃[*2]したのが二六歳のときで、二七歳の誕生日は監獄の中で過ごしました。

ベト:では、お母様のリナさんは何年に亡くなられたのですか?

カストロ:一九六三年八月六日です。革命の勝利から三年半後のことでした。

■田舎の農場の思い出

ここまでは田舎のこと、どこに住んでいたか、そこはどんなところだったか、私の両親がどんな人だったか、ほんとうに貧しい出自だったのがどんなレベルの教養を身につけるにいたったか、ということについてお話ししてきました。家のことや、それがスペインの習慣をもちこんだものだったことなども説明しましたね。

私たちの住んでいたところには町はなく、いくつかの建物群だったと言ったほうがいいでしょう。私がまだとても小さかったころは、床下には牛の搾乳場《さくにゅう》がありました。その後はほかの場所へ移されましたが。それに、豚や鳥を飼う囲い場のようなものも床下にありました。ガリシアの風習そのままです。鶏やアヒル、ほろほろ鳥、七面鳥、それにガチョウが何羽かと、豚などの家畜が床下を歩き回っていました。

しかしその後、家から三、四〇メートル離れたところに搾乳場が建てられました。そのすぐ近くには屠殺《とさつ》場があり、搾乳場の向かいには鋤《すき》やら何やら、一切合財の農機具を直す鍛冶場《かじば》がありました。家から逆の方向にやはり三、四〇メートルほど行ったところには、パン屋がありました。家から六〇メートルほどのところ、パン屋からも遠くない場所には小学校がありました。小さな公立学校です。パン屋とは逆方向に国道がありました。県都からそこを通って南へと続く土と泥の道路を私たちはそう呼んでいたのです。この道路沿いに、葉の生い茂る木の背後に商店が一軒ありました。ショッピング・センターで、これもわが家の所有するものでした。店の向かいには郵便局と電報局がありました。以上がそこにあった主な建物です。

ベト：ご家族が商店を所有されていたのですか？

カストロ：店はそうです。郵便局と学校は違いますが。公共施設ですからね。ほかはすべて私の家族のものでした。私が生まれたころには父にはもう資力もあり、富もある程度蓄えていました。

ベト：生まれたのは何年ですか？

カストロ：一九二六年です。八月、八月の一三日です。時間も言ったほうがいいですか。夜中の二時ごろだったと思います。夜であることがのちのち、私のゲリラ精神や革命運動になんらかの影響をおよぼした可能性があるようです。生まれた場所と生まれた時間の影響の話です。もっといろいろなことが関係してくるかもしれないですね？　それがどんな日だったのかとか、ほんとうに生まれた場所が人の生活になんらかの影響をおよぼすのかどうかとか。でもとにかく私は夜中に生まれたと思います。記憶違いでなければ、いつだったか、そう言われたことがあります。そんなわけで、夜に、夜中の二時ごろに生まれたから、私はゲリラ戦士に生まれたのです。

ベト：なるほど、さまざまな要因がからみあって人生を決定しているのですね。

カストロ：ある程度、複合的に影響しています。

ベト：少なくとも二六という数字は、あなたの人生においてなんらかの符号といえます。

カストロ：ええ、私は一九二六年生まれですから、それは正しいですね。武装闘争を始めたのも二六歳、誕生日の一三日は二六の半分。バティスタがクーデターを起こしたのが二六の倍の五二年。いまになって考えると、二六という数字には何か神秘的な縁があるのかもしれませんね。

ベト：武装闘争を始めたのが二六歳。モンカダ兵営の襲撃が七月二六日、それが七月二六日運動のきっかけとなりましたよね。

カストロ：そしてキューバ帰還が一九五六年、二六年の三〇年後、つまり四捨五入した数字です。でも話を続けさせてください、ベト、あなたの質問に答えている最中でした。まだ答え終えていませんよ。

何が農場にあったか話していたのでしたね。ほかにもありましたよ。家から一〇〇メートルほどのところ、さっき触れたあの国道沿いに闘鶏場《とうけいじょう》がありました。サトウキビの収穫期には毎週日曜日に、闘鶏がおこなわれていました。闘牛ではありません。スペインなら闘牛と闘鶏、両方あったのでしょうが、そこでは、私が知っているのは闘鶏だけです。毎週日曜日におこなわれます。それから一二月二五日や正月にも。祝日にはいつでも、闘鶏ファンがそこに集まります。自分の闘鶏を連れてくる者もいれば、賭けるだけの人もいます。そこで多くの貧しい人々が、なけなしの金を失っていました。負ければ一文なし、賭けに勝ってもラム酒やどんちゃん騒ぎに使って、たちどころにお金は消えてしまいました。

闘鶏場からそうは遠くないところに、とてもみすぼらしい家が何軒かありました。ヤシの葉で作られた土間だけの小屋です。そこで暮らしている人たちのほとんどはハイチからの移民で、農場でサトウキビを植えたり、刈り取りをしたりしていました。二〇世紀初頭にキューバに移民し、非常に悲惨な生活をしいられていた人々です。当時すでにハイチからの移民の流出があったのです。同時期キューバでは明らかに労動力が不足しており、そのためにハイチからも移民が来ていました。国道沿いやそのほかの道路沿い、たとえばサトウキビを運ぶための鉄道の線路につながる道沿いに、それに当の鉄道線路沿いにも、労働者とその家族の住む小屋がありました。

農場の主な収穫物はサトウキビでした。次に重要なのが畜産、そして園芸。バナナや根菜類《こんさいるい》、わずかの穀物、野菜少々にココヤシ、柑橘類《かんきつるい》その他、種々の果物を栽培していました。母屋に接する場所には一〇～一二ヘクタールほどの柑橘類の果樹園もありました。その向こうにサトウキビ畑で、それは家よりは砂糖工場へ向かう線路に近い場所にありました。

私がものごころつくころまでは、わが家には私有地と借地がありました。所有していた土地はどれくらいだったかですって？　ヘクタールで言いましょう。キューバではカバジェリーアという単位が使われますが、一カバジェリーアが一三・四ヘクタールですから、父は約八〇〇ヘクタールの土地を所有していました。ヘクタールは一〇〇メートル四方だから……一万平方メートルですね。

それに加えて、借地もありました。土壌のことなる土地でしたが、こちらのほうがかなり広く、一万ヘクタールくらいはあったと思います。

借地の大部分は丘陵地帯で、山もあり、標高七、八〇〇メートルくらいの台地には広大な松林が広がっていました。そこは赤土で、革命後再植林されましたが、地下には大量のニッケルその他、金属の鉱床がありました。この台地はとても涼しく、私のお気に入りの場所でした。一〇歳か一二歳のころには、よく馬に乗っていったものです。きつい坂道を登るのは馬もつらそうでしたが、登り切った途端に汗がひき、数分で乾きます。樹冠《じゅかん》がぶつかってからみあい、屋根のようになっている、高くうっそうとした松の木々をぬって、ひっきりなしにそよ風が吹きこみ、とても涼しいものでした。小川がたくさん流れていましたが、そこの水が冷房のはたらきをしていました。澄みきっていて、とても気持ちいいものでした。しかしこの土地は借地で、父のものではありませんでした。

いま話しているあの時代には、それから何年かあとだったと思いますが、家族にあらたな経済手段がもちあがりました。木の伐採《ばっさい》です。つまり、父が借りていた土地の一部が森林だったので、そこから木を伐採していたのです。そのほかにはそんなに肥沃《ひよく》でもない丘があったので、そこに牛を放牧し、残りの土地が農地で、サトウキビも作っていました。

ベト：では、お父様は貧しい農民から地主になったのですね。

カストロ：そこに私の父が生まれたガリシアの家の写真があります。とても小さな家で、いましゃべっているこの場所くらいの大きさでした。奥行きが一〇～一二メートル、幅も六～八メートルといったところでしょうか。石板の家です。この地方に豊富で、農民が田舎風のすみかを建てるのによく使っていた材料です。ここが家族の住んでいた家です。たった一部屋の中に何もかもがある家です。寝室も台所も。それから、たぶん家畜も。土地は実際には少しももっていませんでした。一区画も、一平方メートルたりとも。

キューバに来てから彼はあの土地を買いました。八〇〇ヘクタールほどでしたが、それが彼の所有地になりました。加えて、独立戦争の退役軍人たちから借りた土地も使用していました。その退役軍人たちがどうやって一万ヘクタールもの土地を手に入れたかは、よく調べてみないとわかりません。歴史的に研究しないと。彼らは当然、独立戦争ではある程度の地位にあった二人の佐官でした。そのことの研究をしようなどと、いままで思いついたこともありませんでしたが。

想像するに、そんなにむずかしいことではなかったでしょう。当時はありあまるほど土地があったので、どうにかして操作すれば二束三文で手に入れることができたのでしょう。北米人たちですらも破格の値段で広大な土地を買いました。しかしあの独立戦争の将校たちは、だれの金で、どんな手段のおかげで、あの土地を手に入れたのかはわかりません。そこで採れたサトウキビの収益の一部を受け取り、森で伐採した木材の利益からも一定の割合を手にしていました。つまり彼らはハバナに住む大資産家で、加えてほかにも仕事をしていたという次第です。あの連中がその資産をどんな形で手に入れたのか、合法的かどうか、ほんとうに私は確実なことは言えません。つまり、その広大な面積の土地には二種類あったということです。父の所有地と父が借りている土地です。

この大農園には当時、何人くらい住んでいたのでしょう？　そうですね、実際のところ、何百もの労働者の家族が暮らしていました。多くは父から小さな土地を与えられていましたが、基本的にはそれぞれの家族の自給のためでした。なかには自らの手でサトウキビの栽培をする人もいて、準植民者《スプコローノ》と呼ばれていました。この連中の経済状態はほかの労働者ほど厳しくはありませんでした。全部で何家族が住んでいたでしょう？　二〇〇か、おそらく三〇〇世帯もいたでしょうか。私が一〇歳か一二歳になるころには、この地域全土で一〇〇〇人ばかりも生活していたでしょうか。

私がどんなところで生まれ、育ったかをあなたにわかってほしかったので、こうしたことを説明したほうがいいと思ったのです。

そこは教会も、小さな礼拝堂すらないような場所だったのです。

ベト：司祭も訪れていなかったのですね。

カストロ：いいえ、一年に一度、洗礼のときだけ司祭が来ました。私の住んでいたところはマヤリという地区に属していて、例の国道で三六キロのところにある地区の首邑《しゅゆう》から司祭が来ていました。

ベト：そこで洗礼を受けたのですか？

カストロ：いいえ、そこでは洗礼は受けていません。生後何年もたってから、サンティアゴ・デ・クーバで受けました。

ベト：何歳のときですか？

カストロ：洗礼を受けたのは五、六歳のときだったと思います。実際、兄弟の中でも最後に洗礼を受けたほうでした。

■宗教が与えた影響

説明させていただければ、あの土地には教会もなければ、司祭もいない、宗教教育もおこなわれていなかったのです。私の洗礼の話を続ける前に、とにかくそこには宗教教育など存在しなかったことをはっきりさせておきたいのです。

農場に住んでいた数百の家族は信者だったのではないかと言われれば、たしかに信徒だったと答えるしかありません。だれもがみな洗礼を受けるのがあたりまえでした。洗礼を受けていない人は「ユダヤ人」と呼ばれていたのを覚えています。当時私は四、五歳でしたから「ユダヤ人」の意味がわかりませんでした。私が知っていたことといえば、ユダヤ人（judío）というのは、そうぞうしい黒い鳥だということでした。だからみんなが「彼はユダヤ人」と言うのを聞くたび、鳥のことを話しているものだとばかり思っていました。それが、私が当初理解していたことです。洗礼を受けていない人は「ユダヤ人」だということです。

宗教教育はなく、学校も小さい世俗の学校でした。一五人から二〇人ばかりも生徒がいたでしょうか。幼稚園がなかったので、私もその学校に入れられたのです。私は三番めの子どもで、学校が私の幼稚園となりました。まだ小さいのに行くところがなく、兄や姉と学校に行かされたのです。

だから自分でもいつ読み書きを習ったのかは覚えていません。ただ覚えているのは、いつも最前列の小さな机に座らされ、黒板を見つめ、言われたことすべてに耳を傾けていたことです。そんなわけで、私は幼稚園で読み書きを覚えたと言っていいでしょう。幼稚園というのは、小学校だったわけですが。そこで読み書きを覚え、それから初歩的な算数も習ったようです。何歳だったのでしょうね。四歳か、あるいは五歳くらいでしょう。

その学校で宗教教育はありませんでした。国歌は教えていましたし、国旗や紋章など、その種のことは教えていました。公立学校でしたから。

農場の人たちはいろいろな宗教を信じていました。実際、その点に関して田舎ではどんな様子だったかよく覚えています。彼らは神を信じていましたし、さまざまな聖人を信じていました。聖人といっても、典礼に組み込まれた、つまり公式の聖人もいましたが、そうでない聖人もいました。それから、だれもが守護聖人をもっていました。それぞれの名前はその聖人と同じものになります。聖フィデルの日が私の聖人の日というわけです。自分の聖人の日はとても大切な日といわれていましたし、その日を待ちわび、その日が来るととても喜んでいました。四月二四日が私の聖人の霊名日です。つまりフィデルという名前の聖人がいたということです。私より前に同名の聖人がいたのですね。あなたにも知っておいてほしいのです！

ベト：私はてっきりフィデルという名前は「忠実」という語から派生した、「信ずる者」の意味からとられたと思っていました。

カストロ：だとすれば、私はまったく自分の名前に合致していることになります。私は忠実な人間ですし、信念に満ちた人間ですから。信念といっても、宗教的信念をもっている人もいれば、ほかの信念をもっている人もいます。私はいつも信念の人間でした。自信たっぷりで楽天的でした。

ベト：もし信念がなければ、この国の革命は成功しなかったかもしれませんね。

カストロ：けれども、私がなぜフィデルという名前になったのかを説明すると、笑われるでしょう。名前の由来はそれほど美しいものではありません。私には名前すらなかったのです。私がフィデルと名づけられたのは、だれかがあとで名づけ親になってくれたからです。でもまた洗礼の話に移る前に、私の育った環境について最後まで話しましょう。

当時農場の人たちはいろいろな宗教を信じていました。神や聖人や、カトリック公認ではない聖人も信じていたのです。

ベト：聖母マリアも信仰の対象でしたね。

カストロ：もちろん、聖母も信仰されていました。きわめて一般的でした。キューバの守護聖人であるカリダー・デル・コブレの聖母も、みんなが大いに信じていました。加えて聖ラザロなどのカトリック公認ではない聖人も信仰していたのです。実際のところ、聖ラザロをまったく信仰しない人はいなかったでしょう。多くの人は幽霊やお化けも信じていました。子どものころ、幽霊やお化け、超自然現象などに関する話をよく聞いたことを覚えています。そうしたお話をだれもかれもがしていました。

おまけに人々はとても迷信深く、たとえば私もいくつかそういう迷信を覚えていますよ。だれかが答える前に雄鶏《おんどり》が三回鳴くと何か悪いことが起きるというのがありました。夜にふくろうが飛んで、その羽ばたきの音や鳴き声――「ふくろうの唄」と呼ばれていたと思いますが――が聞こえると、それは惨事の前兆《ぜんちょう》だという言い伝えもありました。塩つぼが床に落ちて割れてしまったら、不幸が訪れるから、落ちた塩をひとつかみし、左肩越しにうしろに撒《ま》かなければならないというのもありました。たくさんの迷信があったのです。いかにもありがちで、みんなが信じていた迷信です。つまり、そういう点で私の生まれた世界はきわめて原始的なものだったということです。そこにはあらゆる種類の信仰と、あらゆる種類の迷信があったのですから。幽霊やお化け、そして破滅を予知する動物など、なんでもありです。それが私の覚えている環境です。

この環境は、農場に住むどの家族にも見られるもので、一部はわが家にも見られました。だからこそ、家族はとても信仰が深かったと言っているのです。私の家族のことをもっとくわしく言うなら、母は何よりもカトリックのキリスト教徒でした。彼女の信念や信仰は根底のところで教会と結びついていたのです。

ベト：お母様は子どもたちにお祈りするように教えましたか？

カストロ：そうですね。教えたというよりはむしろ、彼女が祈っていました。四歳半でサンティアゴ・デ・クーバの学校に入れられたので、私は彼女から祈りを教えられたとはいえないでしょうが、母のお祈りは聞いていました。

ベト：ロザリオのお祈りですか？

カストロ：ロザリオと、アベマリアの祈り、主の祈りです。
ベト：お母様はカリダー・デル・コブレの聖母像をお持ちでしたか？
カストロ：たくさんの聖人像を持っていました。キューバの守護聖人であるカリダーの聖母も、聖ヨゼフも、キリストやほかの聖母像も。聖像だらけです。カトリック教会公認の聖人像がたくさんありました。それからわが家には聖ラザロ像もありました。これはカトリック教会の公式の聖人ではありません。

母は熱心な信者で、毎日祈っていました。いつも聖母マリアと聖人たちにろうそくの火を灯し、どんな場合でも願いごとをし、祈っていました。家族で病気になった者がいれば、どんな困難にかえても助けてくれと誓願を立てていました。誓願ですから、ただ誓いを立てるだけではなく、きちんと約束を守ってもいました。誓いのひとつはカリダーの聖母の礼拝所に行きろうそくに火を灯し、なにがしかの援助物資や義援金を渡すというもので、これはたしかに頻繁《ひんぱん》におこなっていました。

母だけでなく、叔母と祖母もとても熱心な信者でした。祖父母——というのは母方の祖父母ですが——は、当時私たちの家から一キロほど離れた場所に住んでいたのです。

出産時に叔母が亡くなったときのことを覚えています。埋葬のことも覚えています。正確な日付がわかればいいのですが、その日こそ私がはじめて死を考えた日でした。とても悲しく、たくさん泣きました。当時は子どもでしたが、スペイン人と結婚してやはり一キロほど離れたところに住んでいた叔母の家に連れていってもらったことを覚えています。
ベト：母子ともに亡くなったのですか？　それとも母親だけ？

カストロ：母親は亡くなり、娘は——女の子だったのですが——私たちといっしょに育てられました。それが死について記憶している最初のイメージです。叔母の死についてのものでした。

母方の祖父母もとても貧しかった。貧しい家庭の育ちです。祖父は運送屋でした。牛車にサトウキビを載せて運んでいました。祖父はキューバ西部のピナル・デル・リオ州の出身でした。母もそうです。二〇世紀はじめに祖父は家族を引き連れて牛車に乗り、そこから約一〇〇〇キロも離れた旧オリエンテ州に越してきたのです。そしてあの土地に落ち着いたという次第です。

祖父は家族全員を連れてきたのです。母も、叔父や叔母もみんないっしょでした。母のほかの兄弟は祖父と同じく運送屋として働きました。兄弟二人が運送屋でした。

さてそれで、祖母はとても信仰の深い人でした。母が、そして祖母が私にした宗教教育は、家族の伝統からきたと言っていいでしょう。二人ともほんとうに熱心な信者でした。

一九五九年の革命勝利後ですら、こんなことがあったのを覚えています。私はここハバナで彼女たちを訪ねました。二人はいっしょに暮らしていました。祖母は健康に問題を抱えていました。それで私が訪ねていくと、部屋が聖人像でいっぱいになってしまいました。あいかわらずの誓願というわけですよ。たいへんな危険にさらされた武力闘争の間、母も祖母も私たちの生命と安全を祈ってあらゆる種類の誓願を立てていたのです。生きて闘争を終わらせたことで、きっと二人の信仰はさらに深まったに違いありません。

私はいつも二人の信仰に敬意をはらっていました。だから、それまでに立ててきた誓願や深い信心についての話に耳を傾けました。それがまさに一九五九年の革命勝利後のことなのです。それでも私はいつも興味深く、尊敬の念をもって話を聞いていました。私とはまったく違う世界観をもっていましたが、彼女たちとはこれらの問題について真っ向から議論したことはありません。宗教的感情や信仰が彼女たちに与えている強固さや元気、慰撫《いぶ》の念を知っていたからです。

もちろん、彼女たちの信仰は厳密でも正統でもないのですが、独自のものではあります。家族から引き継いだもので、彼女たちが心底から感じていた深いものでした。それが彼女たちの感情です。父はもっとほかの問題に心を奪われていました。政治や毎日の苦労などです。日々の仕事や活動を組織し、種々の問題に口をはさんでいました。父の宗教上の立場について聞いたことはほとんどなかったと思います。一度もなかったかもしれません。宗教に関しては懐疑論者だったのかもしれません。これが私の父親です。

ともかく、これが私の記憶する生活環境です。宗教的なことがらについての最初の記憶です。その意味で私はキリスト教徒の家庭の生まれといえるかもしれません。とくに母と祖母のおかげで。スペインにいた祖父母も同様に、とても信仰の深い人たちだったと思います。実際には知るにいたっていませんが。私が知ったのは、とりわけ、母と母の家族の宗教的感情です。

■フィデルという名前の理由

フィデルという名前で呼ばれるようになったのには、おもしろい理由があります。洗礼はたいへん特別な儀式でした。田舎の農民たちにとっても、宗教文化をもたない人たちにとってすら、洗礼に関することはきわめて広くおこなわれた慣習だったのです。当時の田舎では死亡率がいまよりずっと高く、田舎では平均寿命も短かったので、農家の人々は、名づけ親はその子の二番めの父親であり、子どもを助けてあげなければならないのだと考えていました。父親が死ぬようなことがあれば、子どもには助けてくれる人、養ってくれる人が必要になるでしょうから。それが人々の間に深く根ざした感情でした。ですから名づけ親にはもっとも信頼のできる友達が頼まれたものです。ときには洗礼に立ち会う役目は叔父が務めました。姉や上から二番めの兄のラモンには、だれが名づけ親だったか聞いていませんが、おそらく叔父でしょう。

あらかじめ言っておくと、私たちは再婚でできた子どもでした。その前にも結婚していたのですよ。記憶では親の最初の結婚で生まれた兄弟も知っていました。再婚して七人の子どもができましたが、女が四人に男が三人で、私は三番めの子でした。

さて、父の友人が私の名づけ親になりましたが、その人はとても裕福な人で、父と仕事の取引もあり、ときには父に金を貸しているようでした。何かの投資をするとき、こまごまとした出費がかさむとき、一定の利子で父に金を借していたのがその人でした。つまりわが家の銀行のような存在というわけでした。この人がとても羽振りのいい人でした。父よりもかなり裕福で、みんなは彼を、百万長者と呼んでいました。私の父はそう呼ばれたことはありません。当時は百万長者というのはとんでもないことでした。莫大《ばくだい》な金をもっているということです。一人当たりの一日の稼ぎが一ドルか一ペソという時代でしたから、そんな時期に百万長者というのはとんでもない話で、一人分の日給の一〇〇万倍ももっているということですからね。当時は父の所有地でさえ、そこまでの高い値段には達しなかったと思います。父は裕福であっても、百万長者ではありませんでしたね。

その人が私の名づけ親になったのです。とても裕福で多忙な彼はサンティアゴ・デ・クーバに住み、州内のいたるところを仕事で飛び回っていました。私の名づけ親となるはずのその多忙な人と司祭がともにビランにいて、ちょうど洗礼ができるというような機会はなかなかありませんでした。その結果、そんなめったにない機会が訪れるのを待ちながら、私は洗礼を受けることができずに時が過ぎたというわけです。だから私は「ユダヤ人」と呼ばれていたことを覚えています。「こいつはユダヤ人だよ」と言われました。たった四、五歳で「ユダヤ人」と言われていじめられたのです。ユダヤ人とは何なのかわかりませんでしたが、あきらかに軽蔑《けいべつ》の意を込めてみんなは私をそう呼んでいました。まるで洗礼を受けていないということが恥ずべき条件だとでも言いたげに。私にはなんの責任もないというのに。

そして洗礼を受けないまま、サンティアゴ・デ・クーバに行かされました。教師が家族の者に、私はとても勤勉な生徒だと信じ込ませました。とても利発で、勉学の才能があると信じ込ませました。そして実際に、そんな話を信じて、両親は五歳くらいの私をサンティアゴ・デ・クーバに送ったのです。物質的になんの不自由もないあの世界から引きずり出され、ひもじい思いをしながら貧しく暮らすこととなったあの都市に送られました。

ベト：五歳のときですね。

カストロ：そうです。五歳で、空腹が何かも知りませんでした。

ベト：なぜ、そんなに貧しかったのですか？

カストロ：貧しい生活だったのは、実際のところ、先生の家庭がとても貧しかったからです。先生の給料だけが頼りでしたから。一九三〇年代の経済恐慌の時代、三一年か三二年でした。二人姉妹と父親で、その三人の中で仕事があるのは先生だけ。しかも給料は支払われなかったり、だいぶ遅れたりすることもよくありました。三〇年代はじめの大恐慌時代には給料の不払いも多く、みんな貧困にあえいでいたのです。

サンティアゴ・デ・クーバに行って、雨が降るとどこもかしこも水びたしになる小さな木の家で暮らしました。その家はいまでもそこに残っています。先生は、学期中はビランで教えつづけていて、その給料で家族は暮らしていました。私の家からは下宿代として四〇ペソを仕送りしていました。現在の購買力でいえば三、四〇〇ペソに相当するでしょう。私たちは二人でした。姉と私です。実際、給料ももらえない貧しい状況の中で、なお金を貯めようとしていたので、そんな状況では、食事の手段といったら、それはもうわずかなものでした。そんなところで五人が暮らしていたのです。その後六人になりました。何ヵ月もたったところで二番めの兄のラモンも加わったからです。わずかなご飯と、豆やサツマイモ、バナナなどが入った荷物が届けられました。荷物は昼ごろに届くのですが、それを最初のうちは五人で、のちには六人で分け、昼食や夕食にしていたのです。当時私は、自分が食欲旺盛《おうせい》なのだと思っていましたし、食べ物はどれもとてつもなくおいしそうに思えました。でも実際は、私が抱えていたのは空腹だったというわけです。ほんとうにまあ、たいへんな思いをしました。

その後、先生の姉がサンティアゴ・デ・クーバ在住のハイチ領事と結婚しました。当時その都市にいた私には、裕福な名づけ親がやってくる気配が一向にないものだから、洗礼の儀式すらとりおこなわれることもないまま、もう五歳になっていました。洗礼を受けていないものだから「ユダヤ人」と言われつづけていた私は、それがどんな意味かも知らなかったのですが、どうにかこの問題を解決しなければいけませんでした。「ユダヤ人」という呼び方も、ある種の宗教的偏見に結びついているのでしょうね。でもこの問題についてはあとで話しましょう。

とにかく、そのとき私は洗礼を受けることができたのですが、名づけ親は先生の姉と結婚したハイチ領事が務めてくれたという次第です。先生の姉はベレンという名で、ピアノ教師でしたが、生徒もおらず、仕事もありませんでした。

ベト：では結局、名づけ親はお父様の裕福な友人ではなかったのですね。

カストロ：そうです、その金持ちではありませんでした。サンティアゴ・デ・クーバに住むラテンアメリカでもっとも貧しい国の領事でした。先生はメスティーソ（先住民とスペイン人の混血）でした。私の代母になった姉もそうでした。

ベト：お二人ともまだお元気ですか？

カストロ：いいえ、かなり以前に亡くなられました。先生は物欲を求めていたのでしょうが、恨む気持ちはさらさらありません。物欲というのは、つまり私たち一人につき四〇ペソを受け取っていたことを考えなければならないということです。そのくせあのころは、私の人生の中でもとても困難な時代だったのです。

さて、ある日の午後、私はサンティアゴ・デ・クーバのカテドラルに連れていかれました。いつだったかは正確に覚えていません。六歳になっていたかもしれません。そのときに洗礼を受けたのです。サンティアゴ・デ・クーバのカテドラルに洗礼を受けに連れていかれるまでにはだいぶいろいろなことがあり、たいへんな思いもしました。でもそこで聖水をかけられ、洗礼を受けました。そのときにはもうみんなと同じように普通の市民だったのですが。というのも、洗礼を受けたのはやっとのことでしたからね。名づけ親と代母ができたからです。私の両親が選んだ百万長者、ドン・フィデル・ピノ・サントスではありませんが。

ちなみに、その百万長者の甥は貴重な革命の同志でした。卓越した経済学者で、勤勉で有能な人でした。経済学者にして共産主義者だったのです。いいですか、彼は大金持ちの甥だというのに、非常に若いころから共産主義者だったのですよ。

私の名づけ親になるはずだったその大金持ちは結局、私の名づけ親にはならなかったのですがね。でも私にその名を残しはしました。わかりますか？　彼は名前を残したんです。私はフィデルと名づけられたのですからね。私の名づけ親になるはずだった人がフィデルという名だったからです。まったくの偶然とはこうしたものなのですね。それでも人は正当な名を授けられるものです。これがあの時代を通して、唯一私に与えられた正当なものです。

ベト：領事のお名前は？

カストロ：ルイ・イベールです。

ベト：では、ルイス・カストロになっていたかもしれませんね。

カストロ：もしはじめから領事が私の名づけ親になる予定だったら、ルイス・カストロになっていたでしょうね。そう、人類の歴史の中で、令名を馳せたルイスが何人もいましたね。
ベト：ええ、たくさんいました。
カストロ：王様とか聖人とか。ひょっとしてルイスという名のローマ法王もいましたか？
ベト：覚えていません。ローマ法王の歴史にはくわしくないもので。でも、私にはルイスという兄弟がいますよ。
カストロ：洗礼は六年待てても、名前がないままで六年も待てませんからね。これが私の名前の由来です。とても裕福な人の名前をいただきました。裕福といっても、聖書の中に出てくる裕福な快楽主義者エフロンとはかなり違いますが。ほんとうのことを言いましょう。かなり以前に亡くなった人のことを話すのはつらいのですが、この名づけ親になる予定だった人はとてもけちで有名だったのです、それも異常なほど。聖書に出てくる裕福な人とはなんの共通点もありません。
　贈り物をもらったこともないはずです、まったく記憶にありません。父に金を貸すにも相応の利子をとっていました。当時の金利はいまよりも格段に低いものです。たしか父が払っていた当時の利子は六パーセントくらいだったと思います。
　のちにこの人は政治家になり、下院議員にも立候補しました。どこの党から立ったのか聞きたいのでしょう。与党でした。いつも与党側についていたのです。わかるでしょう？　しかしその後、彼の息子の一人が野党議員となっています。これで万事解決です。
　選挙戦が始まると、父がいつも応援していたのを覚えています。私があんなに早い時期から学んだ民主主義についての教訓がどんなものであったか、教えてさしあげましょう。選挙戦の間、私の家では多くの金が出回っていました。出回っていたというより、かなりの額の金が私の家から出ていったのです。選挙のたびに父の友人を助けるためです。言い換えれば、候補者のために父が自身の金をたくさん費やしたのです。そのころの政治とは、そういうものでした。

当然のことながら、読み書きすらできない人が多かったので、地主である父が大半の票を握っていました。当時、田舎でだれかのもとで働くということは、職をくれたその人に多大な恩を返すことだと見られていました。だれかの農場に住み込みで働くのも、そうした恩返しをするものだと思われていました。だから、そこの農夫や労働者たちとその家族は、雇い主に感謝し、その人の推す候補者に投票しなければならないものだったのです。

それとは別の話で、「政治軍曹」と呼ばれる人たちもいました。どんな人たちかですって？ 政治のエキスパートです。社会学や法律、経済などに通暁した顧問のことではありません。どの地方にも一人はいる抜け目ない農民で、特定の政府職に就いているような手合いです。あるいは選挙の時期になるとお金をもらって、ある市議候補への票を買って回る人物です。市長への票や州知事への票、下院議員への票や、上院議員への票、さらには大統領選でも票を買うために金をもらいます。そのころはまだ、テレビやラジオを通じての選挙運動などありませんでしたから、よけいに費用がかかったと思います。

選挙の時期はこんなふうでした。一〇歳くらいのころの話をしているんですが、一〇歳のときには私はもう政治のことを知悉《ちしつ》していました。それまでに多くを見てきたのですから！

私は五歳のときから家を出て、よその学校に通っていましたから、休みになると帰省していたのですが、そんなある帰省の時期がたまたま選挙戦と重なったことがあり、そのときのこともよく覚えています。私の寝ていた部屋に金庫があったのですが、それで問題が起こったのです。ご存じのように子どもは朝寝坊が好きですが、そのときは朝が早くて、おちおち朝寝もできませんでした。選挙期間中だったので五時半くらいから人の動きがあり、金庫が金属音をたてて、始終開け閉めされるのは避けられなかったのです。政治軍曹がやってくるので、資金を渡さなければならなかったのです。

これは、言わせていただけば、何よりも利他的な行為で、というのも父は単にその人との友情のためだけにそれをしていたからです。お金を貸してくれた以外に、その人が父のために何か問題を解決してくれたという記憶はいっさいありませんし、選挙資金をくれたりしたことも一度としてありません。それらの費用は父が自前で用意したものでした。これが政治のやり方であり、子どもなりに見て取ったことでした。そして、現実にそのとおりでした。

ある一定の数の票の行方を意のままにできる人間が何人かいたのですが、とくに遠隔地では数多くいて、というのも近隣に住んでいる人々は、信頼の置ける農場の管理人の直接の管理下にありましたから。しかし、八〇、一〇〇票と握る政治軍曹は、三〇キロ、四〇キロと離れたところから来ます。この票が担当の投票所で数になって現れなければならないわけで、そうでなければ政治軍曹は評判を落とし、褒賞金《ほうしょうきん》を得られず、やがては職も失うというわけです。これがこの国の選挙でおこなわれていたことです。

私の名づけ親になる予定であった男は代議士になりました。本当の名づけ親になってくれたあのかわいそうなハイチ領事は、そのころ苦境に立たされていました。一九三三年のある日、キューバでは反マチャード独裁政権[*3]の革命が勝利をおさめました。当時私は七歳でしたが、あの反マチャード派革命のおかげで、当初、ナショナリスト的な法律ができました。当時、多くの人が職もなくお腹《なか》をすかせていたのに、たとえばハバナの多くのスペイン系の商店はスペイン人しか雇っていませんでした。そこでナショナリスト的な要求がもちあがり、一定の割合でキューバ人に職を与えろということになったのです。これは公正な原則ではありましたが、ある状況下では残酷とも言いうる手段を許すものでした。外国人だけれどもとても貧しく、ほかに食い扶持《ぶち》もない人から職を奪うことになったのです。

いま思い出しても残念で、たいへん残念でなりませんが、たとえばサンティアゴ・デ・クーバやオリエンテ州でも、長年キューバに住んでいたハイチ移民の追放が始まりました。飢えから逃れるため、何年も前に国を捨ててキューバにやってきて、サトウキビを栽培したり砂糖工場で働いたりしていたあのハイチ人たちです。彼らは身を粉にして、ほんとうに多くのものを犠牲にしていました！　きわめて低い賃金で働いていたのです。まるで奴隷のようでした。一九世紀の奴隷のほうが、まだこのハイチ人たちよりまともな暮らしと、ましな扱いを受けていたと思います。

奴隷は家畜のように扱われましたが、食事を与えられ、世話をしてもらっていました。生かせ、働かせ、生産させなければならないからです。プランテーションの資本の一部として、保護することが必要だったのです。それに比べてあれらのハイチ移民は、何万人といたわけですが、働かなければ食べることもできず、生きていようと、餓死しようと、だれも気に留めませんでした。彼らはあらゆる種類の辛酸《しんさん》をなめていたことを私は記憶しています。

実のところ、不正や権利の濫用に対する闘争、反乱を作り出した、いわゆる一九三三年革命が、電気会社や外国からの投資の国有化と同時に、労働の国有化をおこなったことによって、その労働の国有化の名目のもとに、数万人のハイチ人が無慈悲にもハイチに追放されたというわけです。これは私たちの革命概念からいって、ほんとうに非人道的なことでした。彼らはその後どうなったのでしょう？　どれだけの人々が生き延びられたのでしょうか？

私の名づけ親はそのときまだ、サンティアゴ・デ・クーバで領事をしていて、ラサール号という二本の煙突がある大きな船が入港してきました。サンティアゴ・デ・クーバに二本煙突の船が入港するのは特別のことでした。私も見に連れていかれましたが、船はハイチ人でいっぱいでした。キューバから追放されてハイチに送られる人々でした。

その後、名づけ親は職と領事館を失い、収入も何もかも、まったくなくなったと思います。彼もハイチに戻ることになりました。それで私の代母は何年もの間一人になりました。その後、かなりたってから、彼はキューバに戻ってきました。そのころ私はもうすっかり大人になっていました。元領事はビランですみかを探し、しばらくそこで暮らしていました。彼に稼ぐ道はまったくありませんでした。

■幼年時代の教育

お話ししたあの時代、まだ小さいうちからサンティアゴ・デ・クーバに行かされていたころ、困窮《こんきゅう》とつらい思いをたくさんしていました。一年くらいたって、事態は少し好転しました。ある日家族が、私がつらい思いをしていることに気づきました。そこで抗議して私をビランに連れ戻してくれました。しかし抗議に対して先生が弁解し、その結果話がついたので、サンティアゴ・デ・クーバの家にふたたび送られました。しかしその騒ぎのおかげで、もちろん待遇はそれほど悪くなくなりました。全部で何年そこで過ごしたのでしょうか？　少なくとも二年はいたはずです。

はじめはどこの学校にも行かせてもらえず、代母が教えてくれました。授業はノートの見返しに印刷されている四則演算表《しそくえんざんひょう》で加減乗除《かげんじょうじょ》を学ばせるというものでした。それを暗記したのです。たぶん一生懸命学んだおかげでしょう、その後いっさい忘れたことはありません。ときには計算機で計算するのと同じ速さで暗算することができます。

教科書はなく、ノートと先生の言葉を書き取ったメモだけが頼りでした。そうしてもちろん、足し算やそのほかの計算を習い、読み方を習い、書き取りを続け、書き方を習いました。それできっとうまくつづれるようになったのでしょう。字もうまくなったに違いありません。でも、そんなことで二年ほどもかけることは時間の無駄だったと思います。唯一有益なことといったら、つらく困難な生活の、苦労と犠牲の時期から得られた代償だけでしょうね。つまり私は、ある種の搾取の犠牲者だったのだと思います。あの家族が得た収入は、私を置いておくことに対して父が払ってくれる年金のようなものだったのでしょう。

御公現《ごこうげん》の日のことを覚えています。五、六歳とか七歳くらいの子の心に最初に焼きつけられる信仰の行事は東方の三博士の日、つまり御公現の日です。この場合、あなたは宗教的な信仰のことを言われましたが、子どもが最初に信じるように教えられるもののひとつが、東方の三博士でした。というのも、つまり、三博士の日が……。はじめて三博士の一人が姿を現したのは、たしか三、四歳のときだったと思います。その日に最初にもらったものが何だったかも覚えています。リンゴが何個かにおもちゃの車か何か、それにキャンディでした。

一月六日は御公現の日です。私たちはキリストが誕生したときにそれを祝福に行った東方の三博士が、毎年子どもたちにプレゼントを持ってくるというお話を聞かされました。

サンティアゴでこの家族と三回の御公現の日を過ごしたことを覚えています。ということは、全部で最低でも二年半はそこにいたことになりますね。

ベト：キューバにはサンタクロースという資本主義的な人物は入ってこなかったのですか？

カストロ：いいえ。キューバには存在しませんでした。東方の三博士がいて、彼らがラクダに乗って家々を回るのです。子どもたちはこの三人、カスパール、メルキオール、バルタザールに手紙を書くのです。五歳くらいのときでしょうか、はじめて書いた手紙をいまでも覚えています。三博士の一人に手紙を書き、あらゆるものをお願いしました。車や機関車、映画カメラなど、なんでもです。一月五日に三博士に長い手紙を書き、それから草を探して、水といっしょにベッドの下に置いたのですが、あとでがっかりすることになります。

ベト：草を置くとはどういうことですか？

カストロ：三博士はラクダに乗ってくるので、ラクダのために草と水をベッドの下に置いておくのです。

ベト：草を水の中に入れておくのですか？

カストロ：そうです。水の中に草を入れておきます。あるいは草を水の隣に置いてもかまいません。

ベト：　ああ、興味深い話ですね。それは知らなかった！

カストロ：とりわけ、たくさんのプレゼントを、とくに手紙でお願いしたもの全部を、三博士に持ってきてもらいたいのなら、ラクダの食べ物と水をあげなければいけませんからね。

ベト：三博士は何を食べるのでしょう？

カストロ：うん、そうですね。三博士のことは知りません。だれも三博士に食べ物をあげようとは思いつきませんでした。ひょっとしたら、それで私には気前よくプレゼントをくれなかったのかもしれません。ラクダは草を食べ、水も飲んでいきましたが、そのかわりには大したおもちゃもくれませんでした。はじめてもらったプレゼントは厚紙のラッパで、吸い口にアルミか何かのような金属がついたやつだったのを覚えています。鉛筆ほどの長さの、これくらいの大きさのラッパでした。それが最初です。

　三年続けて、三度もトランペットをもらいました。ミュージシャンになればよかったですね。よくそう言っているのです。だって実際……。二年めの御公現の日には、もうひとつラッパをもらいました。今度は半分が厚紙で、半分がアルミでした。そして三度め、三つめのラッパはは三つの小さいピストンのついた、全身がアルミ製のトランペットだったのです。

　さて、そのころには学校にも行っていました。そこでの三年めが終わるころには、学校に通うことになります。そこからいろいろなことが始まるのです!

■ラ・サージェ小学校

　その家に一年半か、二年くらい――はっきりとは言えません。ちゃんと調べてみないと――いたあと、そこから六、七ブロック離れたラ・サージェ小学校に行かされました。朝早く学校に行き、家に帰ってお昼を食べました。当時は昼食を食べられるようになっていたので、もうお腹をすかすこともありません。お昼のあと、また学校に戻っていきました。名づけ親のハイチ領事がまだ家に住んでいるころでした、私がラ・サージェに通学生として入学させられたのは。それは私にとって大きな前進でした。だって少なくとも学校には行けるのですからね。

　もうそこでは公教要理《こうきょうようり》だとかいった宗教に関すること、聖書の歴史の初歩などが、第一学年から体系的に教えられました。だいたい六歳半か七歳くらいになっていたと思いますが、一年生からやりました。入るのが遅れたものですから。でも早い時期から読み書きはできたのだから、ほとんど二年は無駄にしてしまいました。三年生に編入してもよかったのに。

学校に通いはじめてからは体系的な教育を受けられましたが、物質面や環境面での向上が顕著でした。何しろ先生がいて、教室があって、遊び友達がいて、いろいろな活動に参加できましたから。ノートに印刷された四則演算表で、一人で算数を勉強していたときにはそういう環境は得られませんでしたから。そしてこの生活は、幼い当時、私自身が最初の反乱を実行に移さなければならなくなったときまで続きました。

ベト：どういう動機から反乱したのですか？

カストロ：ただ単にその状況に嫌気がさしただけです。先生の家ではときおりお尻を叩いてしかられましたし、私が言いつけたとおりにいい子にしていないと、寄宿舎に入れると脅されました。そしてある日、もしかしたら寄宿生になるほうがよいのではないか、この家にいるより寮にいたほうがましではないかと気づいたのです。

ベト：だれに脅されたのですか？　あなたの兄弟や姉妹ですか？

カストロ：代母、代父、それに休暇で帰ってきた先生、だれもかれもです。

ベト：ああ、代母やそのほかの大人たちですって！

カストロ：そうです。そのとおりです。

ベト：それでは、どういうふうに反抗したのですか？

カストロ：まず、あの家の人たちはフランス式の教育を受けていました。というのも完璧《かんぺき》なフランス語を話したのです。ハイチ領事との関係もそこから生まれてきたのだと理解しています。あの二姉妹がフランス式の教育を受けた原因はくわしく覚えていません。フランスにいたのか、ハイチの学校に行っていたのかもしれません。フランス語を完璧に話すだけでなく、完璧なマナーも身につけていて、当然のことながら私も早い時期からそれらの礼儀をしつけられました。教えられたことはいろいろありますが、たとえば物をねだってはいけないというのがありました。

あるとき、とても貧しい何人かの子どもたちが一センターボ持っていて、それでねじりだとかフラッペだとか呼ばれていた砂糖菓子、あるいは氷砂糖だったかもしれない、ともかくそんなものを買っていたことがありました。そんなときでも私はねだれませんでした。フランス式の教育でそれは禁止されていましたから。だれかにちょっとちょうだいとお願いしようという気になっても、そのくらいの子どもというのは自分のものをだれかにあげたがらないものですし、絶望的なまでの貧困の中にあった彼らのことですから、私がどんな言いつけにしたがっているかも知っていたので、すぐに言い返してきたものです。おねだりしている。言いつけるよ、とね。

あの家には独特の決まりがありましたが、何もそれを否定しているわけではありません。あれをやらなければならない、これをやらなければならない、そしてこれもと、ともかく何もかもがきっちり決められていました。礼儀正しく話さないといけない。声を荒らげてはいけない。もちろん言ってはならない言葉も使ってはいけませんでした。

私を寄宿舎に入れるという脅しのからくりに気づいたときには、すべてのことに嫌気がさしていました。もうずっと前に、それ以前に起こっていたことはなんだったのか気づいていました。その時期というのは、私が空腹を抱え、不正の対象になっていた時期なのだという意識すらもっていました。このインタビューは自叙伝を作るためではありませんから、こうしたことのいっさいをくわしくは話しません。あなたが言い出したテーマにちょっと触れているだけです。
そしてある日、学校から戻った瞬間から、考えに考えた末に、どんな義務も果たさない、どんな命令も、どんな規則も規範も無視することを決めました。大声を上げてみたり、発することが禁止されていると思われた言葉をことごとく口にしてみたりしました。それは寄宿舎に入れられるようにとのもくろみからなされた意識的な反抗の行動でした。これが唯一のではありませんが、最初の反乱でした。このときたぶん一年生で、一年生としては最高年齢の七歳だったと思います。記録文書をきちんと調べてみないと正確なことは言えませんが。
ベト：それで寄宿舎には入れられたのですか？
カストロ：寄宿舎に入れられました。そうされたときにはとてもうれしくなりました。私にとって寄宿舎に入れられることは、解放されることでしたから。
ベト：ラ・サージェの寄宿舎にはどれぐらいの間いたのですか？
カストロ：四年近くいました。一年生の中盤からいました。二年生、三年生、そして成績がよかったので、三年生から飛び級して五年生になり、無駄にした二年間の一年分を取り戻すこともできました。
ベト：宗教教育はどんなでしたか？　宗教とはすばらしく、幸せなものと教えられましたか？　それとも地獄や、神の罰についてたくさん話すというものでしたか？　どんな感じだったのでしょう？　ミサに行って、供犠を払って、罪を償うことを強く要求されるものでしたか？　それとももっと前向きな話でしたか？　どんなのが記憶に残っていますか？

カストロ：人生のそれぞれの時期について覚えていますよ。それぞれの時期というのは、年齢が進むにつれ三つの異なる学校に通ったということです。はじめの学校の時期には、問題についての自分自身の判断をもつことすらむずかしいことでした。それがどんな時代だったかとおっしゃるなら、言いましょう。

まず、私は家族と離れて暮らしていました。サンティアゴ・デ・クーバに行かされましたが、それがすでにいくつかの問題をはらむことでした。家族や家、愛する場所から遠く離れて暮らしていたのですから。愛する場所で遊び、走り回って、自由を楽しんでいたというのに、突然街に行かされ、つらい時を過ごすはめになったのです。つまり、物質的な問題に直面していたというわけです。家族と離れ、親戚でもない人たちに面倒を見てもらっていて、苦しい生活をしていました。その苦しみ、その物質的問題を解決するほうが先決でした。

いかにも、私は生活に疲れていました。その家にも、家族にも、そして決まりにも嫌気がさしてきたのです。私の抱えている問題は別の種類のものでした。宗教的な問題は何もなく、衣食住と個人的な環境に問題を抱え、それを解決しなければならなかったし、解決したかったのです。本能というか、直感にしたがって行動したというのが、そのときの私を正しく言い表しているでしょう。ともかくその結果、権威に真っ向から逆らうことになりました。

そしてそれから私は変わりました。寄宿舎に入って、物質面では改善されたのです。授業のあとはクラスメイトと学校の中庭で遊ぶこともできました。もう一人でもありません。毎週、週二回は郊外や海に連れていってもらいました。サンティアゴ・デ・クーバ湾の小さな半島にも行きました。

いまでは製油所やその他の工場のある、あの場所です。ラ・サージェの修道会がそこの海岸近くに土地を借りていて、保養所やスポーツ施設をもっていました。木曜日と日曜日は授業がなかったので、毎週木曜日にはそこに行ったのです。

この学校では一週間を、三日授業、休みを挟んで二日授業と分けていました。私にとって寄宿生となったことは大きな幸せでした。毎週木曜日に海に行けるからです。自由を謳歌《おうか》しました。釣りをしたり、泳いだり、ハイキングをしたり、スポーツをしたりと。こういったことは日曜日にもやりました。寄宿舎に来てとても幸せでした。こうしたことがとても楽しく、没頭しました。

宗教的教育やカトリック公教要理、ミサ、その他の宗教の実践は、授業や勉強の時間と同様に毎日の日課でした。そして会議だらけのいまもそうなのですが、当時私がいちばん好きだったのは休憩時間でした。宗教的な教育はこの時代にはあたりまえのことで、当時の私はそれをどうにか判断しようもありませんでした。

ベト：畏《おそ》れや恐怖、罪悪感などの印象を与える教育ではなかったですか？　それは大した問題ではありませんでしたか？

カストロ：その種の問題には、もっとあとで気づいていくことになりました。当時、最初の局面では考えたこともありません。

その時期は、キューバの歴史を勉強するのと同じように宗教史を勉強していました。私たちは世界の始まりに何が起こったか、あんなことやこんなことが起こったという話すべてを自然の事実として受け入れていました。世界で起こったといわれたことを信じたのです。そのことについて理論的に考えさせられたことはありません。それに私はスポーツや海、自然、ほかの多くの教科の勉強のことばかり考えていました。とくにこれといった宗教への志向性や召命はなかったのです。これがほんとうのところです。

通常、休暇でだいたい三ヵ月ごとに田舎の実家へ帰りました。田舎は自由でした。たとえばクリスマス・イブはすてきでした。それは二週間の休みがあるということですから。単に休みなのでなく、二週間の間お祝いがあって甘いものがいっぱい食べられるということです。つまり、お菓子だとかキャンディ、砂糖菓子、トゥロン（スペインやスペイン系の国々でクリスマスに食べられるキャラメルのような菓子）などが出されるということです。もちろん、家にはたくさんのお菓子がありました。クリスマス用の買い物もたくさんしました。伝統にしたがって買っていたある種のスペインのものなどです。その時期になると、家に帰る汽車に乗った瞬間からうれしくてしかたありませんでした。汽車に乗り、そして馬に乗り継ぎます。当時は家に帰るのに汽車に乗って、最後には馬に乗り換えなければいけなかったのです。道路は泥まみれの穴だらけでした。当初、わが家にはまだ自動車がありませんでした。それどころか電気もなかったのです。電気が通るのは、その後少したってからですが、それまではろうそくの光で過ごしていました。

空腹を抱え、家の中に閉じ込められていた街での生活を体験したあとの私たちにとって、田舎の開放的な空間や確実に食べ物が手に入るということ、そしてクリスマス休暇のころ、つまりイブや新年、御公現《ごこうげん》の日のころにかもし出されるお祝いの雰囲気などはたまらなく魅力的でした。ああ！しかしそのとおり、やがて子どもは東方の三博士がいないことに気づいてしまいます。そのせいで宗教に対してちょっと懐疑的になる子どもも少なくはないのです。プレゼントをくれる東方の三博士なんてものはおらず、おもちゃをプレゼントしてくれるのは自分の両親なのだと気づくのだから、当の大人たちが早くから子どもを無邪気さから引きずり出しているようなものです。私は何も慣習に反対しようというのではありません。それは違います。またこの点についてなんらかの判断を下そうというのでもありません。ただ、子どもたちはやがてそこにうそがあることに気づくのです。

クリスマス休暇の時期は幸せでした。その次に来るすばらしい機会が聖週間で、この時期私たちはまた実家で一週間過ごします。夏休みももちろん、家で楽しく過ごします。川で泳ぎ、森を駆け回り、パチンコで狩りをしたり、馬に乗ったりします。それらの休暇には自然と触れ合い、ほんとうに自由な時間を楽しんだものです。幼少時代はこうして過ぎていきました。

たしかに、私はその田舎に生まれたし、いままで話してきたような問題が起こるまでそこに住んでいました。しかし、三年生か五年生になればそれまでよりずっと多くのことを知り、いろいろなことを観察する力がつくものです。

田舎の聖週間については、とても小さいころのものから覚えていますが、静かな日々でした。つまり、とても厳粛におこなわれました。どんなふうに言われていたかですって？　キリストが死んだのが聖金曜日だということでした。だから話はおろか、冗談を言うこともできなかったし、わずかたりともうれしそうな表情はできません。というのも、神は死んだのだからということです。ユダヤ人が毎年毎年彼を殺していたからだというふうに言われていたのです。これは一般的に信じられていることが悲劇や歴史的偏見の原因となった、もうひとつの例ですね。お話ししたように、私は当初、言葉の意味がまったくわからなかったため、このときもユダヤという鳥がキリストを殺したとばかり思っていました。

基本的にその日は魚を食べなければなりません。肉は食べられません。そして、翌日の栄光の土曜日にはお祭りになります。私が理解しているところでは、栄光の土曜日にはキリストはまだ復活していなかったと思いますが、みんな言っていました。栄光の土曜日はお祭りの日、聖金曜日は沈黙と服喪《ふくも》の日、と。田舎では栄光の土曜日には店もにぎわい、パーティや闘鶏がおこなわれ、そういったものが何もかも復活の日曜日まで続きました。

そのころはこれまであなたにお話ししてきたような問題にむしろ気をとられていたので、宗教教育を評価できる状況ではなかったと言うべきでしょう。しかしともかく言えることは、もちろんあります。五かける五が二五だといった計算の答えを出すようなしかたで宗教も教えられていたということです。

ベト：それでは学校の修道士は、宗教家というより教育者という感じだったのですか、それとも宗教家とも映りましたか？

カストロ：そうですね、実のところ、ラ・サージェの修道士は司祭ではなく、そのための教育も受けていません。イエズス会と比べて、理想は高くなく厳しくもない教団です。そのことはのちのち、イエズス会の学校に移ってからわかりました。

ラ・サージェ修道院学校で対立が起きました。私にとっての二度めの反乱を起こしたのです。その学校では悪くない教育がおこなわれていましたし、生徒たちの生活の規律もまあまあでした。三〇人ほどの寄宿生がいて、さっき言ったように木曜日と日曜日は休みで出かけました。食べ物も悪くはないし、全体的にみて生活にはそれほど不満はありませんでした。

ラ・サージェの人たちはイエズス会士たちとは違い宗教家としての教育を受けていませんでした。加えて、ときどきめちゃくちゃなことをするのです。何人かの教師や当局の人たちは、よく理《り》不尽《ふじん》に生徒をぶっていました。私の起こした軋轢《あつれき》はそこから来たのでした。その年齢の子どもにはよくあることですが、一度ほかの生徒とちょっとした喧嘩《けんか》をしたことがありました。いまならまちがった教育法と呼ばれるはずのもの、つまり生徒に体罰を与える場面を観察することになりました。生徒を担当する監督官の修道士にはじめて殴られました。かなり激しく殴られました。両頬を力任せに平手打ちされたのです。不当な虐待《ぎゃくたい》でした。三年生のときのことだったと思いますが、そのことはずっと記憶に残ることになりました。その後、五年生のときには二度、頭を殴られました。二度めには私も我慢できなくなり、しまいには監督官と激しく争うことになりました。そんなことがあった以上、私はもう学校へは戻らないと心に誓ったのです。

この学校では一部の生徒だけをえこひいきしていたことも見て取りました。金がものを言うことにも気づきました。私の家族が広大な土地持ちで裕福だといわれているので、私や家族に強い、ほんとうに強い興味を示し、特別扱いする修道士がいたことに完璧《かんぺき》に気づきました。つまり、それがいやしい興味であることはわかりました。ちやほやするのは金があるからだということが、私にもはっきりしていたのです。

彼らはイエズス会士たちと違い規律を叩き込まれてはいませんでした。イエズス会士ほど厳格でも志操堅固でもありませんでした。こうした批判をすることもできますが、同時にいいところもありました。生徒を田舎の自然に触れさせたし、学校生活の時間割もよくできていました。教育内容も良好でしたし、そのほかにもよい面はたくさんありました。しかし生徒を殴るやり方は非道で、許せません。規律は存在しました。子どもたちを規律正しくしつけることには反対しません。しつけは大切です。しかし、五年生にもなれば、ある程度の年齢ですから、個人の尊厳というものをいだくようになります。暴力的な方法、体罰は、私にとって問題外でした。

それに加えて、金への執着、ある種のえこひいきも、あの学校では見て取られたという次第です。

■ドローレス学園

ベト：ではイエスズ会に話を移しましょう。なんという学校でしたか？

カストロ：サンティアゴ・デ・クーバのドローレス学園という格式が高く評判もいい学校でした。

ベト：いつから寄宿生になったのですか？

カストロ：そう、その前に私は再びの試練の時を過ごさなければなりませんでした。寄宿生ではなかったのです。

ベト：どこに住んでいたのですか？

カストロ：父の友人だった商人の家にお世話になりました。ここでまた新たな体験をしなければならなくなります。転校です。それまでよりずっと厳格な学校でしたし、何よりも世話をしてくれる大人たちの無理解に直面することが多々ありました。この家族は友情のためにだれかの子どもを預かるタイプでした。実のところ、それは典型的な親切心というものでもありませんでした。経済的な利害もからんでいました。どちらにしても、ある種の普通ではない関係でした。私はその家の子どもではありませんから、彼らも実の子と同じようには扱えなかったのです。

友人、友人の家族に預けられるよりも、学校に行くなら寄宿舎生活のほうがよっぽどいいと、私は確信しています。とくに預ける人たちが親切でない場合は、やめておくべきでしょう。もちろん親切な人たちもいます。私がこうしたことを経験してきた社会は困難の多い社会で、みな多くの犠牲を強いられてきました。そんな社会ではエゴイズムが幅を利かせます。というのも、この問題について考えれば考えるほどそう思うからです。そんな社会は、一般的にいって、人をほんとうにエゴイストに変えてしまいます。私心に満ち、どんなものからでも利益を引き出そうとする人間に変えてしまいます。そんな社会は親切心や物惜しみのなさといった感情を人々の中に生み出すような特徴はもっていません。

ベト：そのような社会がキリスト教的社会だと思われるということですか？

カストロ：世の中には、キリスト教徒だと言いながら、恐ろしいことをする人間がたくさんいます。たとえばピノチェト（元チリ大統領）やレーガン（元アメリカ合衆国大統領）、ボタ（元南アフリカ共和国大統領）なども、みな自分はキリスト教徒だと思っています。彼らはほんの数例にすぎないのですが。

私が預けられた家庭もキリスト教徒で、宗教活動を実践していました。ああ！　つまり、ミサには行っていたということです。でもだからといって、あの家族のことを特別に悪しざまに言うことができるでしょうか？　いいえ、とくに悪かったと言うことはできないでしょうね。

私の代母にしても、彼女が悪い人だったとは言えないでしょう。私たちを抱えて彼女もお腹をすかせていたのです。その当時、代母はほんとうに家の中では権限がありませんでしたから。彼女の妹が給料をもらい、収入があったので、それで一家を切り盛りしていました。彼女はほんとうにいい人で、気品ある人間でした。が、家にいたのは実の息子ではなく、ということは異なった関係を要求される相手でした。その家にいたのは見知らぬ他人だったのです。

五年生になってこの商人の家庭に行ったときには、彼らが悪い人たちだったとは言えません。そこまでではなかったでしょう。けれどもしょせんは他人の家です。家族と同じ興味はもてません。そこでとても厳しく、ときには独断的ですらある規範を課してきたのでした。彼らはたとえば私が前の学校でいままでお話ししたような苦労をし、その後さらに厳しい学校に転校してきたということに対しては、まったく考慮してはくれませんでした。心理的な要素も考えてはくれませんでした。

ひとつの学校から別の学校に適応すること、一人の先生から別の先生に、そしていままでよりも多くのことが要求される場に適応しなければならないということなど、気にもしてくれませんでした。それで彼らは、私がよい成績を取ることだけを望み、それを要求したのです。

もしよい成績を取らないと、週のおこづかいを一文たりとももらえません。おこづかいはまず、映画に行くための一〇センターボ、週末の映画のあとに買うアイスクリーム代に五センターボ、木曜日に漫画を買うのに五センターボ。これについてははっきりと覚えています。毎週アルゼンチンから『エル・ゴリオン』という週刊漫画雑誌が届いていました。そこに載っていた小説もいくつか読みました。『蛙《かえる》の子は蛙』というのもありました。それが五センターボです！

そんなわけで、実際の支出は週二五センターボでした。それだけをふだんはもらっていたのです。しかし、もし最高点を取らなければ、この二五センターボはもらえません。そんなやり方は独断的で、まったくの不公平でした。だって、私がまったく新しい環境にいることなどちっとも考慮してもらえなかったのですから。一一歳の子どもに適した心理学とはとうてい思えません。

さて、ではなぜ彼らは私によい成績を取らせたかったのでしょう？　いろいろな要因があったのでしょうが、自慢したいという思いや、虚栄心からでしょう。そこは一流の学校でしたから、子どもをその学校に、寄宿生であれ通学生であれ、行かせている人というのは、どうしても虚栄心でものごとを見てしまいます。周囲に自慢したいと思うのですね。きちんと導いてくれる人がまわりにいないと、子どものころからこれほど多くのことに苦しむはめになります。

クリスマス休暇のあと、家で徹底的に話し合った結果、通学生になりました。家で話し合って、学校に送るようにお願いしなければなりませんでした。そのとき勉強のための闘争を始めたと言っていいでしょう。闘争を始めなければならなかったのは、前の学校が、私の素行が悪いと両親に報告していて、そんな恣意《しい》的な情報に両親も振り回されていたからです。

私は勉強を断念させられることは受け入れられないと言いました。問題がどこにあるのか、このいざこざがどこから来ているのか、私は知っていました。生徒に対する虐待《ぎゃくたい》、暴力、体罰から問題が生じていたのです。だからどうすればいいのか、私にははっきりとわかっていました。本能からなのか、それとも自分の中でめばえてきた正義や尊厳についての概念からなのかはわかりません。あるいはまた、とても小さいころから不正ともいえる悪事を眺め、それに虐《しいた》げられてきたせいかもしれません。ともかく私はある種の決然とした勇気をいだくようになっていました。その勇気をかてに、家では要求を突きつけました。決然として学校に行きたいと強く訴えました。

それもとくに勉強が好きだったからというわけではなく、むしろ自分が不当な扱いを受けていると感じていたからでした。母は私を応援してくれたので、はじめに母を説得し、それから母が父を説得してくれました。それでふたたびサンティアゴ・デ・クーバに送られたのです。ただし、通学生として。そこで、さきほど話した問題が起こりました。

こうして夏がやってきました。夏休みになっても、姉がそこに残って勉強していたため、私も姉といっしょに残りました。そこへ姉の家庭教師という女性がやってきました。サンティアゴ・デ・クーバ出身の黒人で、教養も豊かな彼女はダンジェ先生という名でした。その彼女が私にも一生懸命になりました。私は休暇中で何もすることがなかったので、高校入学の準備をしていた姉の授業をいっしょに受けたのです。先生が教えるすべての科目で、全部の質問に答えたので、私に対する熱意がめばえたという次第です。

まだ高校に行ける年齢ではなかったので、先生は高校準備と一年め用にと勉強計画を立ててくれました。そして高校に行ける年になったら、試験を受ければいいとも言ってくれたのです。先生は私がはじめて会った、私を激励し、私のために目標・目的を設定し、やる気を起こさせてくれた人です。まだ幼年期にあっても勉強することのおもしろさを、私に教えてくれました。人はあのくらいの年齢でも目標を与えてくれさえすれば、一生懸命になれるのです。何歳だったでしょう？一〇歳か、たぶん一一歳でした。

それから新たな時期が始まりました。その夏休みにはあの先生について勉強していたわけですが、新学期が始まると私は盲腸の手術のために入院しなければならなくなりました。当時はだれもが盲腸を摘出していました。わずかな不快感をいだいただけでしたね。しかし傷口が化膿《かのう》したせいで、結局三ヵ月入院することになりました。先生の計画は忘れ去られ、学校では六年生も一学期の最後からのスタートとなりました。

そうしたことがあったあげく、寄宿生になる決心をしました。あの家の環境にもほとほとうんざりしていて一学期の終わりには寄宿生になる計画を立てたのです。もっと言えば、寄宿生になりたいと強く要求しました。こうしたいざこざにはもう慣れていたので、寄宿舎にやる以外に道がないような状況を自分で作り上げました。そんなわけで、一年生から六年生までに、三つの問題を解決するために三回も戦う必要があったことになります。

六年生で寄宿生活を始めたころには優秀な成績を収めており、七年生までにはクラスでもトップになっていました。勉強だけでなく、ほかの面でも優位にありました。スポーツや、郊外や山への遠足があったからです。スポーツは大好きで、とくにバスケットボールやサッカー、野球をやっていました。

ほんとうにサッカーが好きで、バスケットボールも好きでした。加えて野球もバレーボールもしました。とにかくなんでもやっていました。ずっとスポーツを好んでやってきました。私にとってスポーツは気分転換でしたから、エネルギーを注ぎました。

いまや私は以前よりずっと厳格で、教養があり、宗教的使命感に燃えた先生たちのいる学校にいました。実際、前の学校に比べてはるかに献身的で有能、規律ある先生たちでした。比較しようのないほどすぐれています。私の考えでは、私にとってはよい学校でした。私はそこでまったく違うタイプの人たちに出会いました。生徒の人格形成に力を注ぐ教師やその他の人々です。かてて加えて、彼らはスペイン人でした。一般的にいって、いま述べたようなことには、イエズス会の伝統と彼らの戦闘的精神、戦闘的組織とスペイン人気質とが組み合わされていたのでしょう。生徒や、生徒の性格、ふるまいに注意を払う、とても厳しくて要求の多い先生方でした。

つまりここではある種の倫理や規範を学びつつあったのです。規範というのは、単に宗教的なものだけではありません。人間的な種類の影響をじょじょに受けました。先生の権威や彼らがものごとに加える価値判断といったものです。先生方はスポーツやハイキングを奨励していました。だから私の場合も、スポーツ好きになりました。遠足も散歩も、山に登ることも。そうしたこと何もかもが私を魅了しました。ときどき、山に登っていてグループ全員を二時間ほど待たせたことすらもありました。しかし、そんなことをしているときには批判などされませんでした。私が遅れてきたのはたいへんな努力をしていたからだということになれば、先生方はそれを冒険心や粘り強さの証明とみていたのです。危険で困難な活動でも、それをやめろと言ったりはしませんでした。

ベト：先生方は、まさかゲリラ戦士を養成しているとは夢にも思わなかったでしょう。

カストロ：私でさえ、ゲリラ戦士としての準備を自分自身に課しているとは思ってもみませんでしたが、でも山を見るとほとんど挑戦を受けているような気になりました。あの山に登って、頂上を極めようという考えで頭がいっぱいになるのです。彼らがどうやって私にやる気を出させたかですって？　私がそれをやろうとするのを決して邪魔しなかったのです。ときにはほかの生徒が乗ったバスを二時間待たせていたのに、私がなかなか戻ってこないということもありました。別のときには、突然のどしゃ降りで増水した川を、危険を承知で渡ったこともあります。それでも彼らは待っていてくれて、しかりもしませんでした。つまり彼らは、生徒の中に彼らが好意をいだくなんらかの特徴を認めたならば、それを奨励したのです。冒険心や自己犠牲の精神、努力する意思などを伸ばして、生徒を決して弱虫にはしないとの覚悟だったのです。ほかの人たちだってそうですが、あえて言えば彼らはとりわけそうでした。イエズス会士は生徒の性格というものに何より気をつかっていました。

反論すべき点があるとすれば、それは当時私の知りえた政治思想についてでしょうね。当時はそれが優勢を占めたものではありましたが。宗教を教える教え方についても議論するならば、きっと一致をみないでしょうね。

■性格の形成——信仰と信念

これまでお話ししたすべてのことからはむしろ、私の性格がどのように形成されたかという結論が引き出されるのではないでしょうか。だれも助けてくれず、導いてくれる人もいないまま、私一人で打ち勝たなければならなかった問題、困難、試練、いさかい、反抗といったものからです。ほんとうにアドバイスをくれる人に出会ったことはありません。なるほど、アドバイザーと呼ぶべき存在にもっとも近かったのはサンティアゴ・デ・クーバのあの黒人の先生かもしれません。高校入学の準備をする生徒のために個人で家庭教師をし、高校生にも家庭教師をしていた、あの先生です。彼女こそは目標を描き、私にやる気を起こさせた人でした。しかし私が新学期早々に病気になって三ヵ月も入院したために、すべては無に帰してしまいました。六年になって、直前の夏休みの授業の続きを失ってしまったという次第です。その後、学校では寄宿生になることを決意しました。その決断はまちがいなく私自身がしたものです。

おわかりでしょうが、こうした人生の変転をたどってきたのでは、宗教の強い影響など受けつけようがありません。それはむしろ私の政治的・革命的な使命感に強く影響しました。

ベト：イエズス会の伝道についてはどんな記憶をもっていますか？　いいものでしょうか、悪いものでしょうか？　この世の生を向いていましたか？　それとも、天国や魂の救済などを向いていましたか？　どんな感じだったのでしょうか？

カストロ：いまなら以前よりうまく判断できるような気がします。高校もイエズス会のものに行きました。そんな立場からうしろを振り返ってみて、私なりの判断で、つまり実証的ではないしかたで、何が影響したか分析するなら、何もかもが教条的だったと言っておきましょう。これがこうなのはこうでなくてはいけないからだ、だから理解できなくても信じなければならない、という具合です。もし信じないなら、なぜだかわからなくても、それはまちがいであり、罪であり、罰すべきだということでした。つまり、言うなれば、理性を用いてはならないということです。論理的な考えや感情を展開してはならないということです。

宗教信仰は政治的信念といっしょで、理性に、思考の展開に、感情の展開にもとづいていなければならないと私は思うのです。このふたつは、切っても切れない関係にあります。

ベト：ドミニコ会とイエズス会との世俗の議論を深めようというのではないのですが、ドミニコ会は信仰の知性に価値を置き、イエズス会は意思のあり方を重要視するところに特徴があります。

カストロ：異なる性格をもったほかの人に比べ、ある種の特別な才能というか、神秘的な魂、大いなる宗教的使命感、宗教へのより大きな性向をもった人間がいることは認めます。私は逆に理性的思考に対する親和性《しんわせい》があったのかもしれません。感情の展開にこそ親しんだのだと思います。それでも私に堅固な宗教への信仰を叩き込むことは不可能ではなかったと思いますよ。ただ物事を説明するのにあれだけ何もかも教条的にしなければの話ですがね。ところが現実はいけない。信じなければならないのだからこれは信じなければならない、信じないことは大いなる過ちであり、何よりも恐ろしい罰を与えられるべき罪なのだ、というのですから。

もし、ものごとがそういうものであると言われたとおりに受け入れなければならないとしたら、そしてそれについて議論したり理性的に考えたりすることができないのなら、かてて加えてその際に用いられる基本的な要素や論点が報いか罰かというものなら、あまつさえ罰のほうが報いよりも大きいのだとしたら、誠実な宗教的信仰心の基礎というべき理性や感情の展開というものは、望むべくもありません。それが、あとから振り返って私の考えるところです。

報いはとても抽象的でした。子どもにとって、瞑想《めいそう》と永遠に想像しなければならない至福《しふく》の状態に基礎を置いた抽象的な報いというものは、感じ取ることがとてもむずかしいものです。場合によっては罰を感じるほうが簡単です。罰はもっと簡単に説明できます。子どもは、罰や永遠に続く地獄や痛み、苦しみ、永遠の業火《ごうか》、といったものを、より理解するようにできているのです。ましてやつねに罰のほうに強調が置かれていたのですから。人間という存在の中で深い信念を発展させるのには、それは悪い形ですし、まちがった方法です。あとになって、私が政治の分野で自身の信念と信条を披瀝《ひれき》しなければならなくなったときには、ある特定の価値観に強くしがみつきながらおこないました。それが、理解されないような何ものか、あるいは何かへの恐怖とともに思いつかれる何ものか、はたまた何かへの報い、といったものにもとづくなどと想像できたためしがないのです。

ほんとうに私は、人の信仰心は、理解可能な理性や人の行動の、それ自体の価値にもとづくべきだと思います。

ベト：報いや罰に関係なく、ですね？

カストロ：報いも罰もなしに、です。罰を恐れておこなうことや、報いを求めておこなうことは、私の判断では、必ずしも善良なことでも高貴なことでもありません。ほんとうに賞賛や賛嘆、評価に値することではありません。私たちの場合でも、つまり私たちが革命に身を捧げたり、革命を思いついたりしたとき、そしてまた革命の中での私たちの仲間や、彼らが多大な私心のなさ、多大な利他心をもっていなければ耐えられなかったはずの厳しい試練や困難な出来事に立ち向かったときのことを言えば、もっとも賞賛すべきことは、彼らは報いやら罰やらといった考えに突き動かされていたわけではないということです。教会もこの種の試練を経験してきました。何世紀にもわたってそれを経験してきました。数多くの殉教者《じゅんきょうしゃ》を出し、それに凛然《りんぜん》と直面してきたのです。これは深い信念でしか説明できないと私は判断します。

信念が殉教者を生むのです。人はだれも報いを期待しているとか罰を恐れているというだけでは殉教者にはなれません。だれもそのような理由で英雄的行動はとらないでしょう。

教会の殉教者は、忠誠の感情のために、彼らが確固として信じていた何ものかのために、殉教したのです。もちろん、彼らの行動が来世《らいせ》で報われるという考えにも助けられてのことでしょうが、それが根本の動機であったとは思えません。一般的にいって、恐怖心から行動をとる人は、業火《ごうか》のほうを、殉教することのほうを、拷問のほうをより恐れ、それらに立ち向かうことなどできません。物質的な財産や快楽、褒賞《ほうしょう》を手に入れようと心を砕いている人は、生を永らえようとさせるだけで、それを犠牲にしたりはしません。教会が歴史を通じて生み出してきた殉教者たちは報いや罰よりももっと人に多くを考えさせる何かによって動機づけられてきたに違いないと思います。だれにとってもそう理解するほうがわかりやすく思えるのです。

私たちだってたしかに自己犠牲を、そしてときには殉教を、ヒロイズムを、命を捧げることを要求してきました。一人の人間が革命思想に命を捧げ、死が訪れるかもしれないと知りながら戦うとき、その功績はたいそうなものだと言えましょう。死のあとには何もないと知りながらも、理念を、理念という倫理的価値をそんなにも高く評価し、報いも期待せず、罰も恐れず、持てるものすべてに代えて、つまり命に代えてもその価値を守ろうとしているのですから。

本質的にいって、これが私たちに与えられた宗教の教えのはなはだしい弱点だと思います。だから、私たちの中には聖人になった人もそれほどいなかったのでしょう。あの学校には寄宿生はごくわずかしかいませんでした。たった三〇人ほどです。全体では二〇〇人くらいの生徒がいましたが。私が大きなイエズス会の学校に行ったときは、生徒数は約一〇〇〇人で、そのうちの二〇〇人が寄宿生でした。ここからも多くの司祭は生まれていないはずです。一〇〇〇人の生徒の中からたとえ一〇人でも司祭が育ったと言われたなら、驚くでしょう。ほんとうに驚くべきことなのですよ！

■社会的格差に気づく

ベト：人種差別や社会的差別はありましたか？

カストロ：議論の余地もなく、ありました。そもそも学校そのものが私立でした。もっともイエズス会には商人根性はありませんでしたが。ラ・サージェの修道士たちも同様です。ただし彼らは金があれば社会で尊敬を集めるので、その点に興味をいだいていたのが見て取れましたが。学費はそんなに高くありませんでした。私の記憶では、たとえば、サンティアゴ・デ・クーバのイエズス会学校に寄宿生として通うには月三〇ペソほどかかりました。当時、一ペソが一ドルでした。一九三七年、私が一一歳、一〇歳半くらいのころのことです。

この金額には、食費――食事は悪くはありませんでした――と部屋代、それに校外活動の費用も含まれていました。加えて医療施設のようなものもありました。生徒はいくらか払って医療共済の組合員になっていました。そこで手に負えない場合には病院に送られました。水もありましたが、もちろん、洗濯をするときは別料金でした。教科書代も別でしたね。授業に食事、スポーツ、そこでやること何もかもが三〇ペソというのは高くはありません。料理を作る人、スクールバスを運転する人、学校を維持管理する人に必要な経費を計算すれば、三〇ペソは高額ではありません。

司祭は無給だったので、こうしたことが可能だったのでしょう。あの人たちには給料を払う必要がなかったのです。支給されるのは食事のみで、とても簡素な生活を送っていました。あまり高くない給料を当然もらっている世俗の先生たちと、とても厳しい学校職員がいました。つまりそのイエズス会士たちには商人根性はなかったというわけです。

前に言いましたが、ラ・サージェの学校にもそれはありませんでした。しかしこのイエズス会の学校はさらになかった。彼らは質素で、厳しく、自己犠牲精神をもち、勤勉でした。人道的な努力を惜しまず、経費を削減していたのです。もし働いている人が全員給料を取っていたら、三〇ペソではすまなかったでしょう。一ペソあたりの購買力はあのころのほうがありましたが、たぶん二、三倍は払わなければならなかったでしょう。あの修道士たち全員が給料をもらっていたら、学校はあんなに安上がりではなかったでしょう。つまりは商売っ気などなかったというわけです。

それでも、当時の社会ではその三〇ペソですら払える家庭はそうそうありません。通学生はだいたい八ペソか一〇ペソを払っていたと思います。つまり私たちは、そこに二〇ペソ加えて、すべてを受け取っていたというわけです。学校に住んで食事をまかなってもらい、寝場所があり、水も電気も使えました。これはあの人たちの献身と質素のおかげであることは疑いありません。それでもわずかな人々のみが行けた学校でした。

ベト：クラスメイトに黒人はいましたか？

カストロ：お話ししましょう。まず、学校それ自体が、私の生まれ住んだ農村や州内の小さな町の、それだけの学費を出せるような数少ない家庭のための、きわめて特殊なものでした。通学生は、お話ししたように、サンティアゴ・デ・クーバに約二〇〇人おり、寄宿生は三〇人くらいでした。学費のほかに、通学費や子どもたちに支給する洋服代もかかるので、それだけの費用を出せる家庭は多くなかったのです。月に四〇ペソは下らなかったでしょうね。そのほかに、アイスクリームやキャンディなどを買うおこづかいをときどき与えたりしようものなら、一人の子どもに五〇ドルくらいはかかったでしょう。そんな額が出せる家庭は少なかったのです。

つまり学校は私立でしたから、少数の特権でした。だからそこにいた連中、寄宿生たちは商人や地主、金持ちの子息でした。労働者の子どもはおろか、専門職の子どもさえ、その学校に行くのはむずかしかったと思います。サンティアゴ・デ・クーバに住む専門職の息子が通学生としてなら可能だったでしょうが。教師でも、子どもをその種の学校にやることはできなかったでしょうね。というのも、教師は、よくわからないのですが七五ドルくらいの給料だったはずなので、それでは子どもをそこに入れることはできません。医者や弁護士でも、たいていは息子を入れることはできなかったのではないでしょうか。卓越した弁護士とかすぐれた医者ならば、ほんとうに社会的に卓越した人々ならば、その種の学校に子どもを入れることができたでしょうね。あるいはそれ以外の家庭では、農場を所有しているとか、工場を経営しているとか、コーヒー工場や靴工場、酒造所、その他の重要な産業の経営者だからこそでした。

通学生も寄宿生も含めて、当時の友達の社会的出自はすべて覚えています。もちろん、裕福な家庭でもサンティアゴに住んでいれば、子どもを寄宿舎に入れる必要はありません。半寄宿生という手もありますが、寄宿舎には入れませんでした。毎日家に帰ったのです。毎朝スクールバスが迎えにやってきて、夕方には送っていきます。もっとつましい家庭でも通学生としての学費なら払えたでしょう。八ドルか一〇ドルくらいでしたから。そんなに卓越していなくても、専門職の人でも払えたでしょう。しかし寄宿生となると、抜きん出た医師か立派な弁護士、あるいはそれだけの学費を払える有力な家庭でないと、無理でした。

その学校はとても特権的なもので、上流階級の学校でした。しかし、私たちのクラスにもふたつのカテゴリーがありました。ひとつは本来のサンティアゴ・デ・クーバに住む商人、工場主、そして専門職の子弟と、もうひとつは高級住宅街ビスタ・アレグレに住む人々です。つまり二種類の人がいたのです。中流ブルジョワジーと非常に裕福なブルジョワジーです。とても豊かなブルジョワジーの連中にはある種の貴族意識が見られました。ほかの人とは違う、ほかの連中よりもすぐれているという意識です。つまり特権的なその学校にすら、ふたつのグループがあったのです。金で区別されるのではありません。もっとも、基本には金銭的なこともありますが、金よりはむしろ社会的カテゴリーや住んでいる家、伝統などによって区別されるグループです。

おそらく私の家はその高い社会的カテゴリーの人の一部と同じほど多くの資産があったのですが、幸いにも私はそのカテゴリーには属しませんでした。なぜかと言えば、田舎に住んでいたからです。貧しい人や労働者といっしょに住んでいました。みな、ほんとうに貧しい人たちでした。そんなところに、お話ししたように、動物に交じって住んでいたのです。当時は家の床下に牛や豚、鳥などの家畜がいました。

私は大地主の孫でも曾孫《ひまご》でもありませんでした。ときには地主の金持ちは三代めにして財産をなくすものですが、そうなっても、貴族や金持ちの、少数派の家風を残すものです。私の母はとても貧しい農家の出で、私の父もとても貧しい農家の出で、そこから始めてある程度の富を得、ある程度の富を蓄積した者だったので、わが家にはまだそんな金持ちの家風はありませんでした。厳しい環境の中で毎日働いてきた人たちです。社交などいっさいなかったし、同じ範疇《はんちゅう》の人物とのつきあいもほとんどありませんでした。つまり、もし私が地主の孫か曾孫だったら、残念ながら上流階級の文化や上流階級の精神、階級意識を受け継いでいたと思います。ブルジョワのイデオロギーから逃げ出すという特権ももてなかったかもしれません。

あの学校にはそんなブルジョワ的・貴族的精神をもった生徒のグループがありました。ほかの連中はもう少し控えめな金持ちだったのですが、そんな生徒たちをある程度見下していました。私にもそれはわかりました。とくに気には留めませんでしたが、気づいてはいました。そしてクラスメイトたちが彼らに、あの大富豪の生徒たちに対抗心をいだき、ある種の軽蔑をもって眺めていたことにも気づきました。金持ちたちの中にさえもまた区分があって、お互いに対立することがありました。そのことにも完璧《かんぺき》に気づいていました。

つまりこの学校に行くからには比較的金持ちのはずで、だからその階級の精神、ブルジョワ学校の精神、特権の意識を胸いっぱいに吸い込むことができるというわけです。労働者の学校でもプロレタリアの学校でも、貧しい農家のための学校でもありません——専門職でさえ、いずれにしろ非常に例外的な人たちしか受け入れられませんでした。

ラ・サージェには何人かの黒人生徒がいたので、その点ではドローレスより民主的な学校だったと言うべきでしょう。ドローレスに黒人生徒はおらず、そこにいるのはだれもかれも、みな白人とみなされる者ばかりでした。私自身も不思議に思い、そこだけでなく、のちにハバナで進学した学校でもそうだったので、私は何度もなぜ黒人がいないのかと尋ねて回ったものでした。唯一の説明、私に与えられた唯一の答えはこんなものでした。

そうだな、黒人の数はほんとうに少なくて、黒人の子どもが一人、白人の子どもに囲まれているといい気分ではないから。だから居心地の悪さを感じさせないためには、一人か二人の黒人の子どもを二〇人、三〇人、一〇〇人の白人の子どもの中に入れないほうがよい。そういう論理です。ほんとうにそんな理由なのだと説明されました。何度も尋ねましたが、いつも同じ答えが返ってきました。

私は気づいていなかったのですね。まだ六年生の子どもが、どうすればそのことに気づくことができたというのでしょう。おまけに労働者の子どもでも、人種差別の問題について説明できるような家族の出でもないのですから。私は人種差別が存在すると知らなかったし、それに気づきもしませんでした。黒人の子がいない理由を聞いたのは単なる好奇心からでした。だからそんな説明がなされても、それでだいたいは納得していました。おおむねこんなことを言われたわけです。かわいそうな黒人の子どもたち、ここにきたら居心地悪かろう。大多数の生徒がもっている肌の色をしていないから、と。

その学校に在学中に黒人生徒は一人たりとも見た覚えがありません。ムラート（白人と黒人の混血）の子どもでさえ入学できなかったでしょう。入学する子どもに対して、アドルフ・ヒトラーの親衛隊SSならばやったような血液検査はしていなかったと思いますが、議論の余地なく、見た目に明らかな白人でないと入学できませんでした。どれだけの事例があったのか、非白人の家庭で入学を試みたものがあるのかは知りません。純粋な白人でないために入学を断られた生徒が何人かいるのか、知るよしもありません。

しかし、それはまた別の話ですね。社会政治的な話になってしまいます。総括すると、それらは特権的な学校でした。学校のよい点、悪い点はつらい思いなしに語れます。逆にむしろ、個人的には先生たちやふたつの学校にとても感謝しています。学校では私の中にあったはずの長所を抑え込まなかった、というより伸ばしてくれたと言ってもいいでしょうから。ある種の個人的な要因、個人の性格や環境などにも大きく影響されたとは思います。思うに人間とは闘争のために生まれるものです。困難や問題が人を作り上げていくのです。ちょうど旋盤が材料の断片を加工するように。ただし、この場合は材料《マテリアル》というよりは物質《マテリア》と精神の断片を困難が加工するわけです。つまり、人間を作り上げるのです。

この学校からハバナのイエズス会の学校に移ることを自分自身で決めました。ドローレスで問題があったわけではありません。勉強もスポーツもよい成績をあげ、六年生、七年生、そして高校一、二年生とまったく苦労もせずに二年生の最後までこの学校にいました。しかし、何か新しい地平を切り開こうと意識的に決めたのです。ハバナでのその学校の名声や、学校のパンフレット、その学校について書かれた本、その学校の建物といったものに感化されたのかもしれません。それまでいた学校を去り、新しいところへ行く動機をもった気になったのです。そう決めて家で提案すると、転校が受け入れられたという次第です。

ベレン高校というハバナのイエズス会の学校で、この国のイエズス会の学校ではいちばんいいところでした。たぶん、この国のすべての高校の中で一番かもしれません。施設、設備が最高でした。敷地は広く、評判の高い機関でした。貴族やキューバのブルジョワジーの清華でした。

革命の勝利後にこの学校は技術学校となり、いまでは軍事技術の高等教育研究機関となっています。大学レベルの軍事技術学校《インスティトゥート・テクニコ・ミリタール》です。もともと広かったものが、さらに拡張されました。一種の軍事大学です。しばらくは技術学校でしたが、軍を発展させる必要性から、ここにＩＴＭの名で知られる軍事技術学校を設置する決定を下したのです。

■ベレン高校

私がいたころ、二〇〇人ばかりの寄宿生がいました。寄宿生と半寄宿生、通学生とを合わせて全部で一〇〇〇人くらいの生徒がいました。学費は少し高くなり、月五〇ドルくらいになりました。それも当然で、世俗の職員も多く、敷地も広かったので、支出もそれだけかかっていました。それでもなお、食べ物はおいしくて、スポーツ施設が整っていました。それでも私の考えでは、これだけの学校が五〇ドルというのは相変わらず安かったと思います。すべてをドルで表現しているのは、いまラテンアメリカではインフレのせいで、一ペソいくらなのかだれもわからないからです。この学校もイエズス会士の自己犠牲精神と質素な生活のおかげで、経費は比較的穏当なものに抑えられていました。

イエズス会士たちの自己犠牲と禁欲の精神、彼らが送っていた生活、労働と努力のおかげで、これだけの一流の学校がこの値段ですんでいたのでした。アメリカ合衆国でなら、こんな学校は現在では、月五〇〇ドルは下らないでしょう。何面ものバスケットボールコートと何面もの野球場、グラウンドとトラック、バレーボールコート、さらにプールもひとつあり、ほんとうにすばらしい学校でした。

私も少し成長して高校三年生になっていました。それ以前に国の首都に来たことはありませんでした。夏休み中にビランに戻り、洋服やほかのものを買うためにある程度の金をもらいました。授業料を払い、教科書やいろいろな学用品を買ったりしなければいけませんでした。荷物をつめて、はじめてハバナへとやってきたのです。

ベト：それは何歳のときでしたか？

カストロ：一六歳になったばかりでしょうね。そこでバスケットボール部や、いずれも一六歳の等級のほかの運動部にも所属しました。スポーツを一生懸命やりはじめ、その学校に入ったときからバスケットボールやサッカー、野球、陸上と、ほとんどの種目で頭角を現しました。新しい学校に入って広大な運動場を前にすると、スポーツと探検にいそしむことができるようになったというわけです。昔から好きだった山登りやキャンプ、その他の活動は、自分で続けました。探検部もありました。私たちが出かけた最初の遠征で、どうやら先生は私の抜きん出た能力を認めてくれたようで、しだいに地位を上げられていき、最後には学校の探検部の長にされました。探検隊将軍と呼ばれていた役職です。

探検隊は、まったく同じではないのですが、ボーイスカウトのような集団でした。おそろいの服、つまりユニフォームを着て、自然の中を駆けずり回り、テントを張ってキャンプをし、一日、二日を過ごします。見張り役、その他の役目もしたりします。私はそこに自分の考えで新たな活動、たとえば山登りやその他の探検などを加えました。

在学中にキューバ西部でいちばん高い山にも登りました。三連休のときに私自身が友達三人とピナル・デル・リオ州への小旅行を企画したのです。ただし探検は三日でなく五日かかってしまいました。山が北にあり、そのことを知ってもいたのですが、どこにあるのか正確には場所を知らなかったからです。山を探検しようとそこへ出かけました。鉄道を利用したのですが、南に向かう汽車に乗ってしまいました。山は北にあったというのに。夜に踏査を始め、歩いてたどりつくまで三日かかりました。パン・デ・グアハイボン山という、登るのがとてもむずかしい山です。山頂までたどりつきましたが、戻ってきたときにはもう学校が始まって二日もたっていたので、みんなはもしかしたら私たちが遭難したのではないか、何かが起こったのではないかと心配していました。

このころの私はとても活動的で、主にスポーツや探検、山登りをしていました。当時は、それがまさか、のちの革命の準備をみずからすることになっていたとは知らず、それを想像すらできませんでした。勉強もしました。これは名誉の問題でした。つまり、模範生だったわけではありません。何しろ最大の関心事はスポーツやその他の野外活動でしたから、生徒の模範になどなりようがありません。運動するか、スポーツのことを考えるかして時間を過ごすことが多かったのですから。

でももちろん、授業には遅れずにきちんと出席して、おとなしく聞いていました。一生懸命なときも、そうでないときもありました。いつも想像をたくましくしていました。想像することで、ときには授業から抜け出し、世界を旅することができました。そこでの四五分間、先生が何を言っているのかまったくわからないこともありました。たしかに、いま考えると先生にも少しは責任があるような気もしますが。

そこであるできごとが起こりました。スポーツ選手としてはある点で優秀だったので、試合中にはあまりとやかく言われませんでした。しかし、しまいにはいろいろと言われることになるのですがね。こうした学校では、他校と競争しスポーツで張り合うものです。それが学校の歴史や評判、名声の一部を作っていくのです。ところが優勝したとか、メダルを取ったとか、試合に勝ったとかの栄光の瞬間が過ぎ去ってしまうと、先生もうるさくなるというわけです。もちろん別の話、つまり勉強面のことですよ。一般的に先生方は生徒の行動に気を配って、とても厳しくしていました。教養豊かで科学者と呼ぶべき司祭が何人かいました。物理学や化学、数学、文学などの知識も豊富な人たちでしたが、政治的にはあいかわらずひどいものでした。私が言っているのは一九四二年に始まる時代のことです。四二年から四五年のこと。私が高校を卒業したのは、第二次世界大戦が終わった一九四五年です。その時代はまた、何年か前にスペイン内戦が終結した時代でもあります。このころ司祭たちは、叙階《じょかい》されていないうちに教職についていた者たちも含め、政治的にはみなナショナリストでした。わかりやすく言えばフランコ派だったのです。教職員は全員スペイン生まれのスペイン人でした。ほとんど全員です。たしかに何人かのキューバ人がいましたが、ごくわずかでした。

スペイン内戦が終わったばかりだったので、学校では戦争の恐怖をたくさん聞かされました。銃殺されたナショナリストの話、聖職者ですら銃殺されたという話を聞かされました。そこであまり語られなかった話題は、銃殺された共和派、銃殺された共産主義者の話でした。スペイン内戦はほんとうに凄惨《せいさん》をきわめ、両陣営ともひどい痛手を負ったように思えたというのに。

ベト：共産主義についてはじめて耳にしたのは、そのときですか？

カストロ：というより、そのちょっと前から少しずつ聞かされてはいました。共産主義は本当によくないことだと。いつもそういう言い方で共産主義は語られていましたね。

そのイエズス会士はみんな右翼でした。まちがいなくいい人もいました。彼らの中には他者への思いやりにあふれ、あらゆる点で完全無欠のすばらしい人もいました。でも、彼らのイデオロギーは右翼で、フランコ派で、反動でした。ほんとうに、たったひとつの例外すらなかったのですよ。現実に当時のキューバに左派イエズス会士が存在していたとは言えません。いまでは左派のイエズス会士もたくさんいることを知っています。過去の歴史においても、左派イエズス会士がいた例はひとつならずあったと思います。しかしスペイン内戦の直後、私のいた学校で左翼のイエズス会士は一人としていませんでした。その点では史上最悪の時代でした。

そういうことを見て取ってはいましたが、疑問には思いませんでした。お話ししたとおり、私はスポーツに熱中していたのです。加えて勉強の面でも進歩しようと一生懸命でした。模範生ではありませんが、試練に打ち勝たなければという精神的な義務感をもっていました。これは私にとって名誉の問題だったのです。全般的によい成績を収めていました。授業中に考えごとをしたり、直前まで勉強しないという悪癖を身につけたりしたにもかかわらずです。いまでは、わが国ではそのような行動は批判の対象だし、それはまったくもっともなことではあるのですが。

学校では私はなにがしかの責任を引き受けていました。というのも、生徒たちには一定の仕事が割り当てられていたからです。あなたは何番教室や何番自習室の担当です。だから電気を消したり、ドアを閉めたり戸締まりをしたりもしなければいけません、という具合です。私は中央自習室の担当責任者でした。みんなが夕食後、就寝まで一定時間そこで勉強していました。試験期間になると、最後まで残っていなければならない私は、そこに残って二時間、三時間、四時間と教科を復習することになりました。ほんとうはやってはいけないことなのでしょうが、見逃してくれました。たぶんだれにも害はなかったからでしょう。試験中は昼食前にも昼食後にも、それに休み時間ごとにと、いつも勉強していました。

数学でも物理学でも、化学、生物学でも、授業で聞き逃してしまったことは、そのとき教科書で勉強しました。それらの科目は自習で身につけたのです。本を読むだけでもどうにかそれなりに理解していましたよ。物理学や幾何学、数学、植物学、化学の神秘を解明する力は、ある程度それで伸ばしたようです。いざ試験になると高得点をあげていました。成績表の数字を上回ることもしばしばでした。試験は公的機関から先生がやってきてするのですが、学校側も結果をとても気にしていました。

ベト：何の機関ですか？

カストロ：高校の教育について研究していた機関というのが存在したのです。そこが法にしたがって試験するのですが、いいですか、当時はいろいろなことがあった時代だということを忘れないでください。第二次世界大戦中で、人民戦線の時代であり、教育システムを調整する法律を作る国が出てきた時代でした。しかるに、一九四〇年に制定されたわが国の憲法には、教育と世俗の学校に関するかなり進んだ条項が組み込まれていました。まちがいなくキューバの人々の中でももっとも特権的と言っていい部門であるはずのそうした私立高校でも、法に合わせ、公立高校要綱に準じなければならないとされていたのです。

公立高校要綱は唯一絶対のもので、試験の時期になると、それなりにプライドをもち、使命感もあり、信望も集めたその機関の先生が、イエズス会やその他の類似する団体による私立高校の生徒たちのでき具合を調べにやってくるのです。彼らが学校にやってきて、規範どおりの厳しい試験をするわけです。まあ、厳しいといっても、人によりけりですが。たぶん、私たちにやさしくしてくれる人もいれば、そうでない人もいたと思います。さきほども言ったように、人民戦線と反ファシズム同盟の時代でした。共産党はすでに一九四〇年憲法の作成にも参加しており、その後もある程度の影響力を政府に及ぼしながら、これらの諸法案の採択にも寄与しました。

さて、そんなわけで、試験の時期です。先生たちがやってきて試験をしました。たいていは厳しい試験でした。どうやら私のすぐれていたところは、公的機関の先生たちが出すこの試験のようでした。むずかしい試験なので、優秀な生徒がしばしばそれにふさわしいよい成績をあげられないこともあるようなものでした。ところが私は、いちばんむずかしいとみなされている科目で、何度も最高点を取っていたのです。一度、キューバの地理で私だけが九〇点で優を取ったときのことも覚えています。そのとき学校はこのテストで最低点を取り、公的機関の先生に異議申し立てをしました。なぜこんなに点数が低いのかと尋ねると、公的機関の先生は「使っている教科書がよくないのでは」と答えましたが、学校は「しかし、その同じ教科書を使って九〇点取った生徒もいるのです」と言い返したのです。私はただ少しばかり想像力を使って問題を解く努力をしただけなのですがね。試験は私にとって名誉の問題だったのです。

ようするに、私は当時スポーツや探検などの活動に一生懸命で、勉強は最後だったのですが、よい成績も収めていました。

それにその時期は生徒とのつきあいもしました。たくさんの友達もできました。そうしようとしたわけでもなく、気づきもしないうちに、私は、スポーツ好き、スポーツ選手、探検家、登山家、そして最後にはよい成績をとるやつとして、生徒間でじょじょに人気を博していきました。その時期から、無意識のうちに政治家としての素質が現れていたのかもしれません。

■宗教教育

このころ私たちは静想の修行もおこないました。言うまでもありませんが、この時期も宗教教育は同様に、ドローレス校にいたときとまったく同じように続いていました。こんな年齢になっても、つまりもう私たちは論理学を学び、哲学の基礎を勉強しているというのに、相変わらずの体系で宗教は教えられていました。

静想の授業のための施設もありました。この静想というものは毎年三日間おこなわれていました。学校で開かれることもあれば、学校外の他の施設でおこなわれることもありました。同学年の生徒を三日間にわたって一ヵ所に閉じ込め、宗教の授業や瞑想、瞑想と沈黙の時間を過ごさせるのです。沈黙がこの静想の修行のもっとも残酷な時間でした。突然絶対的な無言の状態に沈み込み、話をしてはいけないというのですから。それでもじっとしていることで心が落ち着くことはたしかでした。沈思黙考していると、腹がとてもすいたのを覚えています。そのため、昼食の時間と夕食の時間はすばらしい時間で、待ち遠しくてしかたがなかったし、終わったあとは満足しました。精神修行は朝早くから始まっていたのです。

もちろん、このような学校では毎日ミサに行くことが義務づけられていたことは付け加えておかなければなりません。またしても否定的に思われる要素を指摘しなければならないということですね。毎日ミサに行くことを生徒に強要するというのですから。

ベト：ドローレスもベレンと同じでしたか？

カストロ：ドローレスもベレンも同じでした。ラ・サージェではどうだったのかは覚えていませんが、たしかにドローレスとベレンでは義務として毎日ミサに行かなければいけなかったのを、はっきりと覚えています。

ベト：午前中に？

カストロ：ええ、午前中、朝食前です。ミサに行くために早起きしなければいけませんでした。朝食はそのあとです。義務として毎日同じ儀式をくりかえすのです。きわめて機械的な行為です。毎日ミサに行く義務があるというのは完全にやりすぎで、そんなこと、毎日ミサに行かせるなどということは、子どものためになるとは思えません。

ミサには祈りが欠かせません。さて、私の考え方を言いましょう。何ひとつ肯定的な結果は残しはしなかった、というのが私の言える最善のことです。機械的に「聖母マリアと父よ」と発音するだけのいつも同じ祈りを、一〇〇度もくりかえすだけですから。これまでの人生で毎年毎年、いったい何度口にしたでしょう！　お祈りがどういう意味なのか立ち止まって考えたことなど、一度でもあったでしょうか？　その後、たとえばほかのある宗教で、まるでだれかと会話を交わすように祈りをするやり方を見たことがあります。いたって自然に、自分の言葉や考え方を使って祈り、願いごとをし、意思を表明し、感情を表現していました。私たちは一度たりともそんなことは教えられませんでした。そうではなくて、ひたすら書かれたことをくりかえすだけでした。一度くりかえし、一〇回、五〇回、あるいは一〇〇回と、完全に機械的にくりかえすだけです。私にとって、それはまったくお祈りでもなんでもありません。それは発声練習やボイストレーニングなど、なんでもいいのですが、そういった訓練、あるいはお望みとあらば忍耐力の訓練とは言えるかもしれませんが、お祈りではないのです。

よく、ラテン語だかギリシャ語だかの連祷《れんとう》を暗誦しなければならなかったものです。「キリエ・エレイソン、クリステ・エレイソン」など、私には言葉の意味がまったく理解できませんでした。当時、一人がこの連祷を唱えると、もう一人が「オラ・プロ・ノビス」とかなんとかと応えるのです。そういう連祷をほとんど覚えています。私たちはそれがどんな意味かも、自分たちが何を言っているのか、何を機械的にくりかえしているのかもわからなかったという次第です。何年もかけてそれに慣れていきました。たぶん、こうして会話しているこの場なので率直に言いますが、これは私が受けた宗教教育の大きな欠点だったと思います。

私たちがだいたい一六歳か一七、八歳くらいになると、瞑想が精神修行に組み込まれました。例の瞑想の三日間には、もちろん哲学的瞑想や神学的瞑想をしたこともあるのですが、その内容は基本的に罰をめぐるものでした。こんなことをしたらあんな罰を受けるのだろうという具合に、さまざまな状況に応じた罰のことを考えていました。そういう考えをいだくことのほうが多くて、ときには報いについて考えることもありましたが、報いというものは私たちの空想を呼び覚ますことは少ないのです。それに対して罰は、私たちの空想を無限に高揚します。

地獄をめぐる瞑想に関する長い説教を覚えています。地獄の熱、地獄の苦しみ、地獄の苦悶、地獄の絶望といった話です。私たちが聞かされたその残酷な地獄を、どうすれば創り出せたのか、ほんとうに不思議ですね。いかに人の罪が重くても、だれかにこれだけ厳しくなれるものか、思いつきもしません。おまけに単純な罪にも不相応な重い罰が科されるものです。疑いすら罰せられます。ある種の教義に関して理解できない何かを疑うことも罪なのです。だから信じなければいけません。信じなければ地獄行きになってもおかしくはないのです。地獄に行くのは死んだとき、事故に遭ったとき、そんなあやまった状態の何かが起こったときの話ですが。永遠の罰と個人のあやまちとは、ほんとうに釣り合いが取れていません。

想像力の高揚の話でした。私はその精神修養の場でよく言及されていたひとつのたとえ話を、まだ覚えています。そこにはいつも書かれた題材がありました。論文だか解説だかといったものですが、まずこう言うのです。「みなさん、永遠とは何かという考えをもっていただくために、地球サイズの鋼でできたボールを想像してください」。すると私はすぐに円周約四万キロの地球サイズの鋼のボールを想像します。「そこへ蝿《はえ》がやってきます。一〇〇〇年に一度、その鋼のボールにやってきた小さな蝿が、吻《ふん》で軽く触れます。そうするとやがてボールはすり減ってしまうでしょう。一〇〇〇年に一度蝿が口先で軽く触れていったことの結果として、地球サイズの鋼のボールはなくなってしまうのです。それでもまだ地獄は終わりません。その後も永遠に存続していくでしょう」と続けます。こうしたことをじっくりと考えるように仕向けられていたのです。私はそれを一種の精神的テロルと呼びたいですね。ときにはそうした説明は精神的テロリズムへと変わるのです。

ともかく、こういうことです。たしかにいまはもう二〇世紀も終わろうとしている、しかし、これはそんなに昔の話ではない。それが比較的最近の話であることに驚くばかりです。四〇年ほど前、たった四〇年前ですよ！　そのころわが国で、私たちの通った最良の学校のひとつで、こんな教育がなされていたのです。それが宗教的感情を伸ばすのに有効な形だったとは思えません。

ベト：聖書のことによく言及していましたか？

カストロ：言及はしていましたが、実際はそれほどではありませんでした。そうそう、それからなんらかのたとえ話はしましたね。何かの拍子になんらかのたとえ話を出して説明するのです。福音のどこかの一部です。実際には聖書の歴史の勉強は続いていました。年をへるごとに本は厚くなっていきました。つまり、薄い本から始めて、学年ごとに中身が増えていったのです。聖書の歴史は必修科目で、私たちにとってはたしかにとても興味深い教科でした。内容がとても魅力的でしたから、私は聖書の歴史をおもしろく思っていました。世界の創世から大洪水までに何が起こったのかを知ることは、幼児や少年期の子どもにとってすばらしいことでした。

聖書の歴史で忘れられないことがあります。実際聖書に書かれているかどうかはわかりませんが、もし書かれているならばちょっとした分析に値すると思います。それは次のようなことです。大洪水のあと、ノアの息子が——ノアの息子の一人でしたよね？——父親のノアを愚弄《ぐろう》しました。ノアはぶどうからワインを作り、それを飲みすぎて酔っ払ってしまいます。そこで息子の一人がノアを馬鹿にするのですが、その結果、息子の子孫は黒人になるという罰を受けてしまうのです。聖書の歴史でノアの息子の一人が……ところでこの息子はカナンだったでしょうか？　ノアの息子はだれでしたっけ？

ベト：セム、ハム、ヤフェトです。聖書の文言では、創世記では、カナンはハムの息子とされるので、当然、ノアの子孫にあたりますね。実際、ノアはカナンを呪《のろ》い、奴隷の奴隷になれと言います。ラテンアメリカでは奴隷といえば黒人が一般的だったため、昔の翻訳の中には奴隷の類義語として黒人という用語を使ったものがありました。さらに言えば、カナンの子孫はエジプト人、エチオピア人、アラビア人なので、私たちより肌色の濃い人たちです。しかし、アパルトヘイトの宗教的な正当性のために差別的な翻訳をしないかぎり、聖書の文言にはこうした子孫が生まれることを呪いとするものはありません。

カストロ：ともかく、私はノアの息子の一人が黒人になる罰を受けたと習いました。いまでもこのように教えられているのかどうかはわかりません。宗教が、黒人になったのは神の罰だったと教えていいものかもわかりません。聖書の歴史でこの問題は記憶に残っています。

それでも、聖書に書かれた話に私は夢中でした。箱舟の建設、大雨、動物たち、箱舟が再上陸したときの動物たちの様子、モーゼの苦労、紅海の横断、約束の地、聖書中の戦争という戦争や争いなど、何もかもです。はじめて戦争についての話を聞いたのも聖書の歴史の授業でのことでした。つまりそのとき、ある種の戦術に興味をもったのです。ヨシュアがエリコの壁を崩壊させた話――町のまわりを回ってラッパを吹いたというあの話――から、サムソンとそのヘラクレスばりの力――素手で神殿を引き裂いたという――まで、私はとてつもなく夢中だったと言わねばなりません。

私たちにとって、それらの事実はほんとうに熱狂させるものでした。旧約聖書の時代と呼んでいいあの時代は、私たちにとっては魅力的な歴史でした。ヨナと彼を飲み込んだ鯨《くじら》、バビロン捕囚《ほしゅう》、そして預言者ダニエルなどです。もちろん私たちは、たぶん別の歴史を、別の民族によって伝えられた、彼らなりの世界の解釈としての歴史を学んでいた可能性もあったでしょう。しかし、旧約聖書と聖書の歴史ほど魅力的なものは、私の考えでは、そう多くはないでしょう。

この聖書の歴史のあとは新約聖書でした。それはもっとあとの話で、たとえ話も異質なものでした。たしかにそれも何度もくりかえされた話でした。おおかたは聖書に載っている言葉、新約に書かれた用語を使って説明されていました。これがまた大いに興味をそそりました。キリストのはりつけと死の過程の逐一、そこに付された説明のひとつひとつは、まちがいなくいつも子どもや若者に衝撃を与えるのです。

■貧しい人たちへの感受性

ベト：貧しい人たちに共感するようになったのはいつごろですか？

カストロ：とても小さなころからの経験にその基礎を求めるべきでしょうね。まず最初に、私の生まれ育ったところでは、私たちは貧しい人たちとともに、ほんとうにすぐ近くで住んでいました。子どもたちはみな、いつも裸足でした。いまになって彼らが衣食などあらゆることにとても困っていたに違いないとわかります。いまだからこそ推論し、考え、熟考することができるのです。あの人たちが病気にさいなまれたかもしれないとか、こんな苦しみを覚えたかもしれないとか。当時はそんなことに気がつきもしませんでしたし、そうしたことについての意識ももっていませんでした。

しかし、たしかに私たちは彼らと密接な関係をもっていました。彼らは何をするにも私の友達で、仲間だったのです。私たちといっしょに川へ行き、私たちといっしょに森を歩き回って木々の間を縫い、牧場を駆け回り、狩りをしたり遊んだりしたのは、彼らでした。休暇で家に帰ればみんな友達で、相棒でした。私は彼らと違う階級でなどありませんでした。つまりいつもいっしょに歩き回り、いつもつるんで遊んでいたのはあの人たちだったのです。そこでは大いに自由な生活を満喫していました。

ビランにはブルジョワ社会も封建的な社会も存在しませんでした。いつも仲間内の家族だけで集まり、交流するような地主は二〇も三〇もありませんでした。私の父は実際、孤立した地主だったのです。たまに父の友人がわが家を訪れることはありましたが、私たちがだれかを訪ねることはほとんどありませんでした。両親は日課として外出することはなく、だれかの家に行くことはめったになかったのです。いつも家で働いていましたから。だから、私たちもいつも家にいて、ただそこに住んでいる人たちとだけつきあっていたわけです。

よく私はわらぶき屋根のハイチ人地区に行きました。彼らの小屋に入り込みました。ときにはそのことでしかられましたが、そこに行ったから怒られたのではなく、ハイチ人が料理した、焼いた乾燥トウモロコシを食べたからでした。ハイチ人たちと食事すると、ときに問題になり、たしなめられました。社会的な理由ではなく、健康の問題です。家では決して指示はされませんでした。こいつやあいつといっしょにいてはだめだ、絶対にだめだ！　などとは言われなかったのです。だから、前に言ったような金持ちや地主の家風というものをもっていなかったということです。

だからといって、多くをもっていることの特権に無意識でいることもできません。なんでも持っていたのでいつもある種の配慮を払われていたというか、そのような扱いを受けていました。しかしあくまでもほんとうに現実のところは、その人たちといつもいっしょに育てられ、成長したということです。そこにはどんな種類の偏見も、どんな種類のブルジョワ文化も、どんな種類のブルジョワ・イデオロギーもありませんでした。こうしたことは私になんらかの影響を及ぼしたはずの要素のひとつです。

独特の倫理的価値観が作られていったのだろうと思います。そうした倫理的価値観というのは教育から生まれたに違いありません。つまり学校や先生の教えから生まれたのです。それと家族から、家から、受けた教育からも生まれたと言いたいですね。

かなり小さいころから、うそをついてはいけないと教えられてきました。疑いなく私たちが受けたこの教えには倫理があります。母が与えた教え、父が与えた教え、家族が与えた教えには、議論の余地なく倫理があったのです。マルクス主義的なものでもなく、倫理学に端を発するものでもなく、宗教的倫理観から出てきたものです。善悪の概念、何がよくて何が悪いかを最初に教わりました。私たちの社会ではどこでも、子どもが最初に学ぶ倫理的原則は宗教を基礎としてもっていたかもしれません。ふくろうが鳴きながら飛んだり、雄鶏が鳴いたりすると不吉なことが起こるといった話を信じるという、非合理的なこともありますが、非常に信仰の篤い国なので、昔から倫理的規範が伝統の中に息づいていたのです。

その後、お話ししたような人生を送ったおかげで、悪事を働くとはどういうことか、倫理を冒すとはどういうことか、不正とは、虐待とは、欺瞞《ぎまん》とは何か、という感情が生まれました。そこで倫理観を植えつけられたというわけですが、ということは、同時に倫理を侵犯するという経験と、倫理をもたない人とはどういうものかという経験をもしたということです。そこから公正と不正の観念をいだくようになり、そうなると個人の尊厳の概念ももつようになるでしょう。

個人の尊厳の意味が何を基礎にしていたかを完璧に説明するのはむずかしいし、うまくできないと思います。そういうことに人一倍敏感な人もいれば、そうでない人もいます。個人の性格が影響しているのでしょう。なぜほかの人よりも反抗的な人がいるのだと思います？　その人が教育を受けた環境によって、反抗的にもなれば、そうでもなくなるのだと思います。もちろんその人の気質、その人の性格も重要な役割を果たします。人よりも素直な人もいれば、素直でない人もいます。みずからを律するのに向いた人もいれば、人にしたがうのに向いた人もいます。みずからを律せない人も、人にしたがえない人もいます。しかし、大切なことは、いずれにしろ人は公正と不正の概念、これが公正でこれが不正であるという概念をじょじょにもつようになるものだということです。

そうした意味で、私は生涯を通して公正と不正の観念をもちつづけてきました。しかもだいぶ早いうちから備わっていました。自分で見て、苦しんできたからです。たぶん運動やスポーツも多くを教えてくれます。厳格さや大いなる努力に耐える忍耐力、目標に到達しようとする意思、自己修養などのことです。

疑いようもなく、イエズス会士、もっと言えばスペイン人イエズス会士の教師たちには大いに感化されました。彼らが私に個人の尊厳の強力な感覚を植えつけてくれたのです。ただし、政治的思想は別ですが。個人の名誉の感覚を、ほとんどのスペイン人はもっています。とりわけイエズス会士はかなり強くもっていました。人々の個性や正直さを賞賛し、個人の率直さや勇気、自己犠牲に耐える力量を賞賛していました。彼らはそれらの価値を高揚するすべを知っていたのです。だから先生方の影響はたしかにありました。イエズス会士たちは、厳格な組織や規律、価値観などを通して私に影響を与え、教養形成のある種の要素にも影響を与えました。そしてまたある意味で、正義感も与えてくれました。この正義感はまったく初歩的なものでしたが、出発点にはなりました。

同じようなしかたで、気づかないうちに、悪用や不正、他者への貶《おとし》めが表面化するようになるのです。そういった価値観が人の意識の中で同様に形成され、その人につきまとうのです。まずはいろいろなものごとがいっしょくたになって私に影響を及ぼし、おかげである種の倫理的規範を身につけました。そして次には、送ってきた人生のおかげで階級文化、ほかの階級とは異なり、ほかの階級よりも上位なのだという意識をもたずにすみました。それが私の基礎となり、その基礎の上に立って、私の政治意識は展開されたのだと思います。

倫理的価値観と反抗的な精神、不平への拒絶など、他人は評価しないかもしれないけれども自分は高く評価し、賞賛するという一連のことがらを備えもっていれば、個人の尊厳の感覚、名誉の感覚、義務感などといったものが基礎となって、人の心に政治的意識が生まれていくと私は思います。少なくとも私の場合はそうでした。私が政治的意識を獲得したのは貧乏な階級、プロレタリア階級、農民階級、低い階級の出身だからではありません。私は社会的条件のおかげでそれを手にしたのではないのです。私の意識は思想を通じて、思考を通じて、感情と深い確信の展開を通じて政治的意識を獲得したのです。

さきほど信仰についてお話ししたこと、理性的に推論する能力だとか思考する能力、分析する能力、熟考する能力、そして感情を展開する能力というのは、私が革命思想をじょじょに手にするようになった過程を可能にしたものです。おまけに私は特別な環境にありました。だれも政治思想を私に吹き込んではくれなかったのです。私は指導者には恵まれませんでした。歴史に名を残した人たちにはほとんど、卓越した師がいました。すぐれた教師、その人の個人教師となった者がいたのです。しかし残念ながら、私は生まれてからずっと自分自身の指導者とならなければなりませんでした。もしだれかが、一二歳とか一四歳、一五歳のころから、私を助けてくれたら、どんなにありがたかったことでしょう。もしだれかが政治について教えてくれたら、どれだけ助かったことか。だれかが私に革命思想を植えつけてくれれば、ほんとうに感謝したに違いありません。

機械的、教条的、非合理的な方法では、私に信仰を植えつけることはできませんでした。そういうしかたで植えつけようとしたのではありますが。もしだれかが私に、いままでに信仰心をもったことがあるかと聞いたら、私は一度もありませんと答えます。私は実際、一度も宗教的信念や信仰心をいだくにいたっていません。学校でも、この価値観を私に植えつけることはできませんでした。そしてのちに私は、違う種類の価値観を手に入れます。政治的な信仰と信念です。それを私は私自身の経験や理性的思考、私自身の感情を通じて、みずから鍛え上げなければなりませんでした。

政治思想というのは高貴で、無私の感情がなければ、なんの役にも立ちません。一方で、人々の高貴な感情というのは、正しく公平な考えにもとづいていなければ価値がないのです。今日の革命家の犠牲を成り立たせている支柱とまったく同じ支柱の上に、かつての宗教の殉教者の犠牲が成り立ったのだと確信しています。私の見るところ、確実に殉教者の支柱の木材は、私利私欲のない利他的な人間でできていました。それは革命の英雄とまったく同じものです。このような条件がなければ、宗教的英雄も政治的英雄も存在しないし、存在のしようがありません。

私は自分の革命思想を展開させるために、私の道を、長い道のりを歩んでこなければなりませんでした。だからそれらの思想は、自分自身がたどりついた結論として計り知れない価値があります。

原注

＊1　一九五六年、フィデル・カストロと八一名の同志はバティスタ独裁政権打倒をめざすゲリラ戦蜂起のため、メキシコから小型ヨット、グランマ号に乗った。

＊2　一九五三年七月二六日。

＊3　一九二五年から一九三三年までのキューバ大統領ヘラルド・マチャード・モラレス元帥。親米派として反対勢力に残虐な弾圧をおこなったことで知られる。一九三三年九月五日、フルヘンシオ・バティスタ軍曹に率いられた「軍曹暴動」が起こる一ヵ月前に国外逃亡。

監訳注

★1　『フィデルと宗教』の邦訳は後藤政子編訳『カストロ　革命を語る』（同文館、一九九五）の第二部「カストロの思い出」として所収。本書では新たに訳している。

第二章 *Días de Universidad*

ユニバーシティ・デイズ

一九四五年にハバナ大学法学部に入学してから五〇年後の一九九五年九月四日、フィデル・カストロは母校の大講堂《アウラ・マグナ》で演説をおこなった。その概要をここに掲載する。

疑いようもなく、この大学に入学したのはひとつの特権でした。なぜならここで、私は多くのことを学んだのですから。私の人生の中でおそらくもっとも大切な多くのことを学んだのは、ここでした。ここで、私たちの時代、私たちの時のもっとも偉大な思想を発見しました。ここで、私は革命家となり、ホセ・マルティの熱烈な信者となりました。ここで、私は社会主義者に、まずユートピア社会主義者になりました。

さきほどお話しした先生のおかげです。つまり政治経済の講義をしてくれたデリオ教授のおかげです。それは資本主義の政治経済学でした。理解するのがむずかしく、非合理的で不条理なものごとにまみれたそのあり方を見いだすのはとても困難でしたが。だからこそ私は最初、ユートピア社会主義者になったのです。ここで接した政治的な書物の数々のおかげもありますが。この大学、本学の法学部で、私はマルクス・レーニン主義者になりました。

この大学ではとてもむずかしい時期を、とても困難な時期を過ごしました。大学時代を乗り切れたのも、ただ単に運がよかったからと言えるほどに困難な日々でした。すべての不可欠な粘り強さと決断をもって、非常に過酷な闘争にみずからの身を投じ、その結果、新しい年、新しい時代を迎えることができたのです。

■はじめての政治体験

大学に入学した当初、私は政治についてほとんど知りませんでした。当時、私は政治について何を知っていたでしょう？　せいぜい覚えていることといったら、兄がいたことくらいです。母親違いのその兄がオリエンテ州の真正者党《アウテンティコ》*1の候補で選挙に出たことです。オリエンテ州には四二人の代議士がいて、各党がそれぞれの候補者を立てていました。私はたぶん一四歳くらいで、投票用紙を手にビランの家や小屋を回って投票のしかたを教えていたのです。どうやって私の兄ペドロ・エミリオ・カストロに投票するのかを教えました。兄が投票用紙の何番めに書かれていたか正確には覚えていませんが、ほとんどの人は字が読めなかったので、どこへ行けばいいかとか、政党などのこと、どこに×印をつけるかなど、みんなに説明しました。

一四歳にして革命家だったとか、一四歳にして政治家だったとか、あるいはまたある種の政治的決断をしたのだとか思わないでください。ただ兄が候補者で、もし当選したら馬を買ってやると約束してくれたからだけでした（笑い）。そうそう、そういえばそれは一九三九年のことでしたが、ほんとうのところ、その年の選挙戦にはあまり興味がありませんでした。それでも兄は私によく話しかけ、やさしく接してくれました。少年はいつも相手にされ、まじめに扱われることを好むのです。兄はそんな私に仕事を与えてくれたので、私は選挙当日までそれをやっていたのです。しかし、地方警備隊が来て投票を妨害したため、私の努力は水の泡となりました。

もしかすると私は正確な選挙の年について訂正をする必要がありそうです。もう少し早い時期だったかもしれません。どの年の選挙だったでしょうか。ひょっとしたら私はその選挙戦を手伝ったとき、まだ一四歳にもなっていなかったかもしれません。

その年、ペドロ・エミリオは真正者党《アウテンティコ》所属の代議士の第一補欠候補になりました。運がよかったと言うしかないでしょうね、そう、当選者の一人がたまたま亡くなって、ペドロ・エミリオは下院議員に繰り上げ当選し、私との約束を守って馬を買ってくれました。この種の約束をだれかにすることがどういう意味なのか、おわかりでしょう。ひょっとしたらわからない人もいるかもしれませんが、しかし田舎の出身の人や田舎に住んでいる人は、きっとわかってくれるはずです。そんな約束を私にしたのでした。たしかアラブ種の馬でした。ともかくその選挙戦での約束を彼は守ってくれたのです。それが私のはじめての政治体験です。

真正者党《アウテンティコ》は実質的に、圧倒的な多数派だったため、選挙は武力によって決着しました。選挙を管理する兵士が来て、ふたつの列を作らせます。ひとつは政府支持派、もうひとつは政府反対派です。

そして、支持派は投票することができましたが、反対派の投票は拒まれました。これはどこの投票場でもおこなわれ、とくに田舎の投票場では徹底されました。それがキューバの選挙のやり方で、私のはじめての選挙経験となったのです。

　兵士が人々に危害を加え、ひどい扱いをし、暴力をふるうのを見て、とても苦々しく思ったのを覚えています。そうやって政治的茶番劇をはじめて目撃することができたわけです。人生ではじめて見た不正選挙でした。

　のちの大統領選挙でも同じことがおこなわれました。一九四〇年にフルヘンシオ・バティスタ[*2]は、そのようにして共和国大統領になったのです。バティスタはほんとうに軍事力を頼みに、職権濫用《らんよう》の限りを尽くした人物でした。軍人は王様で、だれもが巨大企業、大農場主、大きな利害につかえて生きていました。これらのセクターがあらゆる種類の特権と利益を享受していたわけです。

　地方では計り知れない不正がおこなわれていました。わずかな数の地方警備隊の手で、これだけの長い間、あんな状況を維持していたのは信じられないことです。地方警備隊の属する軍隊は、祖国解放軍の解散後に創設されたもので、アメリカ合衆国製の制服を着て、合衆国製の山刀、合衆国製のライフルを持ち、馬はテキサス産でした。こうした装備のこの軍隊が、私たちの国の地方にすさまじい恐怖をもたらしました。そのために、わが国の農民やわが国の農業労働者の惨憺《さんたん》たる状況がもたらされたのです。彼らがほとんどいつも空腹に耐え、仕事ももてずにきたのは、そのせいなのです。

■少年時代についての感慨

少年時代、子どものころ、私はとても貧しい家族の中で暮らす機会がありました。そういう家の子どもたちと私はつるみ、そういう家の子どもたちと遊んだものです。こういったことについて考えることができるようになったのは、ずっとあとになってからのことです。その後の人生を通して、私は子どものときに見た、こうしたものの思い出についてよく考えてみました。おそらく、少なくともそれらが、貧しい人たちに対するある種の共感や団結心を呼び起こしていったはずのなんらかのイメージ、なんらかの記憶、なにがしかの印象だったのでしょう。

一生を通じて、生まれた土地や両親の仕事といった特別な環境が、私自身の決意に影響したのです。私のはじめての決断は小学校一年生のときに下したと言っても、信用してもらえないでしょう。通学していたサンティアゴ・デ・クーバのラ・サージェ小学校の寄宿生になりたいと、私を下宿させ、世話をしてくれていた家族を説得しなければならなくなったときのことでした。そうして一年生で寄宿生になったのです。

そして五年生のときにふたたびある決断を下し、その学校をやめる決意をしなければならなくなりました。主に教師の犯した虐待《ぎゃくたい》問題、とくに私個人に対してふるった物理的な暴力が原因で、私も暴力で反撃しなければならないほどだったのです。過去のことなので、個人名は挙げませんし、その必要もないでしょう。五年生の一学期、私は反乱を起こし、物理的に戦わなければならなかったのです。

それからドローレス学園へ転校しました。そこでもわずかばかりたいへんな思いをするのですが、ここで昔の話に踏み込むことはやめましょう。一段レベルの高い学校に入ったのですが、多かれ少なかれ学校側からの要求に応えることができました。そこでもはじめは寄宿生ではなく通学生でしたので、まもなく寄宿生にしてもらうために三度めの闘争を起こすことになります。

ドローレス学園には小学校五年生で転校し、高校二年生まで在籍していました。高校はそれまで四年だったのが、五年に年数を延長していました。そしてそこからさらに新たな学校に移る決意をしたのですが、このときは、いざこざはありませんでした。新しい学校は、キューバでいちばんのイエズス会学校といわれていたベレン高校でした。この学校の理念が私を魅了したのです。私は、自分がイエズス会士たちの規律や行動全般とだったらうまくいくだろうと感じていました。

当時から、私はスポーツに熱中していました。若いころから山登りも好きでした。エル・コブレのような場所への遠足に連れていかれたときはいつも、地平線上に見える山に登ろうとしては突然のどしゃ降りに見舞われたり、水かさの増えた川を渡ったりで迷子になっていました。このような冒険が私は大好きで、それが私のやっていたスポーツでした。先生方も寛容で、ときどき戻るのが遅くなり、バスを二時間も待たせたりもしましたが、それほど騒ぎ立てたりはしませんでした。

のちに学校を変えたとき、さまざまなスポーツ、それに登山にうってつけの条件に恵まれることになりました。ベレン高校での話です。

私はいい学生だったのでしょうか？　いいえ、いい学生ではありませんでした。最初にお断りしておきますが、いまの世代の人々に対して、自分がかつての優等生だったと自己紹介はできません。たしかに、授業には出席していましたが、デリオ教授がさきほどおっしゃったように――残念だという思いもなきにしもあらず、でしょう。何しろ教授は私に何ごとにおいても模範生であってほしかったでしょうから――、授業中に先生が教室のここにいるとしたら、私の心ははるか遠くの向こうのほうにあったのです。説明のある間、私はそこに座ってはいました。先生が教科の説明をしていても、私はいろいろなことに思いをめぐらせていたというわけです。登山のことやスポーツのこと、あるいは少年や少女が考えそうなことなどに思いをはせていたのです。

　そして私は、一夜漬けばかりしている学生になりました。こんなことはだれにもお薦めできません。ともかく、最後の追い上げにかけてはなかなかのものだったということです。その点で、アナ・フィデリア[*3]の最近の世界陸上選手権で優勝したときのスパートぶりともいい勝負かもしれません。ほかの連中に大きく後れをとっているのに、最後の一分まですべての時間を勉強につぎ込んで追い上げていたのですから。休み時間も、昼食や夕食のときも、すべてを使って自習で遅れを取り戻したものです。

　学期末には自分の力で数学や物理、自然科学諸分野すらをも勉強するのだと、先生には放言していました。そして学期末になると結局、私はいい成績を収めていました。ときには成績表のいちばん上の者たちのさらに上を行くこともありました。私の最後の最後に払う努力とはこうしたものでした。イエズス会士の先生方は、スポーツ大会の時期になると私に喝采《かっさい》を送り、すべてを容認してくれました。しかし、私が留年するかもしれないと家族に手紙を出したこともありましたが、そんなときには批判しました。

とても個性の強い、ある先生のことを忘れることができません。彼は監督官で、その彼が一度私を呼び出し、こちらでの私の保護者というか、こちらでの私の父の代理人である人物も呼び出しました。そしてその場で彼に、もしかしたら留年の可能性があるかもしれないと伝えました。はっきりとは覚えていませんが、その学校で過ごした三年のうちの二年めだったでしょうか。彼はそのように不平を述べたわけです。私はいつものように一夜漬けで勉強しました。するとある日、この厳格な監督官が食堂から出てきて、私にスペインなまりで「物理で何点取ったか知っているかね?」と尋ねてきたのです。

私は一瞬、こんなふうにひるんでしまって、つぶやきました。「この人がここでこんな質問をするということは、きっと裏があるに違いない」と。でも試験のできはよかったことはわかっていたので、「いいえ」と答えました。そうすると監督官は「一〇〇点だ!」と言ったのです。それまではいちばんの優秀者でも九〇点しか取っていませんでした。それまでもその高校教育研究機関に出かけていったり、そこから先生がやってきて学校で試験したりしてきたのですが、そうして受けた学校の最優秀者でも九〇点だったのです。

もうひとつ別の科目でも同様のことがありました。それはキューバ地理でしたが、その科目でも、全生徒の中で一人だけ九〇点を取り、その栄誉に預かったのが私で、ほかの生徒はもっと低い点数だったということがあったのです。学校側と高校教育研究機関との間で大論争が巻き起こりました。これはいったいどうしたことだ? そうではない、本が問題、教科書が問題なのだ。よかろう、ではカストロは、どの本で勉強をしていたというのだ？　カストロは何をやったのだ？　といった具合でした。実は、私が勉強していたのはみんなと同じ教科書でした。ただ、そこにちょっとばかり想像力を加えただけです（笑い）。

さて、別に岬や入り江、川などを勝手にでっちあげたのではなくて、いつも答案には自分なりの考えを加えただけです。あるいはなんらかの理由で試験官が私の答案を気に入って、九〇点をくれたのでしょう。でも、私がしたような方法、つまりぎりぎりになっての一夜漬けという勉強の方法は、いかにもお薦めできるものではありません。

だれも私に、毎日継続して勉強する習慣をつけることはできませんでした。スポーツでメダルを取ってくるので、それでよしとしていたのです。私はキューバのナショナルチームよりもよい待遇を受けていました。そのくせ最後には批判されるという具合でした。ほんとうに私は毎日勉強する習慣を教わらなかったのです。

いままで話したとおり、この学校はイエズス会士のもので、彼らはスペイン人でした。スペイン共和国は二、三年前に崩壊していましたが、先生か学生担当員の一人で私が非常に懇意にしていたある人物が、戦争後におこなわれた銃殺刑の様子を語ってきかせてくれました。彼は衛生兵として戦地にいたとかで、内戦終結の際にスペインで銃殺刑にされた捕虜《ほりょ》たちについての長い話をしてくれたのです。この話を聞いて私はとても憤慨しました。彼はそれをいたって自然なこととして話し、そこにいっさいの判断を差しはさみませんでした。しかし、そこで起こった何もかも、そこでのすべてについてしてくれたその話は、実に劇的だったのです。

当然のことながら、先生の政治的立場は保守派でした。右翼でした。この学校は、技術的な面から言えば、いろいろな点ですばらしい学校でしたが、教育内容はとても教条的でした。忘れてはならないのは、ミサに行かなければならなかったことと、聖書の歴史を勉強しなければならなかったことです。デリオ先生、これがほとんど唯一、あなたに負けない科目でしょう。聖書の歴史が。一年のときも二年のときも、毎年毎年、一年間の授業があったのですから。ほんとうに来る日も来る日も教条的な教えにひたっていました。教育内容は絶対に教条的でした。一般的に、実験や研究や、そのほかのこともやっていましたが、教育システムは改革される必要があったと私は思います。生徒自身がほんとうに考えるということを教えなかったのですから。たとえ理解できなくてもものごとを信じなければならなかったのです。信じないことは地獄行きに値する罪でした。

批判するつもりはなしにお話ししています。ほんとうにあの学校を批判する気は毛頭ないのです。ただ当時の私たちがどんな教育を受けていたか、つまり、それがいかに若者に理想的と思われる教育とはかけ離れたものだったかを説明しているだけです。

それを別にすれば、スポーツや探検、小旅行やそのほかのことのおかげで、学校生活はのびのびと送りました。ほかの子どもたちともいい関係を、すばらしい関係を築き上げました。卒業式で卒業証書を受け取るときに、みんながほんとうに喜んでくれたので、そのことに気づきました。

私自身、それだけの友人がいたとは想像できませんでした。おそらくそれは、私の他人への接し方のおかげだと思います。政治性などというものがさらさらなかったからです。しかし大学に進学したころの私が、政治についていったい何を知りえたというのでしょう?

学校から得たものは何か？　あるいは家族から得たものは？　大学に入るまでに私は何を得たのでしょうか？　強い正義感と、ある種の倫理観でした。じょじょに獲得していったその倫理観というのには、キリスト教的な要素が入るのは避けがたいことでした。どうにかこうにか獲得した倫理観です。幼少のころから不正と闘って身につけ、とても小さなときから虐待に対して戦って学んだ倫理観です。小さなころから、人と接するのに、だれかれかまわず平等に接してきましたし、まちがいなくある種の気質、こう言ってよければ反抗的な性格というものをもっていました。つまり周囲に対する反動だったのですね。私は虐待やものごとの無理強いに対して、決して泣き寝入りなどしなかったのです。

■バティスタの政権獲得

一九四五年の終わり、この大学に入学したときは、キューバ史上最悪の時代のひとつであり、もっとも期待はずれな時代のひとつでした。実際、一九三三年革命という挫折した革命の余波の中にいたのです。三三年にはほんとうに革命が起こったのです。マチャード政権[*4]に対する闘争が革命に変じたわけです。

今日、九月四日はバティスタ政権誕生[*5]の日であるため、おぞましい日だとだれかが言いました。そうではありません。九月四日はおぞましい日ではありません。九月四日は革命の日なのです。今日、この日が学年の始まりであることを恥じることはありません。軍曹たちはただ厄介な指導者たちに立ち向かっただけですから。その運動には多くの革命家が参加しましたし、学生すらもその運動には参加していました。彼らが軍の旧態依然たる保守勢力を権力の座から追い出したのです。言うならば、バティスタの人生は革命運動から始まったのです。

問題はあとになってから生じました。ヤンキーたちが介入してきてからのことです。彼らはキューバの内政に干渉し、バティスタをこの国における合衆国の利益を上げるための道具に変えてしまったのです。当初、政府はいわば五頭政治の体制で、その後、それまで学生とも良好な関係を保っていた生理学の教授、グラウ・サン・マルティン[*6]が主導するものになりました。次いでギテラス[*7]を重要なポストに据えた内閣が指名されます。その政府では多くの革命的な方策が採用されましたが、これは三ヵ月しか続きませんでした。

革命的な方策というのは労働者の問題に関することで、たとえば電力会社に関係したものでした。電力会社への介入があったのじゃないかと思いますね。このことについては、だいぶ時間がたったあとになっても、まだ話題になっていました。ほんとうに革命政府というべきものが形成され、それが一連の法律を適用していたのです。ところが帝国主義が奸計《かんけい》のかぎりをつくしてその政府を権力の座から追いやってしまいました。そしてこのときからバティスタの影の支配者としての役割が始まったのです。いくつもの内閣を解任して入れ替え、一九四四年までの一一年間、実権を保ったのです。彼らはあらゆる種類の虐待をはたらき、あらゆる種類の犯罪を犯し、あらゆる種類の盗みをはたらきました。この国からいったいどれだけ盗み、略奪していったことか！　彼はヤンキーたちの手先だったのです。

やがてその革命は挫折し、それから大いなる闘争の時代がやってきました。一九三五年三月のストライキとなりました。政権打倒をもくろんだそのストは、バティスタの政府によって、軍によって容赦なく武力鎮圧されました。街中に、国中に恐怖が伝播《でんぱ》し、革命は失敗に終わりました。挫折したその革命がどれだけのものを遺したのかはわかりません。ともかく、その後も政治的な追求は続きました。

ほどなく、国際情勢は複雑な状況になってきました。ファシズムは絶頂に達し、ヒトラーはヨーロッパでこの上なく絶大な力を手に入れ、完全武装を始めていました。ソビエト連邦では粛清が続いていて、そこではあらゆる種類の虐待が、ありとある犯罪がおこなわれていました。もちろん、これは一九五〇年代、スターリンの死後になされたフルシチョフの告発を発端に、かなり改善されましたが。現実にやったことといったら、党の幹部を更迭し、軍の上層部の首をすげ替えることで、おかげで戦争が始まったころには不利な状況を生み出す結果になったわけです。ただし、産業化のために払った多大な努力はまた別の話ですが。

■拡大戦線の結末

しかし当時は、共産主義インターナショナル、つまりコミンテルンがいまだ機能していて、そこが世界中の共産党の政策綱領を決めていました。ちょうどそのころは、ファシズムの危機に立ち向かうために拡大戦線のスローガンが掲げられたころでした。この政策にはすべての共産党が大原則にのっとって従いました。つまりは典型的な原則となったわけですが、そのことが新しい状況を生み出しました。

バティスタはいきなり自分自身を反ファシスト主義者だと表明し、この拡大戦線結成に同意しました。共産党は原理原則にのっとってこの拡大戦線政策に参加しました。私は別に歴史に対して判断を下そうとしているわけではありません。そんな気はさらさらないのです。たぶん、このような枠組みや状況下でほかの道がありえたか、ほかの選択肢があったかどうかという分析は、研究者や歴史学者がこぞってやってくれることでしょう。

外部から見れば、これは疑問の余地のない正しい政策でした。ヒトラーが権力を手にすることを許したのは、ドイツ左翼と社会民主主義、それに共産主義とが分裂していたからなのですから。しかしそれがヒトラーに門戸を開き、のちの彼の行為を可能にするのです。つまり、対ヒトラー政策はもっと前に着手されるべきだったのです。ところが、キューバではマルクス・レーニン主義共産党と同盟することになったのが、バティスタ政権という血なまぐさくて抑圧的、腐敗した政府であったというわけです。

こんなことを言うのは、私の見解では、このことがこの国の政治において必然的なある結果をもたらすからです。軍隊が農民を抑圧し、労働者を抑圧し、学生らを抑圧しているというのに、国際的なしがらみから共産党は、この政府と同盟を結ぶことを余儀なくされたのです。それでもやはり、共産党は根気強く労働者の利益を守っていたことは言っておくべきでしょう。より高い賃金、人々の生活条件の改善を要求してこの時期に戦われたストライキや根源的な闘争はいずれも、実際、共産党と、党に忠実で献身的な労働者階級のリーダーたちが実行したものでした。しかし、多くの国民は反バティスタ派で、バティスタによる虐待や犯罪、政治腐敗を拒んでいました。この矛盾は当然のことながら多くの若者、革命的な傾向のある人たち、左翼の人たちをして、キューバのマルクス・レーニン主義共産党へのシンパシーをなくさしめたのです。これが客観的な歴史的現実です。

戦争は終わりましたが、ファシズムとの戦争が終わると冷戦が始まりました。帝国主義が社会主義にしかける戦争でした。この帝国は、あの戦争から強大な力をつけて浮上してきた存在で、これが莫大《ばくだい》な富をもっています。世界中の金という金は、彼らが蓄えているのではないでしょうか。

この時期に呼応するようにキューバ政府にも変化がありました。バティスタが一九四四年の選挙で負け、グラウが勝ったのです。多くの人が期待をいだきました。民衆の政府が、誠実な政府が、ほとんど革命的ともいえる政府が、やっと戻ってきたのです。しかしこのときすでに例の軍隊が、政治の腐食、政治工作と腐敗に染まっていたのです。

わが国で最大の政治的挫折のひとつは、グラウ政権樹立から数ヵ月後に起こったできごとでしょう。もちろん、当時だれもかれもが革命派を自認していました。マチャード政権に反対していた人たちも、一九三三年の革命に参加した人たちも、そのときのストライキに参加した人たちも、あるいはその他のストライキや反乱に、何年もの間参加してきた人たちも、だれもかれもが当時は革命派と自称していたのです。その人たちが政府を支えていました。つまり、政府は政治家たちの手中にありましたが、ほかにも多くの、あの革命家を名乗る一団と同根の人たちがいました。

■大学の自治

そんなときに私は大学に進学しました。グラウの勝利から一年後のことでした。そのころにはもう、いたるところで裏取引や横領に対する抗議運動が始まっていました。もちろん大学も熱く沸き立っていました。政府の閣僚の多くが、かつて革命幹部団のメンバーでした。そんな人たちが大臣だったのです。ここに大きな混乱があったのです。

私が大学に入学したときは、とても無知で、共産主義者たちにはとても変わり者に見えたと思います。彼らは私のことを「いいか、こいつは地主の息子で、ベレン高校出身。世界一の反動分子に違いないぞ」と言っていたものです。私は共産主義者たちにとってほとんど脅威といっていい何者かでした。当時、大学には共産主義者は少ししかいませんでしたが、少しはいたのですよ。非常にすばらしい人々で、闘争心に満ち、とても活動的な人々でした。しかし彼らは不利な状況の中で戦わねばなりませんでした。

彼らに対する弾圧もそのころには再開しはじめていました。冷戦にともなった共産主義者への弾圧が始まり、彼らは疎外されるようになっていたのです。キャンペーンに次ぐキャンペーン、プロパガンダに次ぐプロパガンダでした。猛烈な反共キャンペーンとプロパガンダが、ラジオや新聞などのすべてのマスメディア——当時は、テレビはありませんでした——を通じておこなわれ、それらがありとあらゆる点で共産主義を叩いていたのです。だれよりも才能があり、だれよりも人のために働く労働者のリーダーたちの多くが、やがて暗殺されました。

反帝国主義の感情はかなり弱まっていました。往時、メーリャ[*8]の時代から、ビリェーナ[*9]のころから、革命幹部団の時代から、反バティスタの時代にいたるまで、反帝国主義の砦だった私たちの大学でも、反帝国主義の感情はもう消えていました。すべてこの目で見てきたのです。いいですか、私はあちらこちらの人と話したのですよ。法学部の学生とも、すべての学部の学生とも話したのですが、反帝国主義の感情を表明した人など、ほとんど見たことがありません。

大学はグラウ政府の配下の橋頭堡《きょうとうほ》と化していました。関係当局、すべての国家の組織、つまり司法警察、秘密警察、敵方諜報《ちょうほう》機関——正確な名前は覚えていませんが——、国家警察、これらの組織はどれもグラウ政権の手中にありました。軍隊はまた別の話で、より大規模な抑圧をおこなうところでした。つまり大規模なストライキなどがあったときのための存在です。しかし通常の活動などを担当しているのは警察でした。大学にも警察があって、完全に彼らの統制下にありました

そんなわけで、大学での最初の数ヵ月はいささかスポーツ漬けといったおもむきでした。大学でも練習を続けていたかったからです。やがて政治の洗礼も受けるでしょう。しかし、それはまだ大学の外の世界でも通用する政治ではありませんでした。そうではなくて、学内政治だったのです。

そして人類学クラスの学生代表として選挙に立候補しました。実習の日取りや、実験や試験に関するお知らせなど、いろいろなしかたで学生を支援するこの科目は特別なものでした。授業に出席

しない学生がたくさんいたので、そうした情報は貴重なのです。登録していても来ない学生がいるのです。それから私は一年生の代表の票も組織しました。当然のことながら、二年生の代表も三年生の代表もいて、彼らが過半数を獲得しようとして私たちに働きかけてきます。というのも、当時、各科目から選ばれた同じ学年の代表が、その学年内の代表を選び、そうして選ばれた各学年の代表が法学部の委員長を選んでいたからです。このようなしくみで学生自治は動いていました。

一年目にこうした活動を始めました。当然これはスポーツと両立させなければなりませんでした。しかし始めてほどなく、スポーツにかけなければならない時間とこれらの活動にかけなければならない時間の両方を作り出すことは不可能だということが明らかになりました。言うまでもないことですが、私は全面的に政治活動に傾倒しました。候補を選び、候補を援助し、ほかの学生の協力も仰ぐことに夢中になったのです。私たちはよく働きました。こうしたことを知りつくしたほんとうに手強い政治家もどきとも対決しましたが、努力は功を奏しました。

約二〇〇〇人の生徒が投票に行った選挙の日のことを覚えています。私の得票は一八一票で、相手候補は三三票でした。さらには私たちのグループがすべての科目の一年生代表の座を獲得しました。完勝です。最終選挙はどうだったかですって？　満票でした。グループは過半数を獲得しました。そして私は学年代表になったわけです。その後の選挙で、私は学部の会計係に選ばれました。本当のことを言うと、私は会計係に選ばれたには選ばれたのですが、法学部には一センターボのお金もありませんでした。つまり、この地位は名誉職ということになります。無銭会計係です。ともかくこのように始まったのです。これが一年めのことでした。

私はこのころから比較的に目立つようになりました。みんなが注目しはじめました。その当時、政府への不信が急速に進み、私たち学生は政府に抗議していたのです。

これとほとんど同じころ、グラウ政権の挫折といっていい事態に対する不満に呼応する形で、チバス率いる真正派《オルトドクソ》グループの反乱がもちあがり、それがキューバ人民党*10と名づけられる新政党の結成という結果になりました。私たちはそのときすでに政府に対して抗議活動をおこなっていました。大学の自治会指導者たちは、政府の高官職や閑職、役職などを得ていました。政府の資産すべてを好きなように使っていたのです。

そんなわけで、私の闘争は二年めにはもっと複雑になっていきました。その年には法学部は大学生連盟（ＦＥＵ）の選挙に決定力をもつようになったのです。その年には次の学年にも同じことをしました。つまり、私たちの次の学年ということで、一年生です。一年生にも二年生にも同じことをしました。同じ作戦で働きかけたのです。しかし二年生では対立陣営が候補者を立てられなかったことは言っておかなければなりません。候補を擁立することができなかったというのが現実です。一年生でも同様のしかたで圧倒的な勝利を収めました。私たちは二学年をおさえ、法学部の最大多数派となりました。それを見て、政府支持者たちはどんな手段を使ってでもＦＥＵをコントロールしようとし、はじめは選挙で勝とうとし、その後は私たちを脅してきました。

法学部の二年め、二回めの選挙では私の学内での対立候補たちは、必ずしも政府支持者ではなかったのですが、一定の力を保持していました。それで、そこにはある種の力の分散がありました。だから結果はまったく違ったものになったとしてもおかしくはなかったでしょう。しかし、五学年あって、その各学年が一票を握っている状況の中で、一人の人間、四年生のある人物が勝負を左右する存在になりました。その人は頼りない人格でしたが、FEUでは反政府の候補者に投票するという公約だったので、議長に選ばれたのです。どうやら私はこの学内の闘争でいささか焦りすぎ、熱くなりすぎたようです。もう少し経験があれば、ほかの方策を模索して、敵の中に放り込まれてももっと強力で誠実な人物を選べたでしょうから。敵とてあっちにつこうかこっちにつこうかと迷っていたし、必ずしも政府支持派ではなかったのですから。

ともかく、そのように私たちは下の学年と上の学年とで断絶していました。その断絶が、FEUでは反政府派候補に投票するという崇高な公約をした人物を押し上げました。しかしあろうことかその人物は、FEUで反政府派の候補に投票するという公約を果たさなかったのです。それで私たちはやむなく、彼を罷免しました。簡単なことでした。私たちはほかの四人の過半数を集め、彼を罷免したのです。ほかの四学年、つまり一年、二年、三年、五年の代表はFEUでの候補に関して、合意に達することができていましたから。

こうして法学部は大学内の不和のもととなり、その投票が決定的なものと化しました。

当時は、さきほど説明したように、革命が挫折した直後でしたが、その結果、国内にはみずからを革命派と自称する党派がいくつもあり、あらゆるマスメディアを通じて極度な盛り上がりを見せているところでした。だいたいにおいて彼らは、世論を形成する重要な部分に受け入れられてもいました。どの党派にもなにがしかの来歴があり、こちらやあちらの党派にいた人たちの集まりだったからです。このように当初は革命派グループだった一連のグループが出現したわけです。彼らのだれもが、当然のことながら、ある種の敵対関係を保ちながらも、政府と癒着していました。

　大学での選挙の過程で突然、大学を支配しているマフィアもどきのギャングたちと直面することになり、私は孤立しました。完璧《かんぺき》な孤立でした。彼らはどんな犠牲を払ってでも、大学を失うことを阻止しようとしました。つまり、学長府を統制し、大学警察を管理下に置き、町の警察もコントロールし、すべてを動かしていました。そして法学部の学生委員長の罷免も無効だと裁定しました。彼らも以前に同じような状況で敵候補者を罷免し、その同じ当局に認証されるという重要な先例があったのに、罷免に関しては規定に記載されていないというきわめて単純な理由から無効を主張したのです。それで無効になりました。そして学長室も法学部学生議長の罷免は無効だとする決定を下しました。そのため、この投票は大学が政府支持派の手の中にあるか、反対派の手に落ちるかを決定するものになりました。それが大筋です。

　大学で私が見て取った環境を考えると、すべての状況は私にとってとてつもない脅威となりました。私が入った最初の年には、まだ賛成の余地があったのに、だれも私たちのことを気にかけてはくれませんでした。そのころから圧力、恐怖、銃、その他の武器が支配する環境でした。大学を支配していたグループは政府と深くつながっていて、政府からの協力や資金、武器などあらゆるものを得ていました。

　私が少しばかり焦りすぎていたかもしれないと思うのは、どういう意味でだと思いますか？　たぶん私はあの闘争、あの衝突をもうちょっとだけ続けるべきだっただろうと思うのです。しかしながら、威嚇や脅迫などの妨害のくわだてに抵抗できず、あの勢力とおおっぴらに戦うことになり、まったく孤立してしまったのです。白日のもと、たった一人です。それを孤立と呼ばざるをえないのは、私には何もなかったからです。彼らに立ち向かうための組織もなく、協力してくれる党もありませんでした。この戦いは、大学を征服し、力で意見を無理強いするという彼らのくわだてに対する反乱だったのです。

私が大学時代を過ごした日々に関する記事がそこに書かれていました。仲間たちが素材や正確な日付などを調べてくれたのです。これらの記事に私は満足していませんが、彼らの言論・出版の自由を尊重しますし、まずまずのできではあります。よく調べて書かれていますが、概して当時の状況についての多くの事実を見落としています。

■大学をめぐる闘争

そうした事実について、ここで微に入り細をうがって語るつもりはありません。しかし、人にかけられた物理的な圧力がとても強力だったということは知っています。脅迫はとても強力でした。FEU選挙が近づくと、あのマフィアたちは私に大学への入構を禁じました。二度と大学の中に足を踏み入れるなと言うのです。

たしかルイシート・バエス・デルガドが、そこいらに、私がそれで海岸に行ったという記事を書いていたと思います。私は海岸に行って、大学に戻るべきか否かと考え、結局は戻ることにした、とルイシートは書いています。大学に戻る際に私が武器を手にしていたかどうかは、何も言いますまい。

この話は友達にも何度かしました。私は考えるためだけに海岸へ行ったのではありません。もう二〇歳にもなっていたというのに、泣きすらしたのです。泣いたのですよ。大学に戻ることを禁じられたからではなく、どんなことがあろうとも、大学に戻るつもりだったからです。どれほどの人数だったかはわかりませんが、そこにはやつらが徒党を組んでいました。大学当局の者もいました。彼らはすべてを味方につけていました。それでも戻ることを決意し、私は武器を手に戻りました。

当時、武力闘争は不可能に近かったので、これが私の特殊な武装反乱の始まりだという人もいます。反マチャード派であり反バティスタ派だったという来歴の年長の友人にピストルの手配を頼み、彼が一五装弾のブローニングを調達してくれました。一五連弾のブローニングなど手にしたら、まるで自分が無敵の銃撃手になったような気になりました。そうでなくても私は、射撃がうまかったからです。私は田舎に住んでいたので、だれの許可もなしに家にあったライフルやリヴォルヴァー、その他ありとあらゆる武器を撃つことができたものです。そんなことのおかげで、私はなかなかの射撃手になることができたのです。

では、私はなぜ泣いたのでしょう？　私が泣いたのは、結局は自分自身を犠牲にしなければならないのだろうと感じたからです。学生たちの――同学年や後輩、他校の学生のことですが――協力、学部の協力、非常に大きな、ほぼ全面的な協力を得て戦ってきた闘争の末に、大学から閉め出されるという挑戦を受けて立たねばならなかったのです。私は決断し、武器も手に入れました。私が死んでも、だれもその意義を認めてくれないかもしれない、それどころか、敵のみがここで何が起こったのかを彼らなりの見地から書き残してしまうかもしれないと考えると、心が痛みました。それでも私は、もう大学に戻る決心をしていたのです。ただ戻るだけではなく、命を賭す覚悟すらもできていました。その対決で私と刺し違えて命を落とす敵が果たして何人になるものか、見物でした。そうした決意で戻る決心をしたのです。ためらいなど微塵《みじん》もありませんでした。

その日、何が私を死から守ってくれたのでしょう？　ほんとうの理由は、くだんの友達というのがほかの友人に声をかけてくれたのです。彼にはあちらこちらにいろいろな種類の友人がいて、組織は違っても、武器を持った友人も多くいたのです。なかには若くて勇敢、勇壮な連中もいて、そういう人たちに声をかけてくれたのです。この友人はまた学生たちとも良好な関係にあって、言ってくれました。「こんなふうに自分を犠牲にしてはいけない」と。彼は七、八人の学生を私についていくように説得してくれました。一面識もない学生たちでした。そのときはじめて会った面々です。彼らはすばらしかった。私はこれまで多くの男、多くの闘士を見てきましたが、なかでも彼らはすぐれた人々で、勇敢な若者たちでした。私はもう一人ではなかったのです。

今日ここに来る途中、待ち合わせをしたあのふたつの小階段のあたりで、カフェテリアはどこにあっただろうかと尋ねてしまいました。場所が移ってもどこかにはあるに違いないのですが、その場所にはもうなくなっていたからです。ちょうどそのあたりに、われわれ勇者組とマフィアとが集結したのです。法学部の周辺と、法学部の中でした。私は仲間たちに「きみたち三人が正面から入れ、私たち三人はあちらの階段をのぼろう、そして残りの三人はここから入るんだ」と指示を出しました。

私たちがさっと突入したとき、連中は、一五人か二〇人ばかりいたのですが、震えはじめました。こんなたいそうな仕返し、これだけの強力な討ち入り、これだけの修羅場《しゅらば》を迎えることになるとは思いもよらなかったのですね。が、そのときは修羅場にもなりません、彼らはただ震えているだけでした。それから私は大学に戻り、それからも通いつづけました。ところがまた孤立することになりました。いまお話ししたのはもう過ぎた話です。その後もう一度孤立したということです。

たしかに私は武器を手に入れました。そしてときどきは、それを持ち歩いていました。そのことが、あの対決の中で別の問題を引き起こしました。やつらは大学警察や街中の警察、そのほか前にお話しした組織を手中に収めていました。裁判所も支配し緊急裁判所も支配していたのです。法律では武器の所持は刑務所行きになってしまうので、私は三つめのディレンマを抱え込んだという次第です。つまり武装したマフィアと対決するのに、私は武器が使えないということです。武器を使えば反則、私は刑務所行きです。法廷はとても厳しく、ましてや政府からのお墨付きがあるときたら、どんな人物でも引っぱっていきます。ですから、武装したあの一団との闘争を、たいていは丸腰で続けなければなりませんでした。たいていは、というのは、武器をひとつだけ手に入れて例外的に携行したことがあったからです。ただ一挺《ちょう》だけですよ。でもたいていは、武装せずにいました。

大学をめぐる闘争、大学と政府の関係をめぐる闘争は、武器を持たずに戦わなければならなかったと言っていいでしょう。ですから武装闘争は非常にまれな特別の状況でのみだったと言えます。私は多くの場合、まったくの徒手空拳《としゅくうけん》で戦いました。あれこれと計略をめぐらすのにも疲れましたし、運だの偶然だのというのも……。人類学クラスの学生全員が私を取り囲んで家まで送ってくれたこともあります。私が丸腰だというのに、敵の連中が徒党を組み武器を手にしていたからです。

こうした性格の闘争でしたが、そこには浮き沈みがありました。FEUをめぐるあの大戦争はその年、解決を見ました。情勢は非常に緊迫したものだったので、解決にはある種の調整が必要でした。敵味方入り乱れてのFEU本部での集会の最後に、私たちの立場にもなければ政府支持の立場にもない候補者を選ぶことで決着したのです。その後はある種の和解と平静の時代がやってきました。

■反トルヒーヨ遠征

なぜ私にとってあの条件があんなにも厳しかったのか、手短に説明しましょう。比較的長いある一時期、あれだけの幸運・不運を経験し、休まるときなどわずかしかなかった、そんなさなかにカーヨ・コンフィーテス遠征[*11]がもちあがったからです。

それはもう二年めの学期を終えようとするころで、闘争はかなり緊迫したものになっていましたそうです。たしか一九四五年、一九四六年、一九四七年の半ばでした。私はすでにドミニカ共和国における民主化のための委員会の議長に、そしてプエルトリコ独立大学委員会の議長に任命されていました。大学では反トルヒーヨ[*12]の気運があり、プエルトリコ解放に関する動きもありました。アルビス・カンポス[13]は当時すでにいて、いくつかの蜂起を率い、重要なデモも起こしていました。

これまで反政府闘争の話をしながらも、大統領官邸に向かっておこなわれた、数えきれないほどの反政府デモの話はしてきませんでした。そこにある写真の何枚かには、私が官邸の壁際に立ち、反グラウの演説をしている姿が映っています。私はそのとき、彼の執務室の正面にいたのです。彼は代表者と話したがっていましたが、私たちは断固として接触を拒みました。私たちは一人の学生を殺したことに抗議し、批判していたのです。ただ、くわしい前後の状況は正確には思い出せません。この種のことがいくつもあったのです。

浮沈の激しくとても困難なそれらの闘争の中で、敵は日を追うごとに強力になっていきました。時はアレマン[14]時代、悪名高いBAGA連合と際限ない横領の時代でした。アレマンは政治的野心をいだいていました。大学を牛耳っていたすべてのグループは、彼のもとに集結していました。ドミニカ共和国の崇高な大義を、革命政治の旗として利用しました。

ちょうどトルヒーヨに対する最終的な闘争を組織するための条件が整ったと思われていた時期でした。カーヨ・コンフィーテスからの遠征を組織していた人々は、ドミニカ人たちは別にして、多くはこの陣営の者でした。資金を提供していた人物こそは、基本的に、教育相を務めていたアレマンでした。それは私の人生で見た中でももっとも無計画な組織のひとつでした。ハバナの街中から文化的条件や政治的条件、知識程度に関係なく人を集めるというものでした。軍隊もどきを急ごしらえで組織したのです。そのようにして一二〇〇人以上を集めました。

当然、トルヒーヨとの戦いの準備が整ったのを見て、ドミニカ共和国における民主化のための委員会の議長であった私には、多くを考えるまでもないことでした。荷物を詰め、だれにも何も言わず、カーヨ・コンフィーテスに行き、あの遠征隊に入隊したのです。

おそらくここでいちばん重要なのは、私が、敵が大部分を占める場に入隊したことでしょう。不思議なことに、彼らは私を尊敬してくれました。何度も、あるいはほとんど毎日、丸腰で命を賭して戦わなければならなかったその時代に、私がひとつ学んだ教訓のようなものがあるとすれば、敵は彼を恐れない人物に敬意を払う、彼に挑みかかる人物に敬意を払うということでした。私が学生としての義務を果たそうとするその態度は、彼らの中に尊敬の念を起こさせたのです。そういうことでした。

私はカーヨ・コンフィーテスにいて、計画は最終段階にありました。アレマンが金を出す王様で、その遠征のすべての資金を提供していました。トルヒーヨは軍のリーダー、ヘノベボ・ペレスを金で丸め込んでいました。そんなときに、革命家を自称していたいくつかのグループ間の抗争が表面化してしまったのです。多くのメンバーは自分たちを革命家だと信じていました。誇りをもって信じていたのです。というのも、では革命とは何かといえば、だれも知らなかったからです。革命の旗手となりうる、そしてまたなってきた者、革命の理念を表明してきた者はだれだったというのでしょう？　共産主義者です。労働者を守り、イデオロギーをもち、革命の理論をもってきた者たちです。それ以外に革命の理論などあるのでしょうか？　しかるに、彼らの多くが、人々に対して罪を犯してきたマチャード時代やバティスタ時代の悪者を罰することが革命だと思っていました。革命家であるとはどういうことかという彼らの概念の多くは、そういうものでした。

しかし、すべてがだめになりつつありました。そんなときにオルフィラ虐殺が起こりました。このグループは強大な警察権を掌握し、抑圧なども意のままにしていました。そんな連中が敵のリーダーを捕獲し殺そうとして民家で撃ち合いを始め、その家の主婦すらも、その家の人々すらも殺したのです。そこに軍隊が投入されて、四時間におよぶ銃撃戦に終止符を打ちました。この事件は、私たちがカーヨ・コンフィーテスに参加しているときに起こったことです。

あるジャーナリストが、この一部始終を撮影して公刊したので有名になりました。とてつもないスキャンダルです。この機を利用して、軍のリーダー、ヘノベボは、サント・ドミンゴへの遠征を中止にしました。というのも、当然のことながら、彼はこの遠征隊の中に、国内政治においても敵となる分子がいると見て取り、その連中が、サント・ドミンゴでの武装闘争運動が成功したら、自分にとっての脅威にもなると考えたのです。そんなわけで彼はこのスキャンダルを利用して遠征を中止し、リーダーの多くを刑務所送りにし、バイク部隊や諜報部、秘密警察、裁判所、国家警察などでリーダーたちがふるっているすべての権力を取り上げました。彼らは権限を剥奪《はくだつ》され、完全に失脚させられることになったのです。

■ゲリラ闘争の可能性

そんなわけでドミニカ侵攻が不発に終わったとき——残った連中でドミニカ共和国に向けて出発

しようとしていましたが――脱走やら何やらがありました。そしてそのころには、私はゲリラ闘争を思いついていました。私は一団の兵士を任されていましたが、まったく混沌の状態でした。組織力としてのまとまりもなく、非能率的で、何もかもが欠けていました。それでも私は、行かねばならないと自分に言い聞かせました。ドミニカ共和国でゲリラ戦をもう少しで始めるところだったのです。キューバでの経験や、お話しすると長くなるのでくわしくは語りませんが、その他多くの経験から、軍隊に立ち向かっても戦うことはできるという信念があり、そのころにはサント・ドミンゴの山岳地帯でのゲリラ戦は可能だと思っていました。それが一九四七年のことでした。

私は捕まらなかったのでキューバに戻ったのですが、自首して投獄されようという気にもなりませんでした。これもまた長い話になりますが、私は捕まらずに逃げおおせたのです。そのときいくつか武器を持っていくことができたのですが、その後密告されてなくしてしまいました。ちょうどハバナではみな、私がニペ湾でサメに食べられたと思っていたころ、死んだはずの男が大学の大階段に姿を現したわけです。だれもがこんなふうに目を丸くしていました。ハバナに着くまで何日間もだれとも連絡を取っていませんでしたから。

あのオルフィラの銃撃戦が起き、あの軍の介入があり、大学を支配していた主要グループの武装解除があり、状況が一変しました。つまり状況は好転したのです。学生からの全面的協力が得られるようになったと言ってよいでしょう。こう表現しておきます。

しかし、そこで私は次のような問題に出くわします。遠征は六月か七月に始まり、九月過ぎまで続きました。九月にはいくつかの授業の試験を受けなければならなかったのですが、受けられませんでした。私が帰ってきたときにはすでに試験は終わっていたからです。私は選択を迫られました。またしてもディレンマです。FEUの学生組織の公式の仕事を続けるために正規の学生としてもう一度登録し、二年生をやり直すか、ただ自由聴講生の身にとどまるか、です。

これは重要な決断でした。私が嫌っていたもののひとつに万年学生、万年リーダーというものがありましたから。つまり、来る年も来る年も登録して留年をくりかえす学生です。私はこうしたことを強く批判していましたから、自分が同じことはできないと思いました。それで自分に言い聞かせたのです。理由がどんなに強いものであっても私はたんなる聴講生になろう、と。

聴講生の身になってからというもの、矛盾したことに、学生たちの大きな支持が得られるようになりました。とても大きな支持を得たのですよ！　それなのに聴講生であるために、組織の正式な役職を望むことはできないのです。しかし私にはためらいはありませんでした。そのときやったような行動に出たことには満足し、そのことを喜んでいます。

大学に戻ったころには、さきほど申し上げたように、状況はあきらかによくなっていました。安全で落ち着いてさえいました。それで私は、ラテンアメリカ学生大会をコロンビアで組織するという仕事に熱を入れました。コロンビアでは奇しくもその年、あの有名なOAS（米州機構。スペイン語の略語はOEA）会議*[15]が開かれることになっていました。そこでは数えきれないほどの反動的な決議が可決されるでしょう。私たちは人を集め、ベネズエラを訪れ、パナマを訪れました。それらの土地では活動がさかんになっていました。コロンビアで学生たちと接触したとき、ガイタンを紹介されました。彼は人並はずれた才能のあるリーダーで、大衆の絶大な支持も得ていましたが、不幸にも四月九日、私たちと二度めに合流する一時間前に暗殺されてしまいます。彼と会う準備をしていたのですが、そのとき、ボゴタ騒動（ボゴタソ）[*16]が起こったのです。

■革命の意識

政治に関しての知識を身につける過程や革命についての意識をもつにいたる過程は、現在の私を作るのに決定的でした。私は独立戦争時の古い理念をもっていました。マルティに関することです。マルティに対する大いなるシンパシー、マルティの思想、独立戦争、そういったことがらです。これについては出版されたすべての本を読んでいたので、それがどんなものか知っていました。

その後、はじめて経済思想に触れ、資本主義の愚に触れ、そこからユートピア思想、科学的社会主義ではなくユートピア的社会主義へと考えを発展させていったのです。まったくのカオス、何もかもが無秩序である、向こうには物があまっているかと思えばこちらには失業者がいる、食べ物があまるかと思えば腹をすかす者もいる。資本主義社会というのは実にカオスなのだという意識を、私はもつようになりました。そこから始めたのです。私たちに語られ、教えられてきた経済というものは不条理なものだという考えに、みずからの力で到達しました。

私がはじめてマルクスの有名な『共産党宣言』に触れる機会を得たとき、大きな衝撃を受けたのは、そんなわけでした。それから大学の教科書でも助けになったものがあります。『労働法の歴史』

という本で、のちに自身の書いた歴史に忠実でなくなる人物が書いたものですが、いずれにしろいい本ではありました。ラウル・ロア[*17]の著作や政治思想史の本にも助けられました。つまり大学の何人かの先生たちの書いた幾冊かの教科書に助けられて、私はこの題材に親しんでいったということです。その後、人民社会党[*18]図書館で、私は少しずつマルクス・レーニン主義の立派な蔵書を――しかもつけで。つまり、入場料を払えなかったので――そろえるにいたるわけです。こうした人々や機関に提供された素材を私は、大変熱心に読みふけるわけです。

　このころにはもう真正党《オルトドクソ》は発足していました。私は結成当時、社会主義者としての意識を手に入れる以前から党員でした。その後、私は真正党左派のような立場になったのです。

　さて、その後に起こったいろいろなことにおける鍵となる概念とはどんなものだったでしょう?私がいだいていたある確信でした。それはつまり、共産党が孤立しているという確信、この国に存在する諸条件や冷戦のさなかだという事実、この国にはびこる共産主義に対する敵意に満ちた偏見のすさまじさなどのもとでは、人民社会党の立場から革命を起こすのは不可能だという確信を、私はいだいていたのです。党は革命を起こしたがっていたのですけどね。帝国主義と反動思想がこの党を孤立させ、党が絶対的なしかたで革命を完遂することを阻んでいたのです。そこで私はほかの革命の方法、道、可能性について考え、どうすればそれができるか考えるようになりました。

　チバスのあの運動はこの国でたいそうな熱狂を産み出し、大衆の中で絶大な力を得ました。首都での場合は例外ですが、一般的にいって彼の党はすでに土地所有者の手に落ちつつありました。この国では人気のある政党も、ほどなくその地方支部の実権が、土地所有者や富裕層の手に握られるものだからです。このプロセスは真正党でも始まっていました。

それでも私が当初からその党の内部にいたのは、それが非常に人気の高い党で、政治的悪徳や腐敗との闘いにおいては魅力的なコンセプトを打ち出していたからです。党が打ち出すいくつかの計画も魅力でしたが、社会的局面に関して言えば、それらは必ずしも革命的なものではなくなっていました。そんな矛盾を抱えており、なおかつ妥協を知らぬ闘士であった創設者が死んでしまったので、わが国の条件下でどのような革命をなさなければならないかということを、丹念に考えるようになったわけです。

チバスの自殺[*19]により、党のリーダーは不在となりました。しかし否応なしに選挙はやってきます。私たちはそんな条件でも選挙に勝たなければなりませんでした。けれどもその年の選挙では、何しろ当のチバスが死んでキューバ人民党は勝利が保証されたわけですから、それは避けられないことでした。

そうした方法では革命は不可能だと知り、挫折も時間の問題だと悟った私は、将来に向けてのひとつの戦略を周到に立てました。政府の内部、国会の内部から革命のプログラムを発し、民衆蜂起を組織するというものです。そのときにはすでに、のちに「歴史は私に無罪を宣告するだろう[*20]」に書かれることになる構想やアイデアをあますところなくもっていました。どんな手段を使って、どんな計画を立て、何をすればいいのかという考えをもうもっていたのです。それが私が作り上げることのできた最初の革命の構想です。大学に進学してわずか六年後のその年の九月のことでした。つまり革命の意識を手に入れ、革命戦略を作り上げるまでに六年かかったと言っていいでしょう。

■七月二六日運動の組織

そういったことの何もかもが変わってしまったのは、三月一〇日のクーデター[*21]が起こったときでした。政治プロセスに介入して停止させ、武力によって軍事政権を打ち立てたのです。それがまた私たちにとっての新たな試練でした。単独で革命を起こすというのは、私たちの考えていた路線とは似ても似つかぬものでした。国民の利益という基本的な感情、愛する国の名誉を守ろうとするだれもがもっている感情、そうしたものに訴えれば、反対勢力は一致団結してバティスタに対して戦えるだろうと考えたのです。そこで私たちは来るべき時に向けて準備を始めました。ほかの勢力とも手を携えることは避けられない、この国では絶対に必要だと考えたので、連帯しました。それから大学の学生たちを訓練することも始めました。秘密の作戦でした。大学の殉教者たちの教室からは一二〇〇人が七月二六日運動に参加しました。

カーヨ・コンフィーテスでの一件で経験したことや、その後の数々の問題から、私は多くを学んでいました。地下闘争の最初の数ヵ月に経験したことから、どのように活動すればいいかもわかっていました。そこでFEUと大学から集まった多くの同志の協力を得て、七月二六日に向けておよそ一二〇〇人のメンバーをこの大学で訓練していました。

もう少しお話ししましょう。これはいままで言ったことのないお話です。私は七月二六日の闘士を大学でも秘密裏に訓練しなければなりませんでした。三月一〇日のクーデターが起こったとき、学生たちの間にたいへんなねたみが生まれたからです。三三年の歴史がくりかえされるだろうと考えた人々がいました。また大学が権力の源泉になるだろうと。そして実際、源泉とはなりましたが、違ったしかたででした。それで、話すだに苦々しいのですが、学生の間にはねたみが生まれたのです。私は地下に潜伏して活動しなればなりませんでした。

三月一〇日のクーデターが起こった際、金を持っている者、大金持ち、ありとあらゆる資産持ちといえば、そこで負かされた政府の者だけでした。彼らはその資産を工面して武器を買いはじめました。それからもちろん、その人たちは私に対して強い嫌悪の念をいだいていました。あるいはそのためでしょうか、三月一〇日の前の最後の数週間にわたって、私が『アレルタ』紙に掲載した告発記事にまでもイチャモンをつける始末でした。

それはこの国でもっとも流通している新聞の第一面横抜きを飾るという名誉ある扱いを受けた記事でした。それが一月、二月のことです。彼らはその記事をとらえて私がクーデターの責任者だと非難しようとしたのです。しかも、私はあと二本、記事を用意していたのですが、それすらも出ないうちにです。その記事は、彼らからすれば、それ以前のものよりもなお悪い、反道徳的なもので、「グワテマラに行くまでもない」というスローガンを掲げるものだったというのに。

チバスが自殺したのは、幾人かの政治家がグワテマラに不動産を所有していることを告発する非難決議を提案し、それが否決されたからです。驚いたことに彼は投獄され、絶望して自殺したのでした。その事実があってからというもの、私は「グワテマラに行くまでもない」と主張し、その人たちがこの国で所有している不動産と、手を染めている汚い商売とをことごとく洗い出しはじめました。私は駆け出しの弁護士だったので、おかげで不動産登記簿やら何やら、必要な文書、必要な書類を見つけ出すことができました。これらの書類は反駁《はんばく》できない証拠として提出され、大きな波紋を呼んだのです。

そのためあの連中は、クーデターを引き起こした道徳の乱れすら私が原因だと言いたがりました。無根拠な考えでナンセンスではありますが、強いものでした。それで私は一方ではすさまじい憎悪を抱えた連中と向き合い、他方、大学ではねたみと向き合うことになったわけです。仲間に対しては、だれにも不安の種を残してはならないと私は考えました。とりわけホセ・アントニオ*22には決して不安を与えてはならなかったし、与えませんでした。彼はずっとよき仲間であり、よき友でした。

しかし問題は、ひとつの革命があり、さらには大学から革命を剝奪《はくだつ》したいと考えている人々がいるらしいということでした。こうした現象があり、こういう状況下にあったときに、私たちは七月二六日運動を組織したのでした。その資産によって反乱を助けることができたかもしれない人々がとんでもないあやまちを犯したことに気づき、多くの政党や組織が分裂してしまっている状況を見、これでは行動が不可能だと悟り、ほかの選択肢がいっさい残されていないと覚悟したときになってはじめて、武力で七月二六日の闘争を開始しようと決意した次第です。

私が自分自身の人生を分析するとすれば、どんなしかたをしても、人生における最大の個人的功績は、あの大学内での闘争の日々をおいてほかにはないという結論に達するのではないでしょうか。

それからも七月二六日運動の準備段階では、大学との連帯を維持しました。そのころ実行されたデモの数々にも参加しました。私たちには力があり、それがそのことのいわば証明になりました。いくつもの組織が存在しました。加えて、多くの人々がこの組織、あの組織、そしてまた別の組織と、同時に属していました。私たちは一二〇〇人の訓練されたメンバーを擁する組織になることができました。

七月二六日運動は、隅々まで完全に合法な組織でした。私たちは合法的な方法も使いました。（ハバナの）プラド通り一〇九番地にある真正党《オルトドクソ》の地区事務所を使いました。そこで細胞の一人ひとりと会い、大学に送って訓練し、それからほかの場所に送り出すという段取りでした。大規模な仕事でした。真正党青年部に基本的には依拠していました。

党は、すでにお話ししたように、大衆に強い影響力をもっており、若い人からも絶大な支持を集めていました。選ばれた仲間の九〇パーセントは、真正党青年部の各派から出てきたものです。青年部からの指示なしに集まったのです。私たちが下から働きかけたことも、この徴集が成功した理由でしょう。下からの働きかけが奏効してメンバーを、すばらしいメンバーをたくさん出した地域もあります。アルテミサなどがそうですが、ほかの地域も、どこもそうです。

■革命が始まる

それらのメンバーのうち、モンカダ兵営襲撃には約一六〇人しか投入できませんでした。モンカ

1928年、生後20ヵ月のフィデル・カストロ。ビランの生家にて

1929年、3歳のフィデル・カストロ

1936年、サンティアゴ・デ・クーバのラ・サージェ学園にて。２列め右から３人めがフィデル。弟ラウルの後ろに立っている。

1940年、サンティアゴ・デ・クーバの姉リディアの家にて

1940年、ドローレス学園にて。フィデルは最前列左から２番めに立っている

上：1937年、ピナレス・デ・マヤリでの休暇中、トラクターに乗るフィデル
下：1940年、ドローレス学園で、13歳のフィデル（右端）

1941年、サンティアゴ・デ・クーバのドローレス学園にて

1941年、フィデル（左）、ラウル（中央）、ラモン（右）のカストロ兄弟。サンティアゴ・デ・クーバのドローレス学園にて

©Ocean Press / Cuban Council of State

1943年12月、実家のビランで休暇中に狩りを楽しむ

1945年、ハバナのベレン高校の卒業写真

ベレン高校で演説をするフィデル・カストロ

1943年、ベレン高校のバスケットボールチームのメンバーになる

1948年、コロンビアのボゴタでのフィデル・カストロ(左端)

1947年、大学生連盟(FEU)の事務所でのフィデル・カストロ(右)

©Ocean Press / Cuban Council of State

真正党青年部のオーガナイザーとして演説するフィデル・カストロ

1951年、真正党から立候補したときに使用した写真

1951年、真正党候補者として選挙活動をするフィデル
©Ocean Press / Cuban Council of State

ダとバヤモの襲撃にあてたメンバーの八倍の人数が参加できなかったのです。ほんとうに私たちの選出したグループはすばらしいものでした。おかげであそこまで行けたのです。しかし、何もかも合法的にやったのですよ。

すべてがどのようにおこなわれたかということについては、話すと長いことですが、逸話にもこと欠きません。一九五二年三月一〇日から一九五三年七月二六日までの日々のことです。ひとつのデータだけを示せば十分でしょう。私は持っていた車、シボレー50-315で約五万キロを走りました。ローンで買った車ですが、いつも支払いが遅れ差し押さえられそうになっていたのです。その車もモンカダ襲撃の二日前に壊れてしまい、そのときはレンタカーを借りました。もちろんおわかりになるかと思いますが、状況に合わせてそのほかにもいろいろな手段を講じました。

ひとつ有利だったのは、バティスタの警察が真正者《アウテンティコ》党員やトリプルA[*23]など、何百何千の武器を持った人たちを警戒していたため、私たちのことはそれほど気にしていなかったことです。私たちに武器はなく、資金源もないと知られていました。私たちは演習でもしているように見えたのでしょう。だから、趣味で革命をしているくらいに思われていました。それほど重要視もされてはいませんでした。おかげでその時期を通じて合法的に活動することができたのです。ただし、ごくまれに慎み深くしていなければならない時期がありましたが。

もしここで私がまだ言わなければならないことがあるとすれば、すでにお話ししたように、ここでも、この大学でも戦いがあり、衝突がありましたが、ここで私の敵だった者のうち何人か、私を殺そうとさえした者、私の殺害計画を立てた者の何人かが、のちに七月二六日運動とともに革命に参加したということです。とりわけ、シエラ・マエストラでのゲリラ戦に参加してくれました。

つまり、ここで敵対していた者、しかも強力な敵対者だった者の多くが、のちに七月二六日運動に合流し、そして戦い、なかには死んでいった者もいるということです。人生というのはなんと皮肉なものでしょうね。昨日の敵が今日の友というやつです。みな信頼を寄せ、合流してくれたのでした。

そんなことをしてくれた同志たちには常に賛嘆の念を、尊敬の念をいだいてきました。

たぶん、今日のこの日、私たちが特別な満足を何かについて感じることがあるとすれば、以下のような事実についてでしょう。いかにも、五〇年前にこの大学にやってきたころは、バラバラになった社会とバラバラになった大学を目のあたりにするばかりで、そこでは反帝国主義の精神は忘れられ、わずかばかりいた共産主義者も片手で数えられるほどの数でしかありませんでした。しかし今日、五〇年ののちに、まったく違う大学の姿を見ることができます。

あなた方は、ここで私たちがかつて見たもののアンチテーゼです。当時の連中は熱狂的な青年たちでした。デモだとなれば素早く集まっていました。しかしそれは政治意識によるものではありません。革命的な意識などではありません。いかにも若者らしいじっとしていられない性分、反抗的な気質だったというだけです。大学の英雄たちの伝統というものもありました。というのも、私たちが大学に入ったときには、たちどころに大学の伝統に浸されてしまったからだと言わなければなりますまい。

一八七一年の学生の銃殺を記念しておこなう一一月二七日の行事[*24]から、トレホの死、メーリャの死まで、英雄の伝統を感じました。メーリャのこと、マルティネス＝ビリェーナのこともあります。死んでしまった人たちのことです。メーリャもマルティネス＝ビリェーナも共産主義者ではなかったけれども、英雄でした。そのほか、たくさんの話があります。今日、ここで想起された中ではもっとも遠い時代の、セスペデスやイグナシオ・アグラモンテ[*25]の時代にまでさかのぼるまでもなく、大学には英雄がたくさんいました。

大学に入るとたしかに英雄の伝統という雰囲気が感じられ、それがあらゆる点で効果をもたらしていました。この大学のそうした雰囲気は私たちにも特別な効果をもたらしました。それが大学のもっていたものであり、私たちが見いだしたものであり、私たちが作業をするための原材料でした。

私がどれだけ悪い学生だったかという話から始めたのでした。さて、たしかに、私はよい成績をもらったこともありませんし、重要な質問をしようとしたこともありません。ただ教科を勉強しただけでした。

当時、ちょっとした大学記録を作りました。それが大した記録なのかどうかは知りません。ちゃんと調べてみないと。一年とちょっとで四七教科もの試験を受けたという記録です。自由聴講生と言っていたのですが、聴講生として二〇教科に登録し、ほかの活動をしながら勉強していました。授業でも勉強第一でしたけれど。そして一年で二〇教科取り、次の年に三〇教科に登録しました。法登録マニアだからではありません。必要があったからです。四つの学位を取りたかったのです。法学士や外交法学士、管理法学士、そして社会学博士および法学博士です。最後の法学博士には、わずかに三科目足りませんでした。私がすでによく知っていた三科目です。

当時、勉強に専念するためにほかの活動を休止しようと考えていました。そして政治経済を学びたいと思ったのです。しかし、そのためには奨学金が必要でした。奨学金を手にするためには、その五〇の教科を修めなければいけませんでした。そしてやり遂げました。しかし、折からさまざまなできごとによってキューバの情勢が切迫してきました。それで計画を変更し、このもくろみを続けることをやめ、革命闘争に全身全霊を捧げることにしたのです。

私を手本にしないでください。今日あなた方がとりおこなってくれた寛容の行事、友好の式典、愛情の行事としての名誉は、ありがたくお受けしましょう。しかし、私は自分が手本になるとは思いません。ましてや優等生のモデルなどではありません。私はただよき闘士になろうとしただけです。もしどなたか、私のような事例をまねしようなどという思いつきをいだかれるのならば、どうか私の成し遂げることができたわずかばかりの正しい決断のみをまね、私が犯したはずの数多くのあやまちは無駄にくりかえさないでいただきたいものです。

そんなわけで、謹んで、心の底から、今夜私に対して催してくださったこの愛情いっぱいの行事に感謝を込め、自分自身について話すというこの恐ろしい義務を終えたいと思います。

原注

＊1　真正者党（キューバ革命党）は、ラモン・グラウ・サン・マルティンと反マチャード前大統領派によって、一九三四年六月に結成された。

＊2　バティスタは一九三三年九月に先頭に立って「軍曹の反乱」を起こしている。軍国主義と反共産主義を特徴とす

る反乱だった。不正として広く知られている選挙によって、一九四〇年から四四年まで大統領を務める。その後アメリカ合衆国に滞在、一九四八年に帰国する。一九五二年三月一〇日、バティスタ将軍は軍事クーデターを指導し、カルロス・プリオ大統領の真正者党政権を打倒する。最終的には、一九五九年一月、バティスタはフィデル・カストロ率いる革命軍に破れ、国外逃亡する。

＊3 アナ・フィデリア・キロットはキューバのすぐれた陸上競技選手。

＊4 ヘラルド・マチャード・モラレス将軍は一九二五年五月から三三年八月までキューバの大統領を務め、革命軍に対し血なまぐさい弾圧を施した。

＊5 バティスタが最初に政権の座についたのは、一九三三年九月四日、「軍曹の反乱」を率いてのことだった。八月のマチャードの失墜後に、アメリカ合衆国の後ろ盾を得て政権を取ったカルロス・マヌエル・デ・セスペデス・イ・ケサーダを倒したのである。

＊6 「軍曹の反乱」のあと、ラモン・グラウ・サン・マルティンを含む五人による政治が、数日間国政をとった。その後グラウが大統領に任命された。アメリカ合衆国は新政府を承認することを拒み、その合衆国大使館の援助を得たバティスタが、一九三四年一月一五日、グラウを倒した。

＊7 アントニオ・ギテラスは一九三三年革命のリーダーの一人で熱烈な反帝国主義者。臨時政府として多くの反帝国主義的な法令や、一日八時間労働と最低賃金の法律を含む国家・社会改革の政策を出した。一九三四年一月のクーデター後、バティスタは残酷な制圧で何千人もの革命家を殺害し、ギテラスも犠牲となった。

＊8 フリオ・アントニオ・メーリャはキューバで、一九二三年に大学生連合（FEU）を、一九二五年にキューバ共産党を創設した。マチャード政権下でメーリャは投獄され、ハンガーストライキを起こす。その後釈放され、メキシコに亡命するが、独裁者バティスタに報酬で雇われた工作員により暗殺される。

＊9 ルベン・マルティネス＝リエーナは、メーリャ、ギテラス、チバス（真正党党首）と並ぶ愛国主義者で反帝国主義者。マチャード政権とバティスタ政権に反対し、一九三三年から三四年まで革命的な政権を打ち立てた。共産主義者にして反帝国主義者のリーダー。一九三三年八月一二日のストライキを主導した。彼はまた卓越した作家にして詩人でもあった。

＊10 キューバ人民党（真正党とも呼ばれる）は一九四七年、進歩派のリーダー、エドワルド・チバスによって創設され

た。一九三三年の革命運動のリーダーでもあるチバスは、政府の横領と腐敗、不正を指摘して選挙戦を繰り広げて広く知られ、尊敬を集めた。

＊11 キューバ北部オリエンテ州の小島、カーヨ・コンフィーテスには、一九四七年に計画されたドミニカ共和国の独裁者トルヒーヨに対する武装遠征の拠点となるキャンプ施設があった。数ヵ月後に攻撃は中止され、解放軍はキューバを出発することはなかった。その約一二〇〇人の参加者は、ハバナで投獄される。フィデル・カストロは泳いで逃げ、例外的に逮捕を逃れた。ハンストののち、全受刑者が釈放された（監修者補足：英語版とスペイン語版の注では参加者の数について一致していない）。

＊12 ラファエル・トルヒーヨ・モリーナ（一八九一～一九六一年）はドミニカ共和国の軍人。一九三〇年にアメリカ合衆国の後ろ盾を得て、大統領選挙に出馬し、対立候補もなく勝利、一九六一年に暗殺されるまで独裁者として君臨した。一九四六年には亡命中の共産主義者に恩赦を与えるが、彼らが帰国するや、処刑を命じた。それを受けてカーヨ・コンフィーテスからの遠征が計画された。

＊13 ペドロ・アルビス・カンポスはプエルトリコのナショナリスト闘士。国民党党首で、プエルトリコ独立運動のリーダー。

＊14 フリアン・アレマンはグラウ・サン・マルティン政権の教育大臣。教育予算の不正流用を含む収賄行為などで悪名高い。反グラウ派の重要な標的となり、のちにバティスタ独裁政権によって殺される。

＊15 米州機構（ＯＡＳ）は一九四八年三月三〇日から五月二日まで、コロンビアのボゴタで開かれた会議で設立された。この機構は、アメリカ合衆国のラテンアメリカに対する支配やキューバでの反革命活動のための手段となる。

＊16 フィデル・カストロのボゴタ騒動（ボゴタソ）関与についての詳細は、次章を参照。

＊17 ラウル・ロア（一九〇七～八二年）は卓越したエッセイスト、ジャーナリスト。三〇年代に亡命し、反帝国主義キューバ革命同盟の創設に貢献した。一九四〇年、ハバナ大学で社会科学部副学部長となり、その後一九六三年まで学部長を務める。一九五九年の革命後は米州機構キューバ代表、外務大臣を一〇年以上務め、キューバ革命初期の外交の主要なスポークスマンとなった。

＊18 人民社会党はキューバ共産党のこと。

＊19　真正党党首のエドワルド・チバスは一九五一年、政府の腐敗を追及するキャンペーンをおこなったものの、その中のいくつかの非難決議が否決されるに及んで、公の場で自殺した。

＊20　「歴史は私に無罪を宣告するだろう」は一九五三年七月二六日のモンカダ兵営襲撃ののち、一〇月一六日におこなわれた秘密裁判でのフィデル・カストロの自己弁護演説。この演説はのちに、ピノス島刑務所から持ち出され、小冊子として出版される。これがモンカダ・プログラムとして知られる革命闘争の基礎的な活動計画書となった。

＊21　一九五二年三月一〇日、バティスタはクーデターを起こし、憲法を停止してキューバの独裁者となった。その後、国中で多くの人を血も凍るようなやり方で拷問し、抑圧した。

＊22　革命幹部団幹事長ホセ・アントニオ・エチェベリーアは、一九五六年九月、メキシコで、七月二六日運動代表のフィデル・カストロとともにメキシコ協定にサインし、バティスタ独裁政権に反対するキューバ革命両勢力の戦略的統一と労力の結束という基本路線を打ち立てた。協定書には社会正義と自由、民主主義のプログラムを備えた革命の遂行がうたわれた。一九五七年、大統領官邸襲撃の際、二四歳で殺される。

＊23　地下組織トリプルAは、バティスタによって転覆されたカルロス・プリオ前政権の大臣だったアウレリアーノ・サンチェス・アランゴが指揮していた。

＊24　一八七一年一一月二七日、八人の医学生がスペインの植民地体制によりハバナで銃殺された。

＊25　カルロス・マヌエル・デ・セスペデス（一八一九〜七四年）とイグナシオ・アグラモンテ（一八四一〜七三年）は、スペインに対するキューバの独立戦争での重要人物。イグナシオ・アグラモンテは大将の位にまで到達した軍人で、一〇年戦争（一八六八〜七八年）のカマグエイにおける解放軍司令官を務めた。一八七三年五月一一日、ヒマグワユーの戦いで死亡。

第三章

コロンビア1948——革命の予行演習

Colombia 1948: Un Ensayo de Revolución

一九八一年九月、コロンビア人ジャーナリストのアルトゥーロ・アラペは、フィデル・カストロにインタビューし、コロンビアのいわゆる「ボゴタソ」での経験や、国際学生組織の活動家としての経験について尋ねた。若かりしころの国際的な学生運動の活動家としての業績や、ドミニカ共和国やパナマ、プエルトリコ、コロンビアでの大衆運動への関与や、運動を指揮した経験について聞いている。

カストロ：私は大学に通い、法学部三年も終わりに近づいていました。一九四七年の学年の終わろうとするころ、長い間その目的のために闘争を続けていたドミニカ共和国の革命家たちが、サント・ドミンゴへの遠征を組織するかもしれないという話がもちあがりました。ちょうどその当時、彼らは遠征を組織するために公式にキューバで援助を受けていたのです。その遠征、それを組織した者たちが犯したあやまちについては話そうとは思いません。それは別の話だからです。最大の問題は、私が法学部の議長であったということ、大学を公式に代表する学生だったということです。大学でリーダーになるためには、正式に登録した学生でなければなりませんでした。自由聴講生、というのはつまり、学年の違ういくつかの科目だけを取っている学生をそう呼んでいたのですが、その立場では選挙権がなかったのです。

■ドミニカ共和国遠征

しかしその年一九四七年には、私は法学部の三年めも終えようというところで、いくつかの試験がまだ残っていました。私は法学部の議長でした。ちょっとしたいさかいがありました。大学の過半数を握っていたのは、グラウ政権に結びついた連中で、大学を統制下に置くことに心を砕いていました。私の学部では、つまり法学部では、政府と癒着していた議長を、過半数の代表が罷免《ひめん》し、代わりに私を議長に選びました。大学当局は政府の手の中にあり、この事実を認めようとはしませんでした。だから私は学部副議長ということになりました。学部の議長に選ばれた、そのときにですよ。しかし、私はまた、そのときハバナ大学のドミニカ共和国における民主主義のための委員会会長にもなったのでした。

サント・ドミンゴ遠征が組織されたのは、だいたい学年の終わるころ、七月くらいのことでしたが、そのときには私は、自分の義務は一兵卒としてそこに志願することだと思いました。私自身は遠征隊を組織したメンバーではありませんでしたが、ドミニカ人のリーダーたちとは深い関係がありました。とりわけ当時主要なリーダーだったロドリゲスや、亡命中のそのほかのリーダーたちとは交友がありました。そこで、遠征隊に志願しました。しかし、政府と政府関係者が組織に加わっていて、私は反政府派だったので、遠征隊の組織にはかかわっていなかったというわけです。組織の中枢はドミニカ人たちの資金を使い、政府の資金を使っていました。

遠征隊は一二〇〇人を集めました。しかし何もかもがバラバラな組織でした。いい人たちもたくさんいました。すばらしいドミニカ人がたくさんいて、ドミニカ共和国のためを思って来たキューバ人もいました。しかし、あまりにも慌てて徴兵したために、反社会的な人物やルンペンなどの有《う》象《ぞう》無《む》象《ぞう》をも仲間に入れてしまったのでした。

私は兵卒としてその遠征隊に入隊しました。何ヵ月間か隊の訓練の場であったカーヨ・コンフィーテス[*1]にいました。私は中尉に任命されてある小隊を任されました。最終的には、キューバであるできごとが起き、政府の文官と軍部とが衝突し、結果、軍は遠征を中止しました。こんなことになったので、危険な情勢を目の当たりにして脱走した者もいます。そんなわけで私はさらに、遠征隊員たちのある大隊を構成する中隊のうちのひとつの隊長になりました。

それでキューバを出てサント・ドミンゴに行こうとしました。もう二四時間もあればそこに到着するというときになって、最終的に邪魔が入り、みんな捕まってしまいました。私は捕まりませんでした。海から逃げたからです。捕まらなかったのはひとえに名誉の問題だとも言えます。遠征隊のだれもかれもが逮捕されたのでは、恥ずかしい話ですから。それで、ニペ湾での話ですが、私は海に飛び込み、サエティーアまで泳いで行き、逃げおおせたというわけです。

遠征に参加するための訓練を受けている間に、八月、九月、一〇月と過ぎていき、私はとうとう試験を受けそこなってしまいました。そんなわけで、大学での政治に公式に参加する権利を放棄するか、さもなくば、正式なリーダーであるために三年をもう一度くりかえすかしなければならない状況に追い込まれました。私は、いつまでたっても科目履修を終えることができずに進級がままならず、落第し留年する、万年学生運動家のようなタイプを嫌悪していました。

自分自身のこうした確信に忠実であるために、正式な学年登録はせず、三年のときに取り残した科目だけを履修する自由聴講生の身に甘んじました。四年の科目も取りました。こうして私はその瞬間、自由聴講生となって政治的権利を失いました。しかし、グラウ体制に反対するその政治姿勢のために、学内の学生たちからは大いに支持を集めていました。そうなろうとしたわけでもないのですが、いつのまにか私は、反グラウ政府闘争の焦点になっていたのでした。そうなったのが一九四八年のことです。

■反帝国主義運動を支援する

そのころまでには私は、プエルトリコ独立大学委員会に参加していたし、その活動家に変じていました。アルビス・カンポスとその家族や、ほかのプエルトリコ人のリーダーたちとも交流があったからです。つまりまとめると、私はドミニカ共和国における民主主義のための委員会会長であり、遠征隊にも参加したものの、それは実現されずじまいでしたが、同時にプエルトリコの独立を求める闘争にも積極的に参加していたということです。かてて加えて、国の内政をめぐる活動もしていました。それは基本的には、当時存在した腐敗した政府を批判し、そこに抗議の声を挙げる方向に向かいました。

当時はもう、そのほかのラテンアメリカの大義というものも感じていて、そのひとつはパナマ運河のパナマへの返還問題などでした。パナマでは学生が沸き立っていました。ベネズエラでも学生運動はさかんでした。ベネズエラが沸き立っていたのは、独裁政権の転覆があり、ロムロ・ガリェーゴスがベネズエラ大統領に選ばれたからです。同時期にはもう、ペロン[*2]と合衆国との強い衝突が起きていました。

私たちは次の点を目標とする運動に参加していたわけです。サント・ドミンゴでの民主化実現と反トルヒーヨ闘争、プエルトリコの独立、パナマ運河返還、ラテンアメリカに残存している植民地の消滅の四つです。以上が私たちの四つの基本問題でしたが、おかげでペロン支持者との戦略的と呼んでいい接点が生まれました。ペロン派たちも反合衆国闘争に興味を示していましたし、こうした問題のいくつかの闘争を気に留めていましたから。彼らはまた、イギリスの植民地だったマルビーナス諸島（英語名フォークランド諸島）の所有権も主張していました。

ペロン派はいくつもの活動を実現させていました。代表団をさまざまな国に派遣して、学生たちと会ったり物資を提供したりしていました。このように同じ時期に同じ利害で活動していたために、ペロン派と私たちの間には戦略的な歩み寄りが生まれたのです。

米州機構[*3]は一九四八年、ラテンアメリカでの支配体制を強化しようというもくろみをもった合衆国の呼びかけに応じ、会議を開催しようとしていました。そのことが私に、米州機構と同時に同じ場所でラテンアメリカ学生会議を開催し、これら反帝国主義の原則を支持し、前に述べた路線を擁護しようという思いつきをもたせました。つまり、サント・ドミンゴだけでなく、ラテンアメリカにおける民主主義闘争に参加している多くの国々でも、ラテンアメリカでは独裁は許さないという気勢を上げようとしたのです。

学生会議の開催は私のアイデアだったので、さっそくパナマ運河返還闘争に積極的にかかわっていたパナマ人学生や、ベネズエラ人学生との接触を開始しました。私はさまざまな国の立場や利害を把握していました。それで、次のように旅行の計画を立てました。最初に革命が起こったばかりで学生の態度も非常に革命的なベネズエラに立ち寄り、それからパナマに行き、そしてコロンビアへ行く、というものです。これらの国のそれぞれの大学にアイデアを提案し、協力を要請しようとしました。一方でアルゼンチン人たちもその国の学生たちを動員すると約束してくれました。その意味でアルゼンチン人と、ペロン支持者たちとの協力関係ができつつあったと言ってもいいでしょう。もちろんそのための資金は一切合財、私たち自身が調達しました。金があまりなかったので、旅費だけしか出せませんでしたが。

アラペ：だけど当時、キューバにペロン派の代表団が来たということですか？

カストロ：当時、私たちはキューバで、ペロン派青年部の代表団と接触しました。彼らは私たちに協力してある種の分野で仕事をしてくれたし、私たちは返礼に別の分野で仕事をし、こうしてラテンアメリカ左翼勢力がこのラテンアメリカ学生会議を組織できるよう協力しました。私はキューバ学生代表の座を買って出ました。キューバ大学生連盟（FEU）の公式の理事会の一部は政府とつながっていたので、私はそこと対立していたのですが。つまり、私はFEUの公式の代表ではなかったのですが、圧倒的多数の学生の代表の座に居座ったのです。学生たちが、私は正式には学年登録していなかったのでFEUの公式司令部には入れなかったにもかかわらず、私をあいかわらずリーダーとみなしてくれたからです。

■ラテンアメリカの学生を組織する

私はベネズエラに向けて出発しました。そのころの航空路線はあちこちに立ち寄る鈍行列車でした。そういえばまず頭に浮かんだのが、これがサント・ドミンゴに寄るはずだということでした。私はうかつにも飛行機を降りてしまいました。おまけに、当局のだれかに見られたのだろうと思います。サント・ドミンゴ空港で悠長にだれかとおしゃべりまで始める始末でした。幸運なことにそれはほんのわずかな時間で、すぐにまた飛行機に戻り、ことなきを得ました。

ベネズエラの雰囲気は白熱していました。私は政府系新聞社——政権与党が発行していたものです——を訪れました。ベネズエラ人学生たちと接触し、学生会議のアイデアを伝えると、彼らはそれに賛同してくれました。

当時、民主行動党のメンバーだったベネズエラ中央大学の学生たちと会いました。話をした目的は、学生会議を組織するのに手助けを要請することと、学生会議への参加を呼びかけること、私たちの考えをあますところなく説明することでした。そして、それはうまくいきました。ベネズエラの学生たちは賛意を示してくれて、会議に代表団を送ることを決定してくれました。ちょうどいい機会でしたので、ロムロ・ガリェーゴスは大統領に選出されていましたが、私たちは彼に考えを聞いてもらおうと面会を申し入れました。私はロムロ・ガリェーゴスに会うために彼のいたラ・グアイラへ行き、接触をもちました。これも学生会議の支援をお願いするためです。

アラペ：なぜロムロ・ガリェーゴスと話をすることにそれだけ興味を示したのですか？

カストロ：ロムロ・ガリェーゴスは界隈の国々では非常に評判の高い人物だったからです。政治でも文学でも大立者でした。ベネズエラ革命はキューバでも大きな衝撃を与え、多くの支持を得ていました。さらに大多数の学生はガリェーゴスの党に属していました。そんなわけで彼を表敬訪問したいという思いは、彼が民主主義革命を成し遂げた国のリーダーで、国際的に高い評価を得ている人物だという事実に関係するものでした。しかも私たちは、これから開こうとしている会議に対するベネズエラの学生たちの支援を受けようとしていました。ただし支援の約束はもう取りつけていたので、これはつまり表敬訪問、拝顔の栄に浴し、会議のお知らせをするというだけの問題でした。

その後、私はパナマへと飛びました。すでに革命派のベネズエラ学生たちの支援も得ています。それは実質的には大学全体ということですが。

パナマでも学生リーダーに会いました。そこではちょうど合衆国のパナマ運河占有に対する抗議をめぐって銃撃戦があったばかりで、一人のパナマの学生が負傷し障害を負っています。彼は学生たちの間でいわば象徴のような存在でした。私は彼と連絡を取り、会うことができました。パナマの学生は熱く燃え立ち、学生会議のアイデアに満腔《まんこう》の賛意を示しました。協力を約束し、ボゴタに代表団を送る決定をしてくれたのです。いまや、ふたつの重要な国の支持を得ることができました。

さらにパナマからボゴタに飛びました。もうお金も底をつき、ホテルで部屋をとるくらいしか残っていないし、その後どうなってしまうのか、あてもありませんでした。そんなわけで快適そうな二、三階建てのホテルに泊まりました。その当時はすべてのものが安く、もしドルを持っていたなら――私たちはわずかに数ドルは持っていたわけです――換金レートがよく、食費やホテル代もたいへん安くついたものでした。チェックインしてすぐ、大学生たちに連絡を取りました。学生の圧倒的多数は左翼やリベラルで、おまけに大学内では（自由主義リーダーの）ガイタンの評判が高く、影響力を誇っていました。

アラペ：四月九日暴動の捜査では、それが共産主義の陰謀だったと言われました。ブラス・ロカ[*4]が書いたと思われる、コロンビアの共産主義者への指示を与えた文書も、コロンビアで出版されています。毎年毎年、この日のことについては多くのものが出版されますが、あなたが国際共産主義の手先だとする文書が現れます。当時、あなたは共産主義者でしたか?

カストロ：当時はすでにマルクス主義の文献に触れてはいました。たとえば政治経済の勉強もすませていました。加えて政治理論も知っていました。マルクス主義の基本思想にはひかれていましたし、大学での学年が進み、マルクス主義の文献に触れるにつれ、社会主義の意識も獲得していきました。当時、ハバナ大学には共産主義の学生がわずかしかいませんでしたが、彼らとも親交はありました。しかし共産主義青年部に属してもいませんでしたし、共産党の戦闘員でもありませんでした。私の活動は、この時代の共産党とはなんの関係もありません。

当時の私には、反帝国主義の意識があったということは言えます。マルクス主義の書物にはすでに触れていて、マルクス主義の思想に傾倒してはいましたが、所属はいっさいしていなかったのです。共産党ともつながりはなかったし、青年部とのつながりもありませんでした。若い共産主義者たちとはほうぼうでつきあいはありました。彼らはだれも非常に勤勉できわめて禁欲的な人々で、私は彼らにシンパシーを感じていましたし、賞賛もしていました。しかし、キューバ共産党もその青年部も、このボゴタの会議の組織にはいっさい関係がありません。私はほんとうにその時期には、革命的意識を獲得する最中だったと言えるでしょう。発議し、活動し、闘争していましたが、いわば独立した闘士だったのです。

アラペ：最初にどこと接触をはかったのですか？

カストロ：私たちが常にやっていたことは、大学生に連絡を取るということでした。連絡を取って左翼と自由党支持者とが大学では過半数だという情報を手に入れました。すぐに学生リーダーを探し、会って、学生会議のアイデアを話したのです。彼らは完全に賛同しました。つまり、ベネズエラの学生たち同様、パナマの学生もコロンビアの学生も、学生会議の理念に賛同し、熱狂をもって受け入れてくれたというわけです。彼らは彼らで、ラテンアメリカのそのほかの組織とも連絡をつけてくれていました。私たちはほかとも接触していましたし、アルゼンチン人たちも独自にほかと接触してくれていました。

その結果集まったのは、まあそれ以前にはラテンアメリカ学生会議などというのは開かれたことがなかったので、全土の学生の完全な代表者会議とまでは言いますまいが、それでも十分に各国を代表しうる人々を集めることができたわけです。私たちは学生たちが立派な組織にまとまるだろうし、さっき申し上げた旗印や反帝国主義の旗印のもとにおこなわれる闘争に、積極的に参加するだろうとの思いをいだいていました。学生の組織というのはあったほうがいいと思っていましたし、ラテンアメリカ学生機構というものすら作るべきではないかとの思いつきさえありました。私はこうした目標に向けて歩み出し、そしていまや学生会議は組織されようとしていたわけです。

アラペ：当時、興味深い政治現象が起きていたグワテマラの学生とは、接触がありましたか？

カストロ：くわしくは覚えていませんが、きわめて短期間で組織された学生会議だったものの、ラテンアメリカのさまざまな革新主義者、左翼の代表が集まっていました。

そこで興味深い状況が起こりました。私はこの会議の組織者で、みんなは私の役割を受け入れてくれていたのですが、キューバのFEUの公式の上層部がこの大会が実現するのを見て、正式に参加を申し込み、代表団を送ってきたのです。代表団には、書記のアルフレード・ゲバラとFEU議長のエンリケ・オバーレスが含まれていました。FEUの公式代表団がやってくると、最初の会議のうちのひとつで、代表制についての問題が議題にあがりました。つまり、私がキューバの大学生の代表といえるのかどうかということです。

総会でも一度議論されました。私はそこで熱烈な論陣を張り、私がこれまで何をやってきたか、どのようにやってきたか、そしてそれはなぜなのかと説明しました。現実的にはほとんど満場一致のようなものだったと言うべきでしょう、参加の学生たちは私を支持してくれました。私がいささか熱くなって発表したからでしょうが、熱くなるのも、そんな時代だったから当然のことですし、若かったからでもあります。現実には私は会議の議長を務めていました。

私は利害意識などない、個人的な名誉などどんなものも求めてはいないのだ、と主張しました。私に興味があるのは闘争であり、その闘争の目的であると。私が気にかけているのは会議のことであり、その議長の職など投げうってもかまわないし、名誉などもいらないと、ただこの闘争と学生会議が遂行されることを望むのみである、と主張しました。学生たちは私が話し終えると喝采《かっさい》を送ってくれて、このイベントの組織者としての役割を私が続けるという発案を支持してくれました。

■ボゴタの印象

私は暴動の起こった四月九日の五、六日前に現地入りしていたはずだと思います。どんなに早くても七日前でした。ボゴタで何をしたのか、全部は覚えていません。しかし、ボゴタにどれだけの強い印象を受けたかは言えます。私は非常に目を見張りました。ボゴタに来たのははじめてでしたし、コロンビアの国そのものがはじめてでしたが、街は私たちにはまったくなじみのない特徴をもっていました。特徴というのは、街路が「通り」と「街」に分かれているということです。最初にやらなければならないのは、「街」は一方向（南北）に、「通り」は別方向（東西）に走っているということを理解することでした。

一日中、あまりにたくさんの人が道にあふれていることにも強い印象を受けました。とくに私のホテルに近い七番街はたいへんなものでした。当時もいまも理解できないのは、なぜあれだけ多くの人が、コートを着てまで外にいるのかということでした。たぶんあのころは現在よりも寒さがきびしかったのでしょう。街はそれほど大きくはありませんでした。近代的都市ではなく、かなり古い感じがしました。たくさんのカフェがありました。どうやらカフェに行ってコーヒーやビールやソフトドリンクを飲むのが習慣、コロンビアの伝統のようでした。しかもみんなコートを着ていたのです。私たちにとって、つねにこれほど多くの人を路上で見るのは、何よりも好奇心をそそられたことでした。きっと失業者の数が多かったのだろうと想像するのですが、それにしてもなぜボゴタでは昼夜問わず、こんなにたくさんの人が路上にいるのか、とりわけ七番街にいるのか、いまだに理解できません。

人がたくさん行き来していたわけです。米州機構の会議があるので、当然、市は準備を進め、会議を警備する警察隊が組織されました。会議を警備する警察官には新しく派手な色の制服が支給されました。

急いで学生たちと接触しました。それが学生会議を組織するための最初の会合でした。学生会議は大きな行事がよく開かれていたスタジアムで締めの行事を開く予定でした。スタジアムだったか、大きな広場だったか、どちらかは覚えていませんが。

学生たちはすぐに、私たちにガイタンのことを教えてくれました。ガイタンというのは、当時もっとも評判の高かった政治家で、人々の支持をもっとも集めていました。疑問の余地など一点もなく、コロンビアの次期選挙では勝利を勝ち取る人物だとみなされていました。学生たちの圧倒的多数はガイタンを支持していました。私たちはコロンビア共産党とはコンタクトを取っていませんでしたが、大学で面会した人の中にはリベラルや共産党員がいましたし、学生会議の組織にはリベラルと左翼の面々が参加していました。彼らは熱狂的に学生会議の理念を歓迎してくれたのです。それでリベラルの学生たちがガイタンとの仲を取りもってくれて、会いに連れていってくれました。

アラペ：資料によると、それは四月七日とありますが……？

カストロ：四月七日に違いありません。理由を説明しましょう。私たちはガイタンに、私たちのもっているアイデアをあますところなく説明し、協力を要請しに行きました。ガイタンは学生会議の理念に熱狂し、援助を申し出てくれました。私たちと会話し、私たちの話を聞くと、大観衆を動員しての学生会議の締めの行事で閉会のあいさつをすることに賛成してくれました。彼は学生会議の閉会の辞を述べると約束しました。当然私たちは、たいへん満足し、ガイタンがいれば怖いものなしだと思ったものです。彼の助けがあれば会議の成功は約束されたようなものですから。おまけに大観衆が動員されるし、それだけの人を集めての閉会の儀式になりますから。二日後の午後二時だか二時一五分だかに彼の事務所で会う約束をしました。彼の事務所も七番街にあったと思います。木造だかの階段を上ると事務所に着いたものです。

私たちは九日の午後、新たな会見に臨みました。その際に、ガイタンは政治的な資料を私に与え、コロンビアの情勢について説明してくれたのです。また、たしか、彼の有名な演説「平和の祈り」が載ったパンフレットもくれました。それはすばらしい演説原稿でした。

当時、コロンビアではさまざまな政治不安が起きていました。毎日二、三〇人が殺されていたのです。新聞の見出しには毎日、どこそこで農夫が三〇人殺された、別のどこかでは農夫二五人、といったニュースが躍っていました。実質的に私たちがそこにいた間は毎日、新聞には政治的暗殺の記事が載っていました。ガイタンがどのような役割を演じているのか、教えてもらいました。彼はこうした暴力の現状に対する解決策を見いだそうとして闘争しているとのことでした。彼が何万人もの人とともに組織した〈沈黙の行進〉の話も聞きました。それはそれは印象的なデモ行進だったそうです。この行動の際、何万だか何十万だかの人々が完全な沈黙の中で行進した際、その最後に「平和の祈り」の演説をしたのだとのことでした。私はすぐにその文章をくまなく読み、コロンビアの状況の全体像を頭に叩き込みました。

やはり同じころ、とても有名なある裁判の最中で、それはつまりコルテス中尉の裁判でした。どうやら一人の軍人と一人のジャーナリストの間で不慮の事故が起こり、そのためにジャーナリストが死んだという問題のようでした。当時はもう裁判も結審に向かっていました。私たち学生には、それまでにガイタンのことが知らされていました。彼の政治的な人物像、その思想に加え、例外的な、並はずれてすばらしい弁護士としてのそのあり方についての情報を得ていました。

そこへ加えて、私たちは招かれて、彼がコルテス中尉の弁護をするその裁判の、たしか最終弁論の回を傍聴することになりました。そのころは法廷での論戦がラジオを通じて放送されていて、実質的に全国で、軍司令部内ですらもガイタンの弁護が聞かれたのです。おかげでたしか、当時、くだんの裁判は重要な政治問題と化したはずです。法学部の学生だった私は、ことのほか興味を覚えてそれを聞いたように記憶します。

同時にまた、いくつかの細部を覚えています。たとえば彼が弾丸について、弾丸の軌道について語ったところや、解剖学の論文に言及したところなどです。医学部ではよく知られているフランス語による論文の数々について、彼は言及したのでした。法学部の学生だった私は、その事件に、その弁論に、その論述にたいへん興味を覚えました。実にすばらしいものだったのです。

そんなわけでその当時のコロンビアでは、暴力と血の状況に加え、たいへんな政治的力をもつことになる裁判が進行中でもあったということです。軍隊ではガイタンの弁護は好意的に聞かれていたと言うべきでしょう。警察署でも軍司令部でも。だから世論も軍の意見もコルテス中尉に好意的でした。つまりそのときには、すべての意見がガイタンの主張する立場に賛成していたということです。

アラペ：軍人たちの作った委員会が基金を集めて、ガイタンに弁護を依頼したのです。まず学生会議について会見をもち、その後弁護士としての彼を見て、ガイタンについてどんな印象をもちましたか？

カストロ：ガイタンにはほんとうに、たいへんな好印象をいだきました。最初そんな印象をいだいたのは、絶対多数の世論や、私たちと合流した学生たちの賞賛の言葉が影響したからなのでしょう。彼と会話した際にも好印象をいだきました。インディオのような男で、抜け目なく、たいへん頭のいい人物でした。好印象をいだいたのは、彼の演説からでもあります。とりわけ「平和の祈り」は、ほんとうに名演説家の、言葉を彫琢する者の、そして雄弁家の演説と言うべきものです。やはり好印象をいだいたのは、彼が国内でも最先端の進歩主義者たちに肩入れしていたからです。しかもあんな保守主義の政府に対してです。弁護士としてもすばらしく、好印象をいだきました。つまるところ彼は輝ける政治家であり、光輝に満ちた演説家、きらびやかな弁護士であったということです。

こうしたすべてのことが私に強烈な印象を残しました。そして同時に彼の援助は私たちにとってはうれしいことでした。彼は学生会議についての私たちの考えにたいへんな興味を示してくれ、あっさりと、まるで待ちかまえていたように、もの惜しみなく援助してくれたのです。彼は私たちに援助を約束し、この会合を大観衆を集めての壮大な行事で締めることを約束してくれました。

その一事こそが、彼が私たちの擁護していた視点に満腔の賛意を表し、米州機構の組織したあの茶番劇に反対であったことの、何よりの証拠でしょう。こうした要素のひとつひとつのおかげで、私たちは彼へのシンパシーを感じることができましたし、大多数の民衆が彼を支持していることも見て取ることができました。

■ボゴタでの逮捕劇

私たちがボゴタに滞在して、学生たちとの会合や会議の準備の進捗具合、ガイタンとの会見に心を砕いている間に、あるできごとが起こりましたが、それは以下のようなものです。当地の劇場で、ある特別講演が開催されました。なんという名前だったか、とてもクラシックで、とても美しい劇場でした。その特別講演というのは米州機構会議に参加するどこかの政府代表団に関係したものだったと思います。そこで、まあ結局は若気のいたりというのか、まだまだ修行が足りないというのか、私たちはある声明文を印刷したわけです。

そこには、どこかに私たちの声明のいくつかが印刷されていたのでしょう。学生会議のスローガンを打ち立てた声明文を書きつけたのだと思います。サント・ドミンゴでの民主主義実現のための闘争だの、プエルトリコの独立のための闘争だの、ラテンアメリカにおける植民地の消滅だ、マルビーナス諸島のアルゼンチンへの返還、パナマ運河だ、民主主義獲得のための闘争、などが書いてありました。そんなものを刷ったものだから、私たちはそのパンフレットを劇場に、特別講演に持っていき、そこでばらまいたのです。

おそらく、技術的に言って、私たちは法律違反を犯しつつあったのでした。よくはわかりませんが、ともかく、私たちは何も法を犯してやろうとしてそんなことをやったわけではありません。そんな気はさらさらなくて、ただ私たちの会議を広く知らしめようとしただけなのです。ところが、あっというまに捕まってしまいました。どうやら私たちが当地に着いてすぐ、秘密警察が幾人かの学生が会議を組織していることに気づいたようなのです。私たちの活動に気づき、劇場でパンフレットを配ることも知っていたようです。パンフレットを配るなど、私たちにとってはあたりまえすぎることなのに。私たちはキューバでこんなことをよくやっていたのですから。でもともかく、その結果、警察がやってきたわけでした。どこでどのように捕まったか、正確には覚えていません。でもそういえば、私たちはホテルにいたような気もします。

アラペ：報告書によると、劇場であなたを逮捕し、その後入国管理局に連行したとあります。

カストロ：おそらくあなたのおっしゃるとおりでしょう。実際のところ、彼らは私たちを捕まえにやってきて私たちを逮捕し、近くにあった薄暗い事務所に連行しました。とある路地の中の建物の、暗い廊下の奥の部屋へ、パンフレットを手に連行されました。だけどホテルで逮捕されたように思います。あるいは少なくとも、その後私たちの部屋を記録に行ったことはたしかです。たぶん記録のほうがより正確で確実なのかもしれませんが。ともかく狭い路地に連行されました。そんな路地のみすぼらしいビルに連行されました。

アラペ：だれが逮捕されましたか？

カストロ：私と、いっしょにいたもう一人のキューバ人、二人だけでした。あるいはだれかコロンビア人学生もいたと思います。はっきりとは覚えていません。私たちはそのみすぼらしい建物の薄暗い廊下の奥に連行され、座らされ、尋問されました。実のところ、たぶんだれかの理想主義とでもいうか、若さゆえの情熱とでもいうものに駆られ、私たちはそこにいた当局の人間に、私たちが何者で、何をしているのか、つまり会議のことですが、その会議での私たちの目的はなんなのか、プエルトリコのこと、パナマ運河のこと、パンフレットに書かれていること、私たちが会議を組織するにおよんでどんな考えをもっているのか、などを説明しました。

ほんとうのところを言うと、どうやらそこにいた警察当局との会話はうまくいったようでした。

というのも問題は、責任者らしい人物が私たちの計画を気に入ったようだという印象すらいだいたことでした。私たちは彼らを説得しおおせたのです。おそらく、私たちはいささかも危険人物ではなく、国内の問題に干渉しているわけではないと気づいたのでしょうね。おそらくは彼らが、私たちの提起していたことのいくつかを気に入ってくれたからなのでしょう、理由はよくわかりませんが、ともかく実際のところ、その尋問のあとは、調書をとると、私たちは釈放されました。あるいは私たちは、想像していたより大きなリスクを背負っていたのかもしれません。でもそのときにはまだ気づいていませんでした。ただ単に尋問やら何やらが終わると私たちはまたホテルに戻り、何ごともなかったかのように自分たちの活動を続けました。

アラペ：でも彼らは跡をつけていた……。

カストロ：つけていた公算は非常に大です。でもともかく、私たちは何も違法なことはしていませんでした。私たちがやっていたことといえば、学生会議を組織することだけでしたし、それに加えて、その国でもっとも重要な政治的人物と接触はしましたが。実際、客観的に言って、イデオロギーの問題をのぞけば、私たちが達成しようとしていた目標をのぞけば、私たちは完全に、国家にとってもコロンビア政府にとっても、いかなる危険もなしてはいませんでした。私たちがやっていることは、コロンビアの国内問題にはなんの関係もありませんでした。私たちが擁護していたのはラテンアメリカの理念だったのです。それが現実のところでした。私たちが学生と会っていた事実、ガイタンと会っていた事実だけが、かろうじて人騒がせだととられることもあったでしょう。

いかにも私たちはパンフレットを二、三枚配りましたが、それは抑圧的な政府のもとでならともかく、世界中どこでも犯罪行為などではありません。その事実に変わりはないけれども、私たちはただ単に無邪気に、挑発しようなどという意図もなしに、劇場で声明文を配っただけなのです。これがせいぜい百歩譲って、違法だということのできる行為ではあります。が、これはコロンビア国家への違法行為ではありません。合衆国に対するものです。まとめて言えば、私たちの問題は反合衆国だったのです。

警察の尾行はありましたが、私たちは活動を続けました。人々を尾行することは、刑事の仕事のひとつだと思います。こうした言い方でいいのですよね。たしか、刑事事務所という言い方をしたと思います。私たちは尾行されていることに気がつきませんでした。コロンビアに対する破壊活動などはいっさいしていなかったからです。ただ私たちがやっていたのは、学生会議のことだけでした。それが絶対的な現実です。

私は自分がやってもいないことの手柄を吹聴《ふいちょう》するつもりはありません。私には自分を反乱分子だと言う理由もありませんし、重要人物だと言うつもりもありません。私には私の考えがあり目的がありますが、そのときは学生会議のことを考え、ラテンアメリカの学生の組織化のことを考えていたのです。コロンビアに対して反乱を起こそうなどとは、断じて考えていませんでした。新聞を通じて見ていた大量虐殺《ぎゃくさつ》の件には恐怖しましたし、ガイタンにシンパシーを感じていましたが、それらは別の話です。それが四月九日に先立つ数日について覚えていることのすべてです。

アラペ：地元のＣＴＣ（コロンビア労働者連合）とも会合をしましたか？

カストロ：いいですか。準備段階で私たちはいろいろな活動をしました。大学生たちとの会合を開き、代表制の問題が生じたときには、多方面からやってきた第一陣の代表団との会合も開きました。労働者との会合もです。コロンビア人たちが話をつけてくれてこうした会合の場を設定してくれました。しかしすべては学生会議に関係したことだったのです。ほかの種類の会合など開いていません。ただし、そこで起こったできごとはあまりにもセンセーショナルなことだったので、そんなできごとのあとになってみれば、詳細についてなどのいくつかは忘れてしまったということはあるかもしれません。

■コロンビア四月九日暴動

アラペ：四月一一日午後一時、あなたはボゴタに滞在し、ガイタンが倒れたすぐそばにいたと、コロンビア政府は声明を出しています。これはあなたを尾行していた警官の作った報告によっています。あなたが四月九日暴動に関与したという政府の非難は、この発表にもとづくものです。

カストロ：私たちは午後二時か二時一五分に、ガイタンとの会談を予定していました。そこで学生会議や彼が参加する予定の締めくくりの全体会議について、詳細を詰めていくはずでした。

アラペ：そのデータはガイタンの手帳に書かれていたとか……。

カストロ：当然です。でもそれはおもしろい話ですね。私は、おわかりのように、そのことを知らなかったのですが。

その日、私たちはホテルで昼食を取り、ガイタンとの面会までの時間つぶしをしていました。その後、通りに出るとまもなく、一心不乱にあちらこちらに走り回る人々が現れはじめました。彼らはみな、気も触れたように、こっちに走ったりあっちに走ったり、あるいはまた別の方向に走ったりしていました。

断言してもいいのですが、四月九日の件は、だれが組織したものでもありません。こういうものの見方を提示したいと思います。私は何しろ、ほとんど最初の瞬間からそれを目の当たりにしたのですからね。ですから四月九日の件は完全に自発的に勃発したもので、だれかが組織したものではないと、あれを組織できた者などだれもいないと断言できます。ただガイタンの暗殺をたくらんだ者たちだけが何が起こるか想像できたでしょう。おそらく暗殺を計画した者たちは、政治上の敵を排除したいという思いでそれを計画したのでしょう。だからこの暴動の勃発も想像できたかもしれないし、できなかったかもしれません。

でもともかく、ガイタンの暗殺という事実から発して、あのすさまじい暴動が、まったく自発的な形で引き起こされたということです。四月九日の件を自分の責任だと言える人物はだれもいません。四月九日の件というのはまさに、組織立ってなどいなかったのですから。それがもっとも重要なことです。まったく組織性というものを欠いていたのです。

一時一五分でした。いやあるいは、一時半とか一時二〇分とか、それくらいだったでしょう。私たちはホテルを出て現場に向かいました。会見の時間まで時間つぶしに散歩しながらのことでした。会見時間は、すでに申し上げたように、午後の二時か二時一五分でした。私たちはだいたい一時過ぎにホテルを出て歩きはじめ、ガイタンの事務所に向かいました。そのとき、あちらこちらに絶望して走り回る人々が出てきたのです。

一人、二人と現れ、そしてもっとたくさん現れてこちらに走ってきたかと思うと、あちらに走っていく人々も現れました。「ガイタンが殺された！　ガイタンが殺された！　ガイタンが殺された！」と口々に叫んでいました。市井《しせい》の人々でした。一般民衆です。彼らが「ガイタンが殺された！　ガイタンが殺された！」と叫んでいち早くこのニュースを人々に知らせているのです。人々は熱くなり、怒りに震えていました。この劇的な、悲劇的な状況を一身に体現し、そこで起こったできごとを説明しているのです。ニュースは土埃《つちぼこり》のように四方に飛び散り、伝わりました。

■ガイタン暗殺の意味するもの

アラペ：司令官、あなたはなぜガイタンが暗殺されたのだと思いますか？　これは歴史を考慮に入れての質問です。
カストロ：まあ考えてもご覧なさい。私はそれについてきっぱりと断言することはできません。
ガイタンはたとえばＣＩＡに殺された可能性もあるでしょう。帝国主義が進歩主義運動の、民衆運動の目立った活動家としてのガイタンを殺したのだというのは、ありえる話かもしれません。どう考えても帝国主義にとっては愉快なものではありませんから。帝国主義がガイタンを殺したかもしれないというのは、一理あることです。

　ガイタンは寡頭政治に殺されたというのが、いちばんありうる話でしょうか。当時民衆に対立し、権力を維持しようと躍起になっていた当のコロンビアの寡頭政治です。それが民衆に挑んでいた戦いでは、しかし、ガイタンが国内民主勢力の来るべき候補として勝利を収めるべく、目立った存在だったというわけです。というのも、まちがいなくガイタンは民衆から非常に高く評価されていましたが、彼はその評判を地道に獲得してきたのでした。彼はまたとても強く人を魅了していました、磁力のようなもので人を惹きつけていました。彼はひとかどの人物、左翼、反寡頭政治の政治的カウディーリョだったのです。

　当時コロンビアでは実質的な内戦がありました。そのころの新聞を調べてみてください、そうすればそこでほとんど毎日、死者が三〇人いた、四〇人いた、二〇人いた、七〇人いたと伝えられているのがわかるでしょう。私がそこにいる間も、これだけ死人が出ているのかと驚いたものです。ガイタンは自由党に参加し、そこから次の選挙に出ることになっていましたから、まちがいなく勝利を収めていたでしょう。

　ガイタンはどこかの狂信者に殺されたのかもしれません。それも考えられる話です。ガイタンを殺した人物は投獄されていませんし、逮捕すらされていません。私の理解しているところによれば、大群衆にまぎれたのでしょう。その人物の自白も取れてはいません。保守派の当局としては、私が思うに、事実を明らかにすることにほんとうには興味を示さなかったのでしょうね。だって事実を明らかにしようと思えばできたはずではないですか。その男がだれで、どこに住んでいて、どんな関係があり、どの部署、どの党派に属しているのかといったことは、知ろうと思えばできたはずです。

合衆国が彼を共産主義者とみなしていたのかもしれません。イデオロギーに関しては、彼は共産主義者ではなかったのですが。ガイタンは民衆派で、民主派で、進歩派で、そして何より民衆の偉大なリーダーでした。

私は、ガイタンならコロンビア政治に多大な影響を及ぼしただろうと確信しています。ガイタンの死後も寡頭政治支配は何十年も続きましたし、いまも続いています。私はガイタンは革命家だったと思います。共産主義革命家ではありませんでしたが、しかし一人の革命家ではありました。

■自然と沸き起こった暴動

それからさらに二ブロックほど歩いてある小公園にやってきた私たちは、そのとき人々が暴力的な行動に打って出はじめたのを目撃しました。もうそのころには、つまり一時半くらいには、人々は暴力行為におよんでいたのです。ガイタンの事務所の近くにいた私たちは、七番街を歩いていたのですが、そのときにもう人々がどこだかのオフィスに闖入《ちんにゅう》していました。細かく覚えていることがあります。最初のころのことですが、小公園に着くと、どこからか奪ってきたらしいタイプライターを壊そうとしている一人の男の姿を認めました。タイプライターを壊していたのですが、怒り狂ったその男は、手でタイプを壊そうとして、おそろしく苦労していました。それで私は声をかけたのです。「きみ、貸してみなさい」と。私は彼の手助けをして、タイプを受け取ると高く投げ上げ、地面に落としました。その男の絶望した様子を見ていると、ほかに考えが浮かばなかったのです。

歩きつづけると七番街にはもう暴力の発露が確認されました。私たちは国会議事堂のある公園に向かっていましたが、そこでは米州機構の大会が開かれていました。たしか七番街を歩いていると、ショーウィンドウやら何やらを壊している人々を見かけました。だんだん気がかりになってきました。というのも、そのころにはすでに革命とはどんなものかという、明瞭で正確な思想をいだいていたからです。

革命の際には何が起こるべきであり、何が起こってはならないのかという考えがあったのです。正直な話、七番街で私が目の当たりにしたのは、アナーキーの発露でした。ショーウィンドウを破壊する人々の姿です。大衆の内にある、非常に大きないらだちが見て取れました。いつも人であふれかえっているこの街路で、大群衆がショーウィンドウやら何やらを壊して回っているのでした。

私は気をもみました。その状況が心配になってきたのです。そこで出来しているのがアナーキーな状況に見えたからです。自由党のリーダーたちはいったい何をしているのだろうと考えはじめました。こんなことを組織している者などだれもいないだろうに、いったい何をしているのだ、と自問しました。

これが一時三〇分から四五分の間くらいの話です。そのまま七番街を歩きつづけ、私たちは国会議事堂のある広場の一角にたどりつきました。そこの左手のある建物のバルコニーにはだれかがいて、そこから話しかけていました。何人かが集まっていました。けれども何よりもすさまじかったのはそこいらに散らばった多くの人々で、まったくだれからの指示によるでもなく、怒りをあらわに暴れていました。公園には何十人もの人がいて、怒りと激昂の叫びを口にしては、公園の街灯を壊し、彼らに石を投げつけていました。だから注意しないといけませんでした。石やガラス片が上から落ちてくるからです。

その間、議事堂のポーチには、新調されたばかりの立派な制服を着た、組織もしっかりとした警官隊が隊列を組んで配備されていました。その街灯の電球やら何やらを壊していた何十人だか何百人だかの人々が、怒濤《どとう》のごとくポーチに詰め寄るやいなや、警官の隊列は、どうやら士気を失ったようで、バラバラに乱れました。それで、その人たちは雪崩《なだれ》を打って議事堂内に入っていきました。

私は公園の真ん中にいて、石は方々に飛び交っていました。彼らは三階建てか四階建ての議事堂に入っていきました。私たちは議事堂の中にちゃんと入ったわけではありません。建物の端にいてその爆発のさまを眺めていました。というのは、あれはまさに民衆の爆発だったと思うのです。私たちは遠くから見ていました。人々は上の階に上っていき、その上階から椅子《いす》を投げはじめ、机を投げはじめ、何もかもを投げ出しはじめました。そこにはいられないほどでした。上からいろいろなものが洪水のように降ってくるのですから。一方、前に言ったように、公園の近くの角のバルコニーからだれかが演説しようとしているのですが、だれひとりとして彼には耳を貸そうとしません。それはもう信じられない光景でした。

ホテルに泊まっていなかった二人のキューバ人と連絡を取ろうとしました。一人はエンリケ・オバーレスで、もう一人は私たちの革命の同志アルフレード・ゲバラでした。二人は私たちのいた場所からほど遠からぬところにあるゲストハウスに宿泊していました。私たちは二人に連絡を取ろうとそこへ向かいました。彼らがこの状況についてどう考えているのか知りたかったし、私の目の前で起こったことを説明したいとも思いました。ゲストハウスに着いて、彼らと数分話しました。そのころには人々の大行進が、川の流れのような大群衆が、七番街にほぼ平行に走っている通りにあふれていました。いまや武器を手にしている者もいました。ライフルも幾挺《ちょう》か見えました。棍棒、鉄棒を手にしている者もいました。みんなが何かを持っていました。つまり、棍棒や鉄棒、そのほか何でも、だれもが手にしっかりと握って持っていたのです。その通りには大群衆がいました。すでに言ったように、大行進のようで、狭くて長い通りなのですが、その通りに何千もの人がいたと言っていいでしょう。

この大群衆を目にしたとき、いったいどこへ向かっているのかわかりませんでした。尋ねると警察のどこかの分署に向かっているのだとのこと。私も加わって行くことにしました。私はその群衆の一列めに加わり、警察の所轄署に行きました。私には革命が進行しつつあるのだと見えました。だから私は民衆の一人として、もう一人の人間として加わろうと決意したのでした。私はもちろん、民衆が抑圧されているのだということを疑いもしませんでした。蜂起している民衆こそが正しいのだと、ガイタンの暗殺は甚大なる犯罪なのだということに疑いの余地はありませんでした。だから支持に回ることにしたのです。私はその瞬間まで何もしていませんでした。そうこうするうちに、二人のキューバ人を訪問したあと、大群衆が私の目の前を通るのを眺めたのでした。行進する群衆を見て、私はそこに加わりました。その瞬間こそが、私が反乱を起こした群衆に加わった瞬間だと言っていいでしょう。

私たちが（第三）分署に着いたとき、警官たちが上階で身を隠して、私たちにライフルを向けていて、何が起こるかと緊迫した雰囲気でした。大群衆が入り口まで行くと、警官たちは入り口のガードを解きました。だれも発砲はしません。

まるで氾濫《はんらん》した川のように、群集は四方八方から署内に侵入し、武器を手に取り、いろいろなものを奪いました。その間に仲間に加わる警官もいました。群衆の中には制服を着た警官も見られるようになりました。その所轄署には中庭があり、前部が二階建てになっていました。

そこにどれくらいの武器があったのかはわかりません。大して数は多くなかっただろうと思うのですが、そのわずかな使用可能な武器を、さっと奪っていきました。武器を手に私たちに合流した警官も幾人かいます。私は武器庫に足を踏み入れましたが、ライフルなどありませんでした。ほんとうに一挺も見なかったのです。催涙銃ならばたしかに数挺ありました。太くて長い弾がこめられていました。私が手に取ることができたのは、その催涙銃だけでした。それの弾薬帯も身につけました。二〇か三〇ばかりもつめると、言いました。「ライフルはない。だが、少なくとも弾の出るものはある」。つまり、銃身の大きなこの銃です。続けて「さてと、これはいいとして、こんなスーツに靴を履いている。戦争向きの服ではないな」とひとりごちました。

ベレー帽を見つけたので、パサッとそのベレー帽をかぶりました。しかしそれでも、靴はいつものやつのままで、戦争向きではありませんでした。それに何より手にした銃ではもの足りません。中庭に出ると人でいっぱいでした。大勢の人があちこちを調べ回っていたのです。どんな絵か想像してみてください。だれもかれもが階段を上ったり降りたり、こっちへ入ったりあっちに首をつっこんだりと、市民も警官も走り回っていました。警官の中には武器を奪われた者もいれば、武器を手に私たちの仲間に加わった者もいました。

私は階段を駆け上がって二階に出ました。ある部屋に入るとそこは治安警察将校の部屋でした。そこで服を探し、ついでにほかに武器が出てこないものかと探していました。ブーツを見つけたので履いてみましたが、合いませんでした。そこへ一人の将校が入ってきたのですが、それが忘れられません。あんな恐ろしいカオスの中で、私にこう言ったのです。「私のブーツはやめてくれ！　私のブーツはいけない！」。彼のブーツは合わなかったので、言いました。「よろしいでしょう。ブーツは奪いませんよ」

中庭に降りて何かに加わろうとしました。何かというのは、分隊とかなんとか、そういうものです。一人の治安警察将校が分隊をひとつ組織しているのが見えました。リーダーになろうなどとは思っていません。何かを導こうという気などなかったのです。ただ、一兵卒でいいと。催涙銃と催涙弾を手にそこへ行き、列に並びました。

将校はライフルを持っていましたが、私が催涙弾をまとい銃を手にしているのを見ると、言いました。「しかしまあ、いったいどういうわけだ。そんなものを持って何をするんだ」。それで私は答えました。「これしか見あたらなかったのです」。彼は私に銃を見せろと言いました。その男は、分隊を組織しようとしていたというのに、あまり戦いに乗り気ではないようでした。私に銃を見せろと言い、代わりに私に彼のライフルを渡しました。一二発か一四発の弾のあるそのライフルを私に差し出しました。たしか彼が私にライフルを渡すと、人々が大勢、こぞってライフルを取り上げようと襲いかかってきたので、それを渡すまいと必死でした。どうにかライフルは死守し、だいたい一四発ばかりの弾丸も手にしました。将校の持っていたものです。

その瞬間から私はライフルで武装したわけですが、そこにはまだ組織が欠けていました。人々がその分署からなんの指示も受けずに飛び出していくだけでした。入ってきたとき同様、大群衆がどこに向かっているのかもわからないまま飛び出していたのです。大統領官邸に行こうという声も聞こえました、ほかにもどこだかに行こうとの声も。私も分署を出て、指示がないけれどもどこだかに行くぞと言っている大群衆に加わりました。たいへんな無秩序、たいへんな無規律を目の当たりにしていたのです。組織化などされていませんでした。

三ブロックほども進んだところで、交差点で交通整理をする兵士が四、五人見えました。この大群衆に加わった制服組がたくさんいたので、私はその四、五人の兵士も大群衆に加わり、そこで指示を出しているのだろうと思いました。私はもう制服を見つけて着ていました。それから帽子も。それらが警察隊のベレー帽と、それからケープになったというわけです。それが私の制服でした。あとで気づいたことですが、あれは反乱軍人ではなかったのですね。そうではなくて大統領府警護隊の兵士だったのです。ライフルを手にそこにいたのですが、戦闘行動に打って出るわけではなく、人の波の通過する中、それを整理しようとしていたというわけでした。

宗教系の学校が入っている建物群からの発砲がありました。サン・バルトロメ小学校からの発砲でした。発砲は修道院の建物からでした。そこで立ち止まった私は、何しろ不信心者ですから、注意深く進むことにしました。

銃弾の飛び交う中、私はある角に身を置きました。そこで、その角で私は知り合いの学生の姿を何人か認めました。大学で見た覚えのある彼らが、私たちの仲間に加わっていたのです。スピーカーのついた学生たちの車が通りました。上にいくつも死体を乗せたその車から、彼らは何ごとか叫んでアジっていました。それは組織化されたアジテーションではなく、思いつくままに叫んでいるのです。そのとき、学生たちがラジオ局を占拠し攻撃を受けているというニュースが舞い込みました。

私たちは困難な状況下にありました。一〇人か一二人が丸腰で、二人しか武器を持っていないのですから。私たちは国営ラジオ放送局に行って、そこにいる学生たちを援助しようと決めました。大群衆がこっちの方向、あっちの方向、そしてまた別の方向と進んでいるさなか、例の学生たちの車が、国営ラジオ放送局が攻撃されていると言っているのが聞こえました。私たちは国営ラジオ放送局に学生たちを助けに行くことにしました。が、実のところ、それがどこにあるのか、正確には知りませんでした。七番街を、モンセラーテの丘の礼拝堂に向かう者のように北へ向かいました。

七番街では、現実には群集が何もかもを襲撃していました。ビルを襲撃し、商店を襲撃し、それらの店から略奪をしはじめていました。私たちはその通りを歩いていたのです。酒を飲んでいる連中もいました。あなた方コロンビア人の飲む色つきラム酒のボトルを手に、仲間に加わる人もいたのです。そして言ったものです。「さあ、飲め、ひと思いに」と。

考えてもみてくださいよ。私は私のライフルを持ち、彼は彼のライフルを手にしていたのですよ。そしてその街路には、ほかに武器を持たない一五人が歩いていました。混沌とした状況で、だれもいったい何が起こっているのかわかりませんでした。警官も数多く反旗をひるがえし、一説によると軍の部隊も反乱を起こしたものがあったとのことでした。もうそのころにはコロンビア軍の立場というのはよくわからなくなっていました。ほんとうにわからなかったのです。ガイタンのシンパは軍内部にもいました。それは疑いの余地はありません。

しかし混乱はあまりにも大きかったのです。私たちは七番街を前進していました。しかし何ブロック進んだか、七ブロックだったか、八、九、一〇、それとも一二ブロックは進んでいたのか、それでもまだ歩きつづけなければなりませんでした。通りをくまなく歩いて、何が起こっているのか確かめなければなりませんでした。

もうそのころには、燃えている場所、燃えている会社などがたくさんありました。私たちが七番街を歩くころには大群衆はいたるところに襲撃をかけたあとだったのです。そんな状況下で私たちはある場所に着いたのですが、あとで気づいたところによれば、それは国防省でした。北に向かって行くと右手に公園があり、左手の方にもうひとつ公園のある場所でした。そこに着くと、正面から兵士たちの一大隊が南に下ってくるのに出くわしました。

いまはどんなのが使われているのか知りませんが、当時使われていたのはドイツ製のヘルメットで、それをかぶってライフルをかかげた連中が、ほとんど一個大隊で、こちらに向かって行進してきました。タンクも何台かともなって前進してくるのです。しかしその時点ではまだ、私たちはその隊がどちらの側についているのか、反乱軍なのかどうか、いったい何をしようとしているのか、などわかりませんでした。大隊が近づいてくるのを見て取った私たちは、用心して二〇メートルばかりの距離を取り、ベンチの陰に身をひそめて、敵か味方か見極めようとしました。

もう一度言いますが、私の側は学生が一二人にライフルが二挺でした。しかし大隊は私たちには一瞥《いちべつ》もくれずに、軍隊式の行進を続けて通りの向こうに行ってしまいました。大隊のうしろからはタンクがついていったはずです。歩兵たちが前を行き、うしろからタンクが三台来ていました。私たちを見向きもせずに、七番街をそのまま向こうに行ってしまいました。

私たちは道を渡り、国防省のある場所の正面にあった公園に行きました。私はまだそこが国防省とは知らずにいました。それはそんなに高くない建物で、一階建てか、せいぜい二階建てでしょう。ドアがあり、太い手すりがありました。数人の軍人が立っていました。そのときには革命の熱に浮かされ、人々ができるだけ数多く革命の運動に加わるように努めたいとも思っていたので、私は国防省前のベンチに載って、そこにいた軍人たちに向かって、革命に参加せよとの演説をぶちました。だれもが手を止めてじっと聴き入りました。私はライフルを手にベンチの上に立って演説を続けました。演説を終えるとまた歩きつづけました。学生たちは向こうへ向かっていたからです。

公園の向こうの端にバスが待っていて、それがそこに、つまりラジオ局に行くのだと気づきました。そのバスは学生たちのものでした。それで演説をおこなったあとに、出発しはじめていたバスに向かって、走って追いつきました。武器を持ったもう一人の仲間は追いつけず、以後、彼の姿は見ていません。私はバスに乗ったので、ライフルを手にして学生たちに交じり、国営ラジオ放送局にいる連中の援護に向かいました。バスで何ブロック行ったでしょうか。八ブロックか一〇ブロックでしょうか。そうこうする間に、私の財布が、いくらかはわかりませんが、ともかくほんの数ペソしか入っていなかったはずですが、その財布もなくしてしまいました。わずかしか持っていなかったというのに、だれかが持っていったんです。盗んだのです。

私たちはラジオ局に向かい、とある交差点でバスを降りました。ラジオ局に面したその通りは、遊歩道つきの大通りのようなものでした。私たちはそれこそ雪崩を打って通りに降り立ちました。ラジオ局にいる学生たちを援護しようというのに、武器といえばライフル一挺、つまり私の持つものだけでした。通りに着くとすさまじい銃撃戦でした。私たちが見えたと思うまもなく、数知れぬライフルで私たちに発砲しはじめたのです。ベンチやら何やら、そのへんにあるものの物陰に身をひそめました。奇跡的に死人は一人も出ませんでした。ふたたび角に出ることができましたが、あいかわらず一挺のライフルを持った人間が一人に、一〇人か一二人の丸腰の人間の集団のままでした。

そのときには、国営ラジオ放送局を解放するために何もできなかったので、大学に向かい、そこで何かの組織がないものか、学生たちが司令部を組織するなり、なんらかの指導部を築くなりしてはいないだろうかと見にいきました。

大学に到着しても、現実には何も組織はされていません。事実とできごとについてのニュースは飛び交っていたし、大勢の人はいましたが、だれも武器を持っていないのです。大学からそう遠くない場所に所轄警察署がありました。私のライフルがあるだけで、ほかの大勢は丸腰だった私たちは、そこで、その所轄署を占拠して武器を手に入れようと決めました。ライフルを持つ唯一の人間だったので、私が占拠する張本人でなければならないと考えられていました。私たちは多くの学生を引き連れてその所轄署に向かいました。それはまさに自殺行為でした。

すでに私たちはひとつ警察署を占拠していました。そしてそこにいた人々全員に武器が行き渡るよう、ふたつめを占拠しようというのです。非常に幸運なことに、私たちが分署についたとき、そこはもう占拠されていました。蜂起があったのです。つまり、私たちは私の一挺のライフルと二、三〇人の学生たちとで警察のある所轄署を占拠しにいったけれども、その分署の前に来たときには、その署は蜂起していて、私たちは友好的に迎え入れられたということです。蜂起したその署ではもう警官も市民も入り交じっていました。

署に入って署長に自己紹介すると、それが蜂起した全警官の長でもありました。私は彼に自己紹介し、学生であると、キューバ人であると、学生会議の開催中であると告げました。ひとことで言えば、彼に何もかも説明したわけです。その人物は私を彼の助手にすると言いました。そこで、ふたつめに占拠しようと入った署で、私は助手になったわけです。反乱警官のリーダーは、どちらかというと背が高く、とても高いわけではないのですが、高くて、うまく説明できないような人でした。司令官だか大佐だかの地位にあったと思います。私は、そのような反乱警官のリーダーの助手になりました。

それから彼は自由党の事務所に行くことにしました。お話ししているのは、その日起こった信じられないできごとの、正確な、厳密な再現ですよ。自由党本部に向かう反乱警官のリーダーとともに私もジープに乗り込みました。私は「これで少しはマシになる」と言いました。というのも、私の気にかかったのはこの無秩序、カオス、どこにも指導や組織が見られないということだったからです。だから、蜂起した警官たちのリーダーに会ったときには喜んだものです。彼が自由党と接触するというのです。彼がそこに行こうとしているのを見て、これは組織化のはじまりだと考えました。

事務所に到着し、上がっていきました。私たちはリーダーについて入り口まで行きました。彼は中に入りましたが、私は入らず、外で待ちました。彼は中に入ると、だれかはわかりませんが、そこにいた自由党幹部と会見しました。それからジープで大学近くの分署に戻りました。いまではジープは二台ありました。

彼はしばらく分署にいましたが、日も暮れてきたことだし、ふたたび自由党事務所に行こうと言い出しました。今度は二台のジープで出かけました。彼は前のジープに乗り、私はうしろのに乗りました。しかしその間、一回めのときもそのときも、人がたくさんいました。あいかわらず私には丸腰の学生たちがついていたのです。あちらの車にもこちらの車にもみんな乗り込み、二台のジープはいっぱいになっていました。今回自由党本部に行くときには、私はお供のジープの助手席に乗っていきました。くりかえしますが、そのときには車がスターターを起こすたびに、そこいらにいる連中が残らず乗り込んでいました。そしてあっというまに出発です。あちらに行くのも、こちらに行くのも、ただちに出発です。しかも人をいっぱいに積んで。

二度めに自由党の事務所に向かっていると、とんでもないことが起こりました。そこで私はドン・

キホーテ的な行動を実行に移してしまいました。それは次のようなことです。もう暗くなりかけていたところで、反乱警官のリーダーの乗ったジープが止まってしまいました。故障して止まったのです。エンジンをかけようとするのですが、かかりません。警官のリーダーは車から降りました。しかしもう一台のジープは人でいっぱいです。私はこうしたことはいやではないので、ジープを降り、みんなに言いました。「きみたちが責任を取る必要はない」

そして私はそこにいることにして、席を譲りました。私はいっしょに降りた二、三人の学生とともに、道の真ん中に残りました。道の真ん中で、どこにも連絡のつけようもありません。歩道に行って長い扉のそばに立ち止まりました。こんなことになった場所というのが、あとからわかったところでは、ほかでもない国防省の前でした。国防省に出くわしたのはそれが二度めでした。

数秒たったところで、扉の小さな勝手口が開き、その扉の向こうに将校の軍帽と三、四人の男、銃剣つきのライフル数挺が見えました。私はほかの学生たちに言いました。「こいつらは敵だぞ」そしてさらに言いました。「向かいの通りに渡ろう」。車が通過した直後に暗くなったのを利用して向かいの歩道に移りました。あらためて見つめましたが、実際にはそれがだれなのかはわかりませんでした。扉が開いて私たちから六メートルばかりのところに将校の軍帽と四挺ばかりの銃剣つきライフルが見えたときには、やつらが敵ではないかと疑ったわけです。

ともかく道を渡り、彼らが敵ではないかと思ったわけですが、不確かな中で彼らも発砲はしませんでした。発砲はなかったのです。

国防省脇の道を渡ってから通りを進んでいきました。そのとき、機関銃を持った人物に出くわしました。敵か味方かわからなかったので、その男に近づくと、だれなのかと尋ねました。すると彼は言いました。「私は蜂起した第五分署の者だ」。それで彼が味方だと、味方の分隊の者だとわかったという次第です。

そこで私たちは第五分署に行き、仲間に加わることにしました。署のリーダーとの連絡は途絶えていたし、署に行って仲間に加わるのがいいだろうと思ったのです。署というのは、第五分署だったということです。そのときにはすでに日は暮れていました。いままで話したことは、一時半から夜の六時半の間に起きたことです。

私は第五分署に着くと、どこにいるときもそうですが、すぐに身分を明かしました。「私はキューバ人学生で、学生会議を開いています」。するとどこでもそうですが、ただちに歓迎してくれました。署に着いたときには一銭たりとも、コーヒーを飲む金すらもありませんでした。ほんとうですよ。そこには大勢の反乱警官がいて、市民も何人かいました。全部で四〇〇人ばかりがいて、みな武装し、組織を作りつつありました。

アラペ：その分署の指揮官だったティト・オロスコに会いましたか?

カストロ：ええ、会いました。リーダーを務めていた人ですね。中央に大きな中庭があり、そこで人々が組織化されていました。私は着いてすぐに、彼らの列に並び、組織に加わったのです。小隊に分けるというより、そこに何人いるのか点検していたようでした。私たちは分署の防衛のために、いろいろな場所に配置されました。私は二階に行くように言われました。そこは宿舎になっていて、何人かの警官と二階全体の警備についたのです。頻繁《ひんぱん》に、三〇分ごと、四五分ごとに、あるいはだいたい一時間に一回、中庭で点呼がおこなわれ、それからまた配置に戻っていきます。まだ混乱は続いていて、何が起こっているのはわかりませんでした。この混乱は翌日まで続きました。

その間に、街中で何が起きていたのでしょう？　多くの人がまるで荷物を担いだ蟻《あり》のようでした。背中に冷蔵庫を担いだ人、ピアノを担いだ人などがたくさんいました。現実のところは、組織がない場合や、文化に問題のある場合、大いなる貧困の中にある場合、あるいはその他いろいろな理由がある場合、残念ながら多くの人々が、そうした挙措におよびます。たしかにそのとき、そこでは多くの民衆が、手当たり次第に物を担いでわがものとしていました。実際に略奪がおこなわれていたのです。そのことに議論の余地はありません。私は分署からそれを見ていました。通りを人々が、たくさんの人々が荷物を担いで通過していくのです。すでに暗くなっていましたが、私はそれを見ました。

政治的な準備不足もありましょうし、いろいろな要因があるのでしょうが、まちがいなく街中いたるところで略奪がおこなわれていました。略奪があったことは否定できません。人々がこの状況を打開する政治的解決を求めて行動するのではなく、多くの場合どこに行くべきか、何をすべきかもわからず、略奪に従事し、そして実際に略奪しているのを目の当たりにすると、私は気が気ではありませんでした。私たちのいたまさにその通りを、第五分署のあった同じその通りを、人がピアノを背に、冷蔵庫を背に、家具やら何やらを背に通り過ぎていったのです。それがほんとうのところです。

アラペ：そこはとても庶民的な街区で、当時はもっとも固いガイタン支持層のところでした……。

カストロ：貧しい人、抑圧された人の多いところで、彼らは商店のドアが開いたと見て取るや襲撃し、略奪しました。それは歴史的なこと、客観的な事実だから、否定しようもありません。

四〇〇人から五〇〇〇人の武装した人間からなる巨大勢力だというのに、営舎にこもって防御に徹していたので、私は守備隊の隊長に会見を求めに行きました。何人か将校がいましたが、私はその一人に言いました。「歴史の経験が教えるところによれば、籠城《ろうじょう》する部隊は負けます」。私のいたキューバの経験、キューバでの武装闘争でも、営舎にこもる部隊は負けでした。私は彼にこの部隊を街に出させるよう、攻撃命令を出すよう、政府打倒をもくろむように提案しました。私は自分の意見を主張し、議論し、部隊に出撃命令を出すように提案しました。その部隊は強力な部隊だから、攻撃に打って出れば決定的な行動が実現できるだろう、ただしそこに留まっているかぎりは負けてしまうのだ、と主張しました。私はそのように提起し、説明し、彼は親切に耳を傾けてくれました。しかし、いかなる決断も下しませんでした。それで私は自分の持ち場に戻りました。

その前後、部隊をそこから外に出して大統領官邸を占拠したり、なんらかの目標を襲撃したりするよう、というのも籠城した革命部隊は負けてしまうからだ、と主張したのは一度ではなかったと思います。私がそれまでにやってきた革命的状況の歴史についての勉強、フランス革命中に生起した運動についての勉強、バスティーユの陥落とか、街全体が運動に参加して襲撃をしかけたときのこととか、そういったことの勉強を通じて、そうした考えが浮かんできたのです。それから、キューバの経験からもそうした考えは生まれました。だから、そのときそこで起こっていることは狂気の沙汰《さた》だということがはっきりとわかりました。いったい何をやっているのでしょう？　これでは政府部隊に襲撃されるのを待っているようなものです。見たところ軍はもう配備され、政府の側についています。それなのに警察ときたら、軍の襲撃を手をこまねいて待っているのです。

私たちは一晩中、軍の襲撃に備えて過ごしました。一晩中です。「攻撃だ！」との叫びが一五分ごとにくりかえされました。「攻撃だぞ！」と叫ぶと、みんなは窓の陰に身をひそめました。二、三度タンクが何台か通過しました。タンクに何発か銃を撃ち込むと、タンクは私たちの建物に機関銃を撃ち込んできました。

私は何度か将校たちを説き伏せて出撃させようとしては無駄に終わりました。

夜中の一二時か一時ごろになっていました。そこで忘れることのできないできごとが起こりました。自由党支持者たちは対立派をゴート人（保守党支持者）と呼んでいました。一人の警官がそれだとわかり、よってたかっていじめたのを覚えています。私はそんなことは嫌いでした。私がいたのと同じ階でその男を捕まえ、殴る蹴るをはたらくというのは、気分を害することでした。彼らは口にしました。「こいつはゴート人だ！　こいつはゴート人だ。こいつは米州機構の会議にいたぞ。靴下を見ろ！」。そして靴下を脱がせたのです。「真新しい靴下だ」と言い立てます。「新しい靴下が支給されたんだ」。会議を警備する警官に与えられたのは、靴下と制服でした。彼はゴート人だと非難され、殴られました。白状すると、これは私には悪印象を与えました。そしてまた襲撃に備えながら夜を過ごしました。

そのとき私はキューバを思い出しました。私の家族を思い出しました。みんなのことを思い出しました。それなのに私は一人でした。私はその分署内で孤独だったのです。私にあるのはライフルとわずかばかりの弾だけでした。私は自分に言いました。「おれはここで何をやっているのだ？　だれとも連絡が取れなくなったじゃないか。学生たちとも、あの警官のリーダーとも。こんな檻《おり》の中にいるなんて、何から何までまちがっている。これだけの兵力がありながら決定的な行動に打って出ることもせず、敵の襲撃を待ちながらここにいるなど、でたらめな行動じゃないか」。ここに留まるべきなのか、だとすれば、なぜここに留まるのか、と考えはじめました。そして留まることに決めました。丸腰のだれかにライフルを手渡すことは簡単ではありましたが。

当時インターナショナルの思想に染まっていた私は、こう理屈づけはじめました。「いいだろう。ここの民衆はキューバの民衆と同じだ。民衆はどこであろうと同じなのだ。これは抑圧された民衆、搾取された民衆なのだ」。私は自分自身を納得させなければいけませんでした。それで、言いました。「主要なリーダーが暗殺されたのだから、この蜂起は絶対的に正当なものだ。おれはここで死のうとも、ここに留まろう」。これは軍事的観点から見てばかげたことだと、この連中は負けていると、自分が孤立していると、これはキューバ民衆の問題ではなくコロンビア民衆の問題だと知りながらも、決意しました。そして民衆は世界中どこでも同一だと、民衆の側につくことは正当なことであると、私の責務はそこに留まることだと理屈をつけて、明け方まで一晩中、敵の襲撃を待ちながらそこにいました。

地勢を見るのは、基本的には戦争史やら何やらを学んだ結果、私がもつにいたった軍事的な種類の観念があるからです。それで地勢を見た結果、これは負け戦だとわかったわけです。分署は山の裾野にあり、背後に丘、さらにその背後にモンセラーテの丘がありました。私はふたたび司令官と話し、こんな情勢では丘の上から要塞を攻められたら負けてしまうと言いました。うしろの丘の上を守らなければいけないと主張しました。パトロールカーを一台貸してほしいと頼み、丘の上を援護しろとの命令をいただけば、その任に当たろうと申し出ました。彼は私にパトカーを一台差し出しました。それからあまり多くはありませんでしたが、七人か八人の部隊を、その警官のリーダーは私につけてくれました。

このエピソードを包み隠さず話すべきでしょうか。でもともかく、私はパトカーを駆り、分署とモンセラーテの丘の間にある丘の頂上を占拠しました。私の任務は丘の頂上を占拠し、襲撃に備えることでした。私は翌一〇日を、その分署とモンセラーテの丘の間の丘の頂上のパトロールをしながら過ごしました。

いくつかトラブルもありました。少し南の方角まで見回りに出て、そちらから敵の部隊が来ていないか確認しに行ったのです。するとあるとき一台の車が道を曲がっているのを見ました。車が角を曲がっていたのです。私は止まれと言いましたが、止まらず、走りつづけました。不信に思って走り、カーブにあった小高くなった場所に上って様子を見ました。その男はカーブを曲がりましたが、そこで大きな音が聞こえました。車がぶつかったのです。男は車から飛び出し、私は停止の指示を与えながら「止まれ！　止まれ！」と言いましたが、止まりません。発砲しなかったのは、彼が丸腰だと気づいたからです。しかしスパイだったのではないかと思いました。そこらあたりを偵察していたスパイだと想像したのです。

丘にはいくつかの掘っ立て小屋があり、そこの人たちはワインや食料など、いろいろなものを持っていました。前日にそれらを調達できました。みんなやさしくて、食べ物やワインをほどこしてくれて、そのほかにも何もかも提供してくれました。私がパトロールしていた丘の上にいた農夫たちはみな、とてもやさしい人たちでした。当時は家というほどの建物はとても少なくて、そこには、私の見積もりでは、一四、五件のみすぼらしい小屋がポツポツと建っているだけでした。私はいくつかの農民の小屋を訪問しました。

私がスパイだと思ったあの男が何をしていたかわかりますか？　信じられないと思います。あなたもだれも信じてはくれないでしょう。私はあとで近所の人々に聞いて調べたのです。そのあたりで男を見なかったかと聞きました。市街地は燃えていました。燃えさかる最中で、あちらこちらに煙が立ち上っていました。そこかしこで銃声も聞こえました。その日、一〇日、男は二人の娼婦を引き連れて街を出て、その丘のほうにやってきたのです。市街地が燃えていたので、娼婦とそこに向かったのだから、つまり男は単にお楽しみの最中だったというわけです。農夫たちがそう教えてくれました。「あいつはやってたんだ。娼婦二人とやってたんだよ」。〈やる（culear）〉という単語はそのときはじめて聞きました！

その後、飛行機が三機、私たちパトロール隊が配置についている場所の上空を通過していきました。飛行機がどちらの味方なのかはわかりませんでした。飛行機が革命側なのか政府側なのかわからないながらも、つねに期待はしていました。飛行機はそこで旋回し、さらに旋回しましたが、それだけでした。

私たちは終日そこで過ごし、こんなことは言うほどのものかはわかりませんが、国防省に向けて何度か発砲しました。私の位置から国防省が見えたので、四発か五発、発砲したのです。午後の三時か四時くらいにはなっていたでしょうか。その時間になっても、軍も部隊もやってきませんでした。私が終日そこにいた日には、その丘の上あたりには敵の部隊などひとつも現れませんでした。

アラペ：だれか撃ってきましたか？

カストロ：いいえ、国防省は私たちのいた場所から七、八〇〇メートルほど下方にありましたから。こんなふうに小さく見えていただけです。でも私は何発か発砲したのです。私の持っていたライフルの射程距離内で唯一の標的だったのです。

ひとつだけ深刻な対立がありましたが、深刻な問題はそれだけでした。午後四時ごろ、突然、警察署のほうから機関銃と警棒を持った男たちがこちらにやってくるのが見えました。彼らがやってきました。パトロール隊で、機関銃を持っていました。どうしたのかと尋ねたところ、第五分署が襲撃を受けているとのことでした。私は彼らに逃げるな、見捨てるな、と励ましました。私たちもそこへ行こうではないか。仲間を見捨てて分署を離れてはいけない、と。男たちはこうやって構えて機関銃の銃口を私たちに向け、対決の姿勢を見せました。私は彼らを思いとどまらせることができなかったのです。彼らと口論し、「立ち去るな、戻れ」と言っているというのに、彼らは私に対決する姿勢を見せ、ほとんど発砲せんばかり、殺さんばかりの勢いだったのですから。私は彼らを説得したのですが、彼らはパニックに陥っていて、何がなんでもその場から逃げる覚悟でした。だから私たちに機関銃を向け、そして立ち去ってしまったのです。

私はパトロール隊を引き連れて分署に向かいました。彼らがそこが襲撃を受けていると言ったので、分署に戻ってみたわけです。が、攻撃などありませんでした。でまかせだったのです。逆にパトロール隊がそこから出てきたところでした。ある建物に向かっているとのことでしたが、それはたぶん教会で、そこに銃撃手たちが身をひそめているらしいとのことでした。だれかが隠れて発砲するので、パトロール隊が、その塔に身をひそめている連中と戦うために向かったというわけです。私は彼らに同行し、とても貧しい通りをいくつか突っ切っていきました。まず何よりも前に立ち並ぶレンガ工場や竃《かまど》、タイル工場などに出くわしました。

一人の男の子に出くわしましたが、私に近づいてくる彼の父親は流れ弾に当たって死んだのでした。男の子は私に話しかけてきましたが、それは悲痛な声で、まるで助けを求めるかのようにこう言っていました。「パパが殺された！　パパが殺された！」、そう言って泣くのです。六歳か七歳くらいの子どもでした。近くの通りのひとつには男が横たわっていました。死んだ市民でした。私たちが塔に行くと発砲はやみました。私たちは踵《きびす》を返して分署に向かいました。二日めの晩はその分署で過ごしました。一〇日から一一日にかけての夜でした。

一一日の夜明けには、協定の存在がうわさされていました。政府と反対勢力の間に協定が存在するのだとのうわさがささやかれはじめたのです。そのとき私はライフル一挺に剣を一本、サーベルを一本持っていました。はたしてどこからサーベルを持ち出したのだったか。九発の弾とサーベルが一本あったということです。私は警官のケープ、民兵風のベレー帽、つまりひさしのない軍帽、それに剣を持っていたわけです。

うわさが流れ、場がなごみました。停戦にいたるための協定が政府との間に結ばれたとの話が部隊全体に伝わりました。警官は署内に留まるように、武器は返還し、市民は家に帰るようにとのお願いが出されました。ここに来て以来というもの、私にはみんながよくしてくれました。なぜかはわかりませんが、たぶんキューバ人がそこにいることに対して一種の驚きがあったのでしょう。キューバ人が彼らといっしょに戦闘準備も万端でいるのだから、好印象を与えたのかもしれません。

朝、警察署を出るときには、私は何か思い出の品を持っていきたいと思いました。サーベルでもいいからと思ったのですが、だめだとのことでした。サーベルであってもだめだと。

■裏切り

しかし、調停などはありませんでした。とんでもない裏切りだったのです。私の意見では、民衆に対する裏切りですね。調停中だと人々には言っておきながら、調停などというものはなかったのですから。

私は一一日の正午ごろ、持っていたライフルを返却しました。もう一人のキューバ人がやってきたところに出くわしました。いろいろな幸運・不運をへて、奇跡的に殺されることもなく、同じ分署に行き着いたというわけでした。正午ごろ、私たちは歩いてふたたびホテルに帰りました。私たちは心静かに戻りました。和平が、国民の和平協定が成立したからです。ところがホテルに帰る道すがら、いたるところで発砲が続いているのを目の当たりにしました。多くの革命家が孤立し、それを一人、また一人としとめていくさまが見られました。銃を手にした者も援護を得られませんでした。とある高層ビルに身を隠し、軍人が孤立無援の狙撃手を一人ひとり追いつめていくさまを見ました。多くの革命の闘士が殺されました。

私の意見では、調停は正当な根拠や人々への保証のもとになされたものではありません。そうではなくて、実際に何が起こったかというと、調停をおこない、みんなが武器を置いたあとに街中いたるところで革命分子を追いつめたというわけです。

ホテルに着いたそのときになってはじめて、私たちキューバ人が非難されていることに気づきました。いわく、いわく、「お前たちはここでいったい何をしているのだ？　みんなお前たちを探しているぞ」。いわく、「お前たちはキューバ人だろう？」。ホテルに着いたそのときには、もう私たちはすっかり有名人でした。ホテルには保守派もいて、私たちが一連のできごとを起こした張本人だとして探していたのでした。私たちは一文なしで、一人の知人の住所ももたなかったのですよ。いいですか、そんな私たちの状況だったというのにです。一文なしでボゴタには知り合いの一人もいないというのに。午後二時か三時くらいのことでした。

通りに出ると、銃を手にした革命分子が軍を相手に戦っているのを目にしました。私たちはFEU議長のオバーレスとゲバラのいる家に向かいました。私たちはそこへ向かいました。二人は以前のゲストハウスにまだいました。家の主人は私たちを丁重にもてなし、私たちも泊めてくれると約束しました。六時にはもう夜間外出禁止令の時間になるからです。

そこに来るまでの間も、自分の目にしたことについての熱狂でいっぱいでした。私は少しばかり興奮していたのです。まず最初にガイタンの暗殺があり、それから戦闘の数々、蜂起した民衆、そして起きた悲劇、協定に裏切り。しかもたまたまのことですが、ほかの二人のキューバ人が宿泊していたゲストハウスの主人は、四人になってもかまわないと言い、食事を出してくれて、宿泊させてもくれたあの主人は、保守派でした。私たちは彼には何も言っていませんでした。そこに行ったときにはもう市民の格好をしていましたし、武器も持っていませんでした。

するとし男はガイタンと自由派の恐怖について語りはじめました。私はこらえきれなくなり、五時半も回ってから彼のまちがいについてコメントしました。夜間外出禁止令までもう少しという時間になってから、彼がまちがっていると伝えたのです。人々は抑圧されているのだと、彼らは闘士なのだと、彼らの大義は正義であり、そのために彼らは戦ってきたのだと。私は興奮し、宿の主人に反論しました。そして彼が攻撃した人々を弁護しました。すると男は家から出て行けと言いました。

午後の五時三五分に宿の主人に口論をしかけるなど、まったく若気のいたりでした。男は私たちに出ていくように言いました。出ていくということは死ぬということです。私たちは家を出て歩きました。米州機構代表団が多く泊まっているホテルに向かいました。中心街にあるもっとも重要なホテルです。中心街近くの白いホテルでした。グラナダという名だったと思います。外出禁止まであと五分というときでした、学生会議を組織していて知り合ったアルゼンチン人の一人の乗った車が出てくるのが見えました。そのアルゼンチン人はイグレシアスという名です。彼は外交官ナンバーの車で出かけるところでした。米州機構会議の出席者の一人だったのです。そうこうする間にもいたるところで、キューバ人を探せと人が走り回っています。

イグレシアスの乗っていた車を止め、私たちの置かれた状況について話しました。夜間外出禁止令だとかなんだとか、そういったことです。彼が「乗れ！」と言ったので、私たちはそうしました。「なんて面倒なことになっちまったんだろうね。とんでもないトラブルじゃないか」。彼はそう言って私たちを迎え入れました。「それは面倒だ。まあ乗りたまえ。キューバ領事館まで乗せていこう」。当時私たちはキューバ政府の敵だったというのに、キューバ領事館に連れていかれたわけです。歴史というのは皮肉なものだということがわかるでしょう。

六時になり、外出禁止になりました。どこもかしこも完全武装で、あらゆる車を検問しています。私たちには、「外交官ですか？　どうぞ！　外交官ですね？　どうぞ！」。それだけでした。

午後六時一〇分ごろ、キューバ領事館に着きました。領事館でもみんなが探しているとかいうキューバ人ということで、私たちのことは知られていて、おかげでこれ以上はないもてなしを受けました。領事がだれだったか知っていますか？　六五歳くらいの紳士で、とても高貴な人に見えました。奥様もとてもやさしい方でした。私たちはそのように迎え入れられたわけですが、その人物というのは、のちにバティスタの軍のリーダーとなった者の兄でした。

領事の名はタベルニーリャといいました。しかし彼は信じられないほどやさしい人でした。彼の弟というのはベテランの軍人で、かつてはバティスタとともに軍に在籍し、のちにバティスタの軍のリーダーになり、彼の手先として動き、私たちとの戦闘の時期にもバティスタ軍のリーダーを務めていました。しかしいま私を迎え入れてくれているのは、その兄のタベルニーリャです。彼は外交官一筋で長い間この仕事を務めていて、そして何よりも非常にやさしい人でした。

これが四月一一日夜のできごとです。こうした事態に対処するためにキューバ政府が軍用機を飛ばしていたので、そこには軍人もいました。司令官や大尉、飛行機のパイロットなどの軍人がいたのです。

飛行機は二機だったと思います。一機はやがて闘牛があるので、そのための牛を、闘牛用の牛をコロンビアから連れていくためのものでした。そしてもう一機の軍用機は同じく軍人を乗組員としてこの事態に対処するために来たものでした。米州機構会議のキューバの代表団もいたからです。私たちがそこにいると、建物の外では激しい銃撃戦の音がしました。もう四八時間もいたるところで銃声を聞いてきた私たちは慣れっこで、何が起こったのかと見にいこうとしました。しかし軍人たちは制止します。「だめですよ。市民は出てはいけません」。その軍人たちはそれまでの人生で銃声など聞いたことがなかったのですが、それでも軍人であることの矜恃《きょうじ》から、私たち市民が領事館の前で起きた銃撃のさまを目撃することを快く思わなかったのです。

実際のところは領事が私たちを保護し、迎え入れ、相手をしてくれていたということでした。私たちは彼に二人のキューバ人のことを言いました。もう二人キューバ人がいると。彼らは外交官ナンバーの車でほかの二人のキューバ人の泊まっているゲストハウスに行き、連れてきて私たちと合流させてくれました。アルフレード・ゲバラに尋ねないと、それが何時ごろのことだったかわかりません。夜の間のことだったか、翌日の朝のことだったのか。ともかく、これで四人がそろい、手続きがなされました。牛を運搬に来た飛行機で、私たちは一二日、キューバに戻りました。

私たちは戻るときにすべての書類を持っていました。「平和の祈り」や、ガイタンがくれたすべての資料です。出発前にホテルに取りにいったものです。飛行機はコロンビアのバランキージャを経由して、夕方、キューバに到着しました。

■ボゴタソの教訓

そこで起こった一連のできごとは、奇跡のような経過をへて、このような結果に落ち着きました。しかしなんと言ってもよかったのは、私たちがホテル・グラナダに入ろうとしたのが六時五分前だったということでしょう。そうでなければ私たちは死んでいたでしょう。そこで捕まって、何もかもが私たちの責任だとされたでしょうから。政府が共産主義者と外国人の共謀だというウソの言い訳をしたのです。捕まらなかったとしたら、ひどい目にあわされ、すべての責任をかぶせられていたでしょう。掛け値のないほんとうのことを言えば、私たちはあのできごとにはいっさい関係がないのです。私たちのしたことといえば、若い学生で理想主義者、ドン・キホーテ的人間の真価を発揮して、民衆の蜂起に加わっただけです。私の経験したできごとの大まかななりゆきは、いま、このインタビューであなたにお話ししたとおりです。

アラペ：そうした経験の中で何がいちばん、あなたの印象に残っていますか？

カストロ：ひとつだけお話ししましょう。当時すでに私は革命の理念を抱えていました。ただしそのころはまだ、今日ほど完璧《かんぺき》な理念だったとは言えません。理論的に言って私の理念が根本的なものになるのは、もう数年先の話です。しかしともかく当時すでに私はプエルトリコの独立のために、ドミニカ共和国の民主化のために、そしてラテンアメリカの根本の大義のために戦う闘士でした。反帝国主義の闘士で、ラテンアメリカ統一の闘士でした。われわれの民族が合衆国の抑圧と支配に対して統一することを求めていたのです。すでにマルクス・レーニン主義の萌芽のようなものを抱えていました。ただし、当時はまだマルクス・レーニン主義者だったとは言えません。ましてや共産党の戦闘員ではありませんでした。共産主義青年団員でもありませんでした。

かなりあとになって、私が革命計画の全体像を思いついたときには、マルクス・レーニン主義のなんたるかを完全に知ってはいたのですが、そのときでさえ、共産党には入党しませんでした。入党せずに私たちはある組織を作り、その組織の者たちが活動したのです。それは共産党に対して偏見があったからというわけではありません。共産党がきわめて孤立していると理解したからです。共産党のラインからだと、私が思い描く革命計画を実行するのはむずかしかろうと思ったのです。それが包み隠すところのない理由です。私は訓練を受けた共産主義闘士となるか、それともキューバの条件下で行動できる革命組織の一員となるか、選ばなければなりませんでした。でもともかく、私はその四月九日には左翼思想をもった人間でした。でもその前に何よりも、民主思想、愛国思想、反帝国主義思想、民衆思想をもっていました。

一九四八年の私がどんな人間だったかですって？　ほとんど共産主義者だったと言ってもいいでしょう。しかしまだ共産主義者ではありませんでした。潜在能力の面では共産主義の政治思想に近い位置にいたにはいたのですが、まだフランス革命の理念に強く影響されていました。とりわけ民衆の戦いというものに感化されていました。戦闘的な局面ではとくにフランス革命の戦略の影響が強かったのです。

アラペ：革命思想を形成していく上で、四月の事件は影響しましたか？

カストロ：完全に自然発生的な民衆の革命を見る機会があったことは、たいへん大きな影響を及ぼしているだろうと思います。私に何か新たなことを吹き込んだというわけではありません。そうではなくて私が当時もっていた一連の思想や概念といったものを追認してくれたのだと言っていいでしょう。搾取される民衆、抑圧される民衆、正義を要求する民衆、正義を欲する民衆についての思想が再確認されたのです。それは爆発した火山のようなものだったと言えるでしょう。非常に抑圧された民衆、大いに搾取された民衆、腹をすかせた民衆が、あるとき、あるできごとを前にして爆発したのです。つまり、明らかにコロンビアの民衆にとっての希望だったガイタンが死んだことが起爆剤となり、だれが組織したわけでもないし、だれも組織などできなかった、完全に自然発生的に生まれたあの爆発が起きたのです。

いつものことですが、帝国主義や寡頭政治はこうしたことがあると、一切合財が共産主義の米州機構会議に対する陰謀だと言い立てるものですが。米州機構に対抗して開いた私たちの会議はキューバ共産党とはなんの関係もありません。

アラペ：司令官、四月九日暴動と（一九五三年の）モンカダ兵営襲撃には、なんらかの関係はありますか？

カストロ：それらが私の経験を作っていき、キューバにおける革命闘争に結実したということです。

モンカダのときには、私はそれが非常に困難なくわだてだということは知っていました。ただしそれは、ほかのさまざまな要因のためです。私は民衆革命の歴史についてはたいそう勉強しましたからわかっていました。モンカダのころまでには、私はマルクス・レーニン主義を十分に勉強していました。ボゴタに行ったときには、まだそれほどではなかったのですが。マルクス・レーニン主義の知識を、社会主義者としての確信を十分にもっているとは言えませんでした。

当然のことながら、そういったことに適した場所にはいました。すでにある種の思想はもっていました。政治的な教養形成という点に関しては、十分に進歩していたと言っていいでしょう。非常に進歩し、前進していました。進歩主義的な政治思想を身につけていました。しかし政治的成熟には達していなかったし、モンカダの一件のときのようなマルクス・レーニン主義的社会主義者としての深い確信ももっていなかったのです。

そのころには私は民主思想にたいへん感化されていたと言っていいでしょう。さっきも言ったことですが、フランス革命の理念です。それに私たちの独立のために戦うという思想、民衆革命の思想、そしてとりわけ民衆に対する大いなる連帯心をもっていました。民衆に対して大いにシンパシーを感じていましたし、抑圧や不正、貧困といったものは激しく憎んでいました。しかし、のちにもつようなマルクス・レーニン主義の思想は十分に展開するにはいたっていませんでした。ただし、そのころにはもうマルクス主義の読み物は読みはじめてはいました。

当時、私は二一歳でした。それを思えばそのとき私がやったことはほんとうに高貴なことだったことがわかるというものです。私としては自分がやったことに誇りをもっています。まず何よりも首尾一貫した態度をとったからです。ガイタンの死に対してはコロンビア人と同じ憤りをもって反応し、その国にある不正や抑圧の状況に対してもコロンビア人と同じ精神をもって反応し、決然とし、まったくの私心なく、利他主義をもって反応しました。あのことの組織化を援助しようとできるだけのことをしたときも、私の反応はきわめて常識的でもありました。第五分署でおこなった助言も、いまなおあれよりうまくはできないほどのものです。あんなに未熟な若造だったというのに。

あそこに留まろうと決意したときも、孤立していたにもかかわらずそうしたわけですし、おまけにその晩そこで起こりつつあることは戦術の点から見ればとんでもないでたらめだと見て取ったにもかかわらずそうしたわけですから、それは私の私心のなさに対する試練だったのだと思います。私の理想主義がそのとき試され、言葉の最良の意味での私のドン・キホーテ的行動が試されていたのです。私は最後の最後まで忠実に行動しました。一〇日の午後に分署が襲撃を受け警官が脱走しはじめていると言われたときも、私は自分のパトロール隊を引き連れて分署に行きました。つまり私の行動は完全無欠だったと言っていいでしょう。

私は規律に忠実でした。それが自殺行為だと知りながらも、そこに留まったのですから。それにしても、それが自殺行為だと知りながら、そして軍事的観点から言ってまちがっていると知りながら、なぜ私はそこに居残ったのでしょう？　名誉の感覚のゆえです。理想主義者だったからです。原理原則のためです。モラルによるものです。ひっきりなしにタンクが通過し、半時間ごとに攻撃がしかけられるのではないかと身構えなければならなかったあの晩も、逃げはしませんでした。攻撃を受ければそこにいる全員が死んでしまうことも知っていました。そこは檻の中のようなものでしたから。

　命令はまったく承服しかねるものでしたが、軍事的な視点から言ってそこでおこなわれていることには完全に反対でしたが、それでもそこに留まりました。私はだれとも知られぬままに死んでしまうかもしれなかったというのに、それなのになお、そこにいました。私は個人的にはそのことを誇りに思います。首尾一貫した行動だったからです。原理原則にのっとった行為だったからです。正しいモラルにのっとってふるまったからです。威厳をもってふるまい、名誉をもってふるまいました。規律をもって行動し、信じられないほど他者のためを思って動きました。そこでいったい何が起こったか、調べてごらんなさい。

　しまいにはあのゲストハウスの主人と口論するにいたるのですから、私のドン・キホーテ風もきわまったというものです。おかげで、すんでのところで命を落としかけました。その行為にしても、私は単にあんなことを言われて黙っていられなかったというだけのことです。それも二一歳ならではのことです。たぶんもう少しばかり経験があれば、あの保守派の人物の前ではうまい具合にだんまりを通したことでしょう。言わせるだけ言わせておいて、あのときのような、私たちが助かったのは純然たる奇跡によるものだと言えるほどの危険な状況を生み出すようなことはしなかったでしょう。おまけに、あそこで捕まっていれば、すべてが私たちの責任にされるところでした。そんなことになったら、四月九日に私が目の当たりにし、経験したことの正確で包み隠すところのない一部始終を、いまここであなたに語ることなどできなかったでしょう。

　民衆は並はずれた勇気を見せました。何が印象に残ったかという話でしたね？　私の印象に残ったのは、抑圧された民衆が爆発することのすばらしさでした。二番めはコロンビア民衆の勇気とヒロイズムに強い印象を覚えました。それをその日、目の当たりにしたからです。ただし、そのことと同時に、コロンビア民衆の並はずれたヒロイズムと同時に見たのは、組織がないということ、政治的教育が行き届いていないということでした。政治的意識よりも反逆精神が勝っていました。しかし政治的教育はありません。指導力も欠いていました。

影響という話をしたいとおっしゃるのなら、私のその後の革命人生の中で四月九日の影響は多大だったと言いましょう。キューバで政治的意識、政治的教育を作り出すのに払ったとてつもない努力、革命が勝利したときには、アナーキーや略奪、無秩序が生じないために、あるいは人々がみずから裁判官となって対立する者を断罪し、罰したりしないように……といったことのために私が払った並々ならぬ苦労などが、その影響の結実でした。最大の影響は革命の戦略の中におよぼされたと言いましょう。私が闘争の期間中から民衆を教育しようと思ったのは、革命の勝利後にアナーキーな状態に陥らないようにとの狙いからです。革命が勝利したときに略奪が起きないようにと、革命が勝利したあとに民衆が報復行為に打って出ないようにとの配慮からです。

その時点ではこうしたことを正確に思い描いていたわけではありませんが、似たような条件下ではわがキューバ人民もまったく同じことをしただろうと、あとになって考えたからであることは疑いありません。あるいは私のその観測はまちがっているかもしれません。しかしともかく私は、わがキューバ人民はほんの少しだけ政治的教育があると考えていたのでした。だからキューバ人民がこれに似た状況下で革命闘争に身を投じるのでなく、略奪にうつつを抜かすという可能性は少しだけ少ないだろうと、というのも、たぶん、コロンビア人民よりもキューバ人民のほうが貧困と経済的絶望の度合いにおいて、少しだけましだからだ、とすら考えたのでした。

ボゴタでは民衆の大部分が戦闘に参加しました。いやしい身分の人たちも、労働者も、学生も、だれもかれもが参加しました。そして貧しい民衆のごく一部が略奪に身を投じました。貧しい人全員が略奪したわけではありません。賤民《せんみん》の大部分は戦闘に参加したのです。貧しい人のうち略奪に参加したのはごく一部なのです。それがほんとうのところです。それはもちろんよくないことです。寡頭政治の立役者たちや社会秩序の追随者たち、民衆をアナーキーで無秩序な怪物として描きたがる者たちは、その状況を大いに利用したのですから。

このことが私に大いに影響をおよぼし、すくなくともそのおかげで、私は民衆を教育する必要性を感じました。政治的路線を描いて見せ、きわめて明瞭なスローガンを掲げることが必要だと感じました。たとえばアナーキーは許さないとか、略奪はしてはならないとか、民衆が裁判官に代わって敵を裁くべきではない、といったスローガンやガイドラインです。

加えて言えることは、ボゴタでの経験のおかげで私は、以後、民衆の大義によりいっそう感情移入するようになりました。抑圧された民衆が闘争し、抑圧された民衆が戦っているからです。革命感情の点からいって、このことが顕著に私に影響しました。私はガイタンの死をともに悼みました。搾取された民衆と痛みを分かちました。血を流す民衆と痛みを分かちました。打ち負かされた民衆と痛みを分かちました。帝国主義がどんなことをするか、寡頭政治がどんなことをするか、反動的な階級がどんなことをするか、という印象を共有しました。そして何より裏切られた哀しみを共有しました。民衆は裏切られました。調停がなされ、停戦がもたらされたと言われ、これで状況が変わると、流血はもう終わると、だれもがそのように保証されたように思ったのです。

ところが、決して忘れられないことですが、調停がなされ、停戦が決まり、武器が引き渡されたあとで、何十人という革命戦士が街中で文字どおり狩られていったのです。彼らは英雄だったことを忘れないでいただきたいものです。ライフルを手に戦っていたあの人たちは、とてつもなく勇敢な連中でしたよ！　そこでたった一人で、何も知らず、何も知らされず、奮闘していたのですから。

■共産党の役割

共産党はこの事件にはなんの関係もありません。リベラル派や左翼、共産主義者たちはそこでは民衆の一部として戦ったのだと思います。というのも全民衆が戦ったからです。このことは忘れないでください。しかしあの一件を組織したのがコロンビア共産党だと言い立てることは、とんでもない誹謗《ひぼう》中傷です。蜂起の責任をキューバ共産党に帰すること、国際共産主義運動に帰することは、とんでもない中傷、大うそです。うそはほかにもたくさんありますが。

共産主義運動はあの蜂起とは完全になんの関係もありませんでした。当時の共産党には、ごくわずかの党員しかいませんでした。共産党はとても小さかったのです。最大の勢力を誇る党は自由党で、とりわけ大学では、そして民衆間ではそうでした。反乱はだれが組織したものでもありません。

私は一〇〇パーセント断言できます。反乱はまったく自然発生的で、多くの人がかかわったものですから。人々があれだけ暴力的に反応したのですから、大衆がどれだけの抑圧下に置かれていたか、人がどれだけガイタンにシンパシーを感じていたかがわかるというものです。

ガイタンの死は希望の死でした。コップの水をあふれさせる一滴でした。それで人々は単に爆発したのです。私はそのことを最初の瞬間から見て取りました。市井《しせい》の人々でした。単なる人々、なんの党派もない人々が、怒りに震えて叫びながら、四方八方に向けて襲いかかっていったのでした。想像もできないほどに信じがたい民衆の爆発でした。抑圧された人々、腹をすかせた人々が、政治意識も組織も、指導者もいないままに爆発したのです。

多くの警官が暴動に加わり、軍はとまどっていました。軍の中にもガイタンを支持する人たちがいたのです。コルテス中尉の裁判を興味深く見守っていましたし、ガイタンを支持していたのです。軍はとまどいましたが、大衆に組織はなく、指導者も政治的教育もありませんでした。それで武力を獲得した瞬間に、民衆の一部は当面の問題を解決しはじめたのです。物や食糧など、あらゆるものを奪いはじめました。実際、そこには混沌が、無秩序が、略奪行為がありました。それは悪い結果をもたらすものです。これは疑いようもないことです。略奪は、事実です――人々が略奪しているのを見ましたから。そこに組織的なものはありませんでした。もし何人かでも有能な指導者がいたら、四月九日暴動は市民の勝利で幕を閉じていたでしょう。

しかし私にはつらい印象が残ることになりました。裏切りの印象です。というのも、自由党の上層部は民衆を裏切ったのだと思うからです。ただそれだけです。裏切ったのです。彼らは民衆を指導することはできませんでした。ガイタンの代わりを務めることはできませんでした。そしてまた民衆に忠実であることもできませんでした。革命への恐怖から、原理原則を欠く協定を結んだというわけです。

これは七月二六日との関係について、あなたが尋ねたことについての話でした。私はその後、政治人生を送ってきました。革命人生を送ってきました。その中で常にあのときと同じ自分のままでありつづけました。ただしその後の人生でも、あれらの日々の間ほどに他者に奉仕し、純粋であったことはめったにありませんでした。たぶん私は変わらずにきました。私のその後の革命人生にあっても、あの晩と同じでした。あの晩私は意識の問題を提起し、おれはいったい何をやっているのだと自問し、軍事的にまちがっていると問題提起し、そこは自分の祖国ではないと、自分は孤立していると訴え、しかし、にもかかわらず留まる決意をしました。その後の人生でも私がやってきたのはこういうことでした。現在もそうするように事態に反応しました。まったく同じです。

あなたにもおわかりでしょう。私は当時も、その後も、そうしたように反応したし、常にそのように反応してきたし、いまもそのように反応しています。私はそのころの自分のふるまいを誇りに思います。私はたまたまそこにいただけでした。私たちが組織した学生会議は、そこで起こったこととは何の関係もありません。学生会議は帝国主義に反対し、米州機構に反対するものでした。つまりあのできごとは、私たちが組織していた学生会議の実現すらもくじかせたのだと言ってもいいでしょう。

アラペ：キューバに帰国したとき、問題はありませんでしたか？

カストロ：いいえ。何人かのキューバ人がそこにいたとのニュースはいくつか流れましたが、それ以上の問題はありませんでした。問題は、そこで起こったことのすべてがキューバ人たちの責任とされたことでした。キューバ人がいたことが、まちがった解釈をつくるのに利用されたことでした。あの事態が国際共産主義運動によるものであり、キューバ人たちが何もかもを組織したのだとの解釈がでっちあげられてしまいました。キューバ人たちがそこにいたおかげで、彼らはスケープゴートにされてしまい、起こったことすべての罪をなすりつけられてしまいました。二人のキューバ人たちはそこで起こったことには無関係です。キューバ人たちはただそれに参加しただけでした。私がやったことは民衆蜂起に加わっただけです。それが革命家としての使命であり、原則であり、連帯感だったのです。

原注

＊1　キューバの北に位置する小島。
＊2　フワン・ドミンゴ・ペロンは一九四六〜五五年と一九七三年から七四年の死去まで、アルゼンチンの大統領を務めた。
＊3　米州機構（OAS〔英〕、OEA〔西〕）は一九四八年三月三〇日から五月二日にかけて、トルーマン大統領の支援を受けてコロンビアのボゴタで開催された会議において設立された。米州機構憲章は一九五一年一二月に発効、のちにラテンアメリカを統制し革命キューバに対立するための手段となった。
＊4　ブラス・ロカ（一九〇八〜八七年）は、キューバ共産党（のちの人民社会党）の総書記を、一九三四年から六一年に党が七月二六日運動と革命幹部団と合同して統一革命機構を結成するまで務める。

第四章

モンカダ襲撃に向けて

Preparándose para Moncada

一九八五年におこなわれ、その後、国家評議会出版事務局とオーシャン・プレス社から出版されたフレイ・ベトによるカストロのインタビュー『カストロと宗教』から抜粋。★1

ベト：一九五三年にモンカダ兵営を襲撃したグループの中にはキリスト教徒はいましたか？

カストロ：言うまでもなく、いましたとも。ただ私たちはだれにも宗教思想について問いただすことはしなかったのですがね。けれどもまあ、キリスト教徒はいました。

私はモンカダ兵営を攻撃する時点ですでに、マルクス主義の勉強を終えていました。もう十分にまっとうな革命思想を身につけていました。私はそれを大学で、革命に関係する本に触れることによって身につけたのです。

だけど不思議なことがあるものですね。マルクス主義の書物に出合う前に、実際にはただ資本主義の政治経済を学んだだけで、私はもう社会主義的な結論を引き出しかけていましたし、経済がもっと合理的なしかたで機能するような社会を想像しはじめていました。私はまずユートピア的共産主義者になったというわけです。大学三年になろうとするころに私は現実に革命思想にふれはじめました。革命の理論にふれ、『共産党宣言』にふれ、マルクスの最初のいくつかの作品に、それからエンゲルス、レーニンの作品にもふれるようになっていました。とりわけ、ほんとうのことを言うと、たぶんその単純さ、明快さ、私たちの世界や私たちの社会についての説明を提起するときの直接的なしかたによって、『共産党宣言』はとてつもなく衝撃的でした。

もちろん、ユートピア的共産主義者、あるいはマルクス主義者になる前は、私はマルティ主義者でした。高校時代からそうなっていったのです。私たちのだれをも魅了するマルティ思想のとてつもない魅力、私たちがマルティに対していだいた賞賛の念は忘れることができません。私はつねに、一九世紀に私たちの独立を求めて戦われた英雄的な闘争に対して、心の底から熱狂的に賞賛の念をいだいてきました。

あなたに『聖書』の話をしましたね。だけど私はわが国の歴史の話だってできますよ。私の見地からの話で、勇気や威厳、ヒロイズムといったものの例に満ちあふれ、びっくりするほどおもしろいものですよ。教会には教会の殉教者や英雄がいますが、どんな国にも同様に殉教者や英雄がいて、それは一種の宗教のようなものを形成しています。

あれだけ多くの戦闘を戦った（アントニオ・）マセオ将軍（一八四五〜九六年。独立戦争時の主要人物）、あの青銅色のタイタンと呼ばれた人物がこんなことをした、などといった話を聞くと、私たちはほとんど宗教的といえる敬虔《けいけん》な心情をいだくものです。あるいはイグナシオ・アグラモンテの話を聞いたとき、そしてまた独立戦争のごく初期からキューバ側について戦った、ドミニカ共和国の偉大なインターナショナリストにして輝かしい軍事指導者マクシモ・ゴメスの話を聞いたとき、とあるスペイン人の墓を侮辱したとうわさされ、一八七一年に銃殺されたあの無実の医学生についての話を聞かされたときなどもそうです。

あなただってマルティや〈祖国の父〉といわれるマヌエル・デ・セスペデスについての話を聞いたことがあるでしょう。さっきお話ししたような聖書の歴史というのが学校では教えられていましたが、その一方でもうひとつの聖なる歴史というのがあったのです。それが国の歴史であり、国の英雄の歴史でした。これは家族を通じてはそれほど教えられません。そうなるには文化的レベルがまだ十分ではなかったからです。こうしたことはむしろ学校や本を通じて学ぶものでした。人間として、ふるまいとして、少しずつ他人を見習うようになるのですね。

マルクス主義者になる前には、私はわが国の歴史とマルティの大いなる崇拝者でした。私はマルティ主義者だったのです。マルクスとマルティの名前は、ともにMで始まり、二人はとても似ていると私は思います。もしマルティがマルクスの生きてきたのと同じ環境に生きていたら、同じ思想をもち、だいたい同じような行動をとっただろうと私は絶対に確信しています。マルティはマルクスをたいへん尊敬しており、彼について何かの折に「弱者の立場に立った彼は栄誉に値する」と言っています。マルクスが亡くなった際にも、彼について美しい文章をつづっています。

私は思うに、マルクスもマルティの思想の中にはたいへんすばらしく、たいへん美しい要素があるので、マルティ思想から出発してマルクス主義者になることもできるでしょう。もちろんマルティは社会の階級分化を説明しませんでした。ただし彼はつねに貧しい側に立った人間でしたし、搾取する社会の最低の悪徳をつねに批判していました。

もちろん、私がはじめて『共産党宣言』に出合ったときには、そこには説明があることを見て取りました。私は前にお話ししたようなできごとの森の中にいたわけで、そこでしかじかの諸現象のよってくる理由を理解するのに苦労し、何もかもが人間の悪さの、人間の欠点の、人間のいやらしさの、人間の不道徳の結果ではないかと思っていたわけです。ところがその日から、もはや人間の道徳とか個人の行動によるものではないほかの要素を理解するようになったのです。その日から人間社会を、その歴史のプロセスを、日々目の当たりにする分裂を理解するようになりました。

だって地図やら顕微鏡、望遠鏡などなくても、階級分化は見えますからね。空腹を抱える貧乏人がいて、一方で何もかもがあまるほどに与えられている人間がいるのですから。そんなこと私がだれよりも知っているはずではなかったでしょうか？　何しろ私はいずれの状況をも生きてきましたし、ある点でそのふたつのいずれでも苦しみさえしたのですから。人は自分自身の経験したことを理解しないはずはないでしょう？　土地所有者の状況と土地をもたぬ者、あの裸足の小作農たちの状況を、かくして私は理解しました。

私の父とビランについてさきほどお話しした際に、ひょっとしたら付け加えるのを忘れていたかもしれません。私の父は広い土地を所有していましたが、気高い人間でした。非常に高貴だったのです。彼の政治思想というのはたしかに、もちろん、土地所有者の思想に対応するものでした。もてる者の思想です。実際彼はもう土地所有者だという自覚をもっていましたし、彼の利害と給与をもらう者の利害との間には利害の対立があると見ていたに違いありません。しかし、だれかが彼に何かをねだりに来たとき、助けを求めてやってきたときに、一度も否定的な答えをしたことはありませんでしたよ。これは非常に興味深いことです。

私の父の土地はアメリカ人が所有する大農園《ラティフンディオ》に囲まれていました。彼の所有地は広大ではありましたが、周囲を取り囲んでいたのは三つの大砂糖工場で、そのそれぞれが何万ヘクタールという農園をかかえたものだったというわけです。そのうちひとつが一二万ヘクタール以上あり、もうひとつがだいたい二〇万ヘクタールにも達する土地を所有していました。砂糖工場がそのように連なっていたという次第です。北米人たちは財産の管理にかけて非常に厳格な規範をもっていて、非の打ち所がありませんでした。オーナーはそこにはおらず、ニューヨークに住んでいました。管理人を雇い、その管理人が出費のための一定の予算を切り盛りし、予算以上は一センターボたりとも使わせませんでした。

サトウキビ収穫後の仕事のない時期になると、多くの人たちが父の農園にやってきました。父は彼らの話を聞き入れていたので、みんな彼に向かって言ったものです。「あれやこれやの問題があります。お腹《なか》をすかしています。なんとかが必要なんです。助けてください。つけで売ってください」。たとえばこんな訴えをしたわけです。

彼らは通常はそこで働いていないので、「仕事が必要です､仕事をください」と言ってくることもありります。共和国内でいちばんきれいなサトウキビは父のサトウキビでした。ほかの農園では雑草取りは一度だけなのに対し、父の農園では三、四回もやっていたからですが、それというのも、そうした人たちに仕事を与えるためだったのです｡父に何かを頼み､解決策を見いだしてもらえなかった人物がいたという記憶はありません。ときには反論し、愚痴《ぐち》をこぼしたり文句を言ったりしていましたが、いつでも物惜しみのないところを示すのでした。それが父の性格です。

休暇中には私もまた働かされました。思春期には事務所に連れていかれましたし、ときには店で働かされることもありました。休暇の一部をそれに費やさなければならず、不承不承仕事をしたものです。しかたがなかったからです。あれだけ多くの貧しい人が、店で物を買えるようにと仕事を求め、靴もはかずにボロをまとい、腹をすかしてやってくる姿は、決して私の頭から消されることはないでしょう。それでも、死の時期と呼ばれる休耕期の、ヤンキーの大農園での労働者の生活に比べれば、そこはオアシスでした。

革命思想を身につけはじめてマルクス主義の文献と出合ったころには、私は富と貧困、広大な土地をもつ者とまったく何ももたない人たちのコントラストを、すでに間近に目撃していたことになります。そんな私にいったいだれが社会の階級への分化や人間の人間による搾取を説明する必要があったというのでしょうか？　この目でもう見て知っているのだし、ある点でそれを苦しんできたのですから。

ある種反抗的な性格をもち、ある種の倫理観をそなえた人間が、明瞭なヴィジョンを与えてくれる思想に出合ったとしましょう。私は私が生き、ほうぼうで見ている世界と社会を理解するのに役立つ思想に出合いました。そんな思想に出合ったならば、本物の政治的革命の効果というものを感じないでいられるわけはないでしょう？　それらの書物は私を深く魅了し、心底それにまいってしまいました。オデュッセウスが白鳥の歌に魅了されたのと同じように、私もマルクス主義文献の反駁《はんばく》できない真実の虜《とりこ》となってしまったのです。

私はたちどころに把握し、理解し、見えるようになりました。そしてその経験を多くの同胞たちと同じ経験を共有するようになります。こうしたテーマの思想を知りもしなかった仲間たちの多くは、しかし有徳の人で、私たちの国での不正にピリオドを打ちたいと考えていたのですから、彼らにはマルクス主義理論の基本を少しばかり差し出して見せるだけで十分でした。彼らにも私とまったく同じ効果がもたらされたというわけです。

■武装闘争へ！――革命概念の熟成

ベト：そうしたマルクス主義の意識のおかげで、たとえばフランク・パイス[*1]のように、キリスト教徒でありながら七月二六日運動に参加した人たちに対する偏見が生まれませんでしたか？　どんな様子でしたか？

カストロ：いいですか。ほんとうのところ、何もありませんでした。私の中にも何も生じなかったし、記憶しているかぎり、ほかの仲間の裡《うち》にも何も起きませんでした。宗教問題のためにだれかといさかいが起きたことなど、一度としてありません。お話ししたように、私は当時すでにマルクス・レーニン主義思想をもっていました。一九五〇年に大学を卒業したときまでには、きわめて短期間のうちに完全な革命の概念を獲得していたと言っていいでしょう。革命思想だけでなく、その目的、それを実践に移すやり方、それをわが国の条件にどのように適用するか、といった考えも獲得していました。これがとても重要だったと思います。

大学入学当初の何年かは、政治腐敗や横領、不正を非常に厳しく批判している野党と結びつきをもっていました。

ベト：真正党《オルトドクソ》ですか？

カストロ：真正党です。公式名称はキューバ人民党で、幅広く大衆からの支持を得ていました。多くの人々が純粋に自発的に同党に属していたのです。党がとくに強調していたのが、政治腐敗や横領、職権濫用《らんよう》、不正などに対する批判と、バティスタの前政権時代には彼の職権濫用を不断に告発することでした。大学ではそれが、学生たちのあらゆる闘争に結びついていました。一八七一年の医学部生の殉死者たちや、反マチャード闘争、反バティスタ闘争などに結びついたのです。当時も大学はグラウ・サン・マルティン政府に対して同様の立場を取っていましたが、というのも、不正、横領を働くその政権は、国にとっては挫折したものだったからです。

大学の多くの青年と同じように、いままで話してきたマルクス主義文献と接する以前、入学後のごく初期から私は真正党とつながりをもっていました。大学を卒業してからも、つながりは強まったのですが、私の思想ははるかに先へ進んでいたのです。

大学卒業後、私は大学院に進みたいと思っていました。政治の世界に全身全霊を捧げる前にもっと学んでおくべきことがあるとの意識をもっていたのです。とくに政治経済学を学ぼうと考えました。大学ではたいへんな努力を払い、法学博士に加え外交法学士、社会学博士となるのに必要な単位を取りました。それもこれも、その目的を達成するのに必要な奨学金を得るためです。そのころには私は、当然のことながら、家から独立していました。最初のうちは援助を受けていましたが、大学も終わるころになると、結婚もしていましたし、もう彼らからの援助を受けつづけようなどとは思いもよりませんでした。

それでも勉強を続けたいと考え、そのためには外国の奨学金をもらうのがいいと思いました。その奨学金をもらうためには三つの学位を取る必要があったのです。もう少しで奨学金をもらえそうなところまで行っていました。二年のうちに五〇科目を勉強し、試験を受けなければならなかったのですが、残すところはわずか二科目となっていました。私の学年では、ほかにだれもこれだけの目標に到達したものはいなかったので、私には対抗馬がいませんでした。

しかしそんなときになって、現実にふれるうちに我慢がならなくなった私は、活動に乗り出すことを決意したのでした。つまり私は学問を深めるには三年足りなかったというわけです。あなたはあなたの修道院で、ドミニコ会の修道士となるために訓練したのでしょう。あなたがその訓練をしようと神学の勉強に捧げた年月、それと同様のものを私は経済の研究に捧げ、理論的な知識を磨き、深めたかったのですが、時間が足りなかったというわけです。

根本的で基本的な思想で理論武装が整い、革命の概念ももった私は、それを実践に移す決意をしました。一九五二年三月一〇日のクーデター以前に、私はすでに革命の概念をもっていましたし、それを実行に移すためのアイデアすらもっていました。大学に入ったときには革命についての基礎教養がまったくありませんでした。私が自分の革命についての概念を作り上げた日からキューバで革命が勝利した日までに八年弱の時間が過ぎていたのです。

私には一人の師もいなかったと言えます。これほどの短い期間で思想を練り上げ、実践に移すために払った知的努力は膨大なものだったに違いありません。その点でマルクス・レーニン主義から学んだことは決定的でした。思うに私がキューバ革命に対して貢献できたことといえば、マルティの考えとマルクス・レーニン主義の考えを統合し、それを闘争のさなかにも首尾一貫して実践したことでしょう。

加えて私は、キューバでは共産主義者たちが孤立していることを見てとりました。彼らが孤立しているのは帝国主義にマッカーシズム、反動主義が彼らを取り囲んでいるという環境が、彼らを孤立させていると理解しました。率直に言って、やることなすこと何もかもが彼らを孤立させていました。労働運動においてはなにがしかの力を発揮していました。かなりの数の戦闘員がキューバ労働階級とともに働き、献身的に労働者ために多くのことをやっていました。そして彼らの間では尊敬を集めていました。しかし、ああいった状況下では彼らに政治的可能性は見いだせませんでした。

それで私は、根源的な社会革命を実行に移すための革命戦略を思いつきました。ただし、それは段階を踏んで、ひとつひとつの局面を踏まえていくものでした。私が思いついたことというのは基本的に、あの反抗的な、体制に順応しない大衆とともに革命をおこなうというものでした。彼らは革命に必要な熟した政治意識こそいだいていないものの、国民の大半を占めていました。

私はこう言いつづけました。この反抗的で健全、つつましい大衆はキューバの人民であり、この大衆が革命を可能にする力、革命における決定的な要素なのだ。この大衆を革命に誘導しなければならない。しかも段階を踏んで誘導しなければならない。段階を踏んでというのは、こうした意識は言葉ひとつで一朝一夕に作られるものではないからです。しかし私がはっきりと見て取ったことは、その大いなる大衆が基本的な要因を構成しているのだということです。その大衆はいまだ困惑の中にあり、多くの場合、社会主義や共産主義に対する偏見すらいだいていますが、それというのも真の政治的基礎教養というものに達していないからです。そしてまたマスメディアその他の浸透のための手段を通じて、ありとあらゆる方向から影響を受けているからです。ラジオやテレビ、映画、本、雑誌、新聞、どこもかしこも反社会主義的で反動的なお説教だらけですから。

とりわけ社会主義と共産主義は人類の敵だと紹介されていました。それがわが国におけるマスメディアの恣意的《しいてき》で不正な悪用のひとつの形でした。つまり、キューバの反動勢力社会が悪用していた方法のひとつでした。これはどこでも同じなのでしょうけれども。かなり早い時期から、社会主義は祖国を否定し、農民からは農地を、人からは私有財産を取り上げ、家族をバラバラにする、とかなんとか、そうしたことがさんざんに言われてきました。すでにマルクスの時代には、社会主義は女性を共有しようとするものだと批判され、この偉大な社会主義思想家が激しく反論しなければならなくなったこともあったのです。人々に反革命思想の毒を盛るべく、思いつくかぎりの恐ろしい作り話、ばかげたでっちあげがなされてきました。

大衆にもいろいろな人がいるものです。反共産主義の物乞いもいるし、反共産主義の浮浪者もいます。腹をすかせた者や無職の人にも反共産主義者はいます。彼らは共産主義がどんなものかも知らないし、社会主義がどんなものかも知りませんでした。それでも、その大衆が苦しんでいるのは見て取れたのです。貧困に苦しみ、不正に苦しんでいました。屈辱に苦しみ、不公平に苦しんでいました。というのも、人々の苦しみは物質的なものさしでのみはかられるものではなく、精神的なものさしでもはかられるものだからです。

人々が苦しむのは、三〇〇〇カロリー必要なのに一五〇〇カロリーしか摂取できないという理由のみによるのではありません。それに加えて別の苦しみがあるのです。それが社会的不公平というものです。つねに人間としておとしめられ、しいたげられているように感じられることです。だれもあなたをひとかどの人間とはみなしてくれず、ゼロかそれ以下、だれでもない存在としてみなすということです。だれそれがすべてであり、お前は無だ、と言われることです。

そこで私は大衆が決定的だと気づき、しかしその大衆が極度にいらだち、不満を抱えていることに気づいたのでした。われわれは問題の社会的本質には気づいておらず、混乱していました。失業も貧困も、学校がないことも病院がないことも、会社が足りないことも住宅が足りないことも、ともかく何もかも、ほとんど何もかもを政府の腐敗のせいに、横領のせいに、政治家の邪悪さのせいにしていました。

さきほどお話ししたキューバ人民党は、これらの不満を広く吸収していました。しかしそれを資本制や帝国主義のせいだと強く主張することはありませんでした。というのも、私たちには第三の宗教が教えられていたからだと言っておきましょう。つまり、合衆国に対する尊敬と感謝という宗教です。それはまた別のことですが。「合衆国が私たちに独立を与えてくれた。彼らは私たちの友であり、私たちを助けてくれたし、いまも助けてくれている」。こうしたことが教科書に書かれ、教えられていたのです。

歴史的な現実について説明しておきましょう。私たちは「キューバの独立は一九〇二年五月二〇日に始まる」と習ってきました。この日はヤンキーたちが、彼らに対してキューバへの干渉を認める憲法の条項を条件に共和国を間接支配の状態に置いた日でした。ついでに言えば、「ラジオ・ゲッペルス」や「ラジオ・レーガン」、「ラジオ・ヒトラー」――私は「ラジオ・マルティ[*2]」とは呼びますまい――といった反キューバ放送局を始めるために選ばれたのもこの同じ日付、五月二〇日でした。プラット修正条項と引き替えに独立共和国としての立場を押しつけたときには、ヤンキーたちはわが領土を四年間も占領していました。四年も占領したあげくに、あの悪どいわが祖国への干渉権を強要したのです。こうして一度ならず干渉し、そんなやり方でわが国の最良の土地やわが国の鉱山、商業や金融、経済を奪いました。

それは一八九八年に始まり、一九〇二年五月二〇日に漫画みたいな共和制を押しつけ、頂点を迎えました。それがキューバに設立されたヤンキーたちの植民地政策の形だったのです。このとき、キューバの天然資源と富とを大量にわがものにするプロセスが始まったという次第です。私の父の例をお話ししましたよね、彼がヤンキーの企業を相手に仕事をしていたと。その企業というのは有名なユナイテッド・フルーツのことで、それがオリエンテ州の北に拠点を置いていたのです。彼はユナイテッド・フルーツの労働者でした。それが彼のキューバでの最初の仕事だったわけです。

教科書は合衆国の生活様式を褒めそやしていました。それをありとあらゆる文物が補っていました。今日では子どもですら、それがとんでもない真っ赤なうそだということを知っています。

このように張りめぐらされたうその総体を、どうすれば崩せると思いますか？　この神話の数々を、どうやって壊せると？　大衆はよくわかってはいなかったものの、それに苦しんでいました。その大衆は混乱していましたが、絶望もしていました。その大衆を少しずつ、段階を踏まえ、革命へと導かねばなりませんでした。そしてはっきりとした政治的意識と彼ら自身の運命への信頼とを身につけさせねばならなかったのです。

こうした考えの何もかもを、私は読書と自身の熟考から引き出しました。キューバの歴史について、わが民族の性格と性質について、マルクス主義について、読み、考えた結果です。

ベト：あなたは真正《オルトドクソ》党の左派でしたね？

カストロ：私の考えを知っている人たちも何人かいましたし、すでに私の活動を邪魔しようとする人もいました。彼らは私を共産主義者と呼んでいました。当然のことながら私はだれにでも何もかも率直に説明していましたから。でも私はすぐ目の前の目標としての社会主義を説いて回っていたわけではありません。不正義や貧困、失業、高い家賃、農民の立ち退き、低賃金、政治腐敗、そしていたるところで見られた情け容赦のない搾取を批判するキャンペーンを繰り広げていたのです。それは告発であり、説教であり、活動計画でもあったのです。国民はすでにそれに対して十分な準備ができていたので、そこから活動を始め、彼らを真の革命に向けて導いていかなければなりませんでした。

共産党は孤立していることがわかっていました。ただし労働者の間では一定の勢力を得て影響力もありましたが。私は労働者たちを潜在的同盟者と見ていました。もちろん私がいくら自分の理論が正しいと主張したところで、戦闘的な共産党員を説き伏せることはできなかったでしょう。現実にそうしようとすらしませんでした。実際に私がやったことは、そのころにはもうマルクス・レーニン主義の概念をもっていたのですが、自身の思想を先に進めることでした。共産党員とは非常にいい関係をたもっていました。実際、私が読んで勉強した本のほとんどは、カルロス三世通りにある共産党の書店で、分割払いで買ったものです。大学の共産党指導者ともよい関係をたもっており、ほとんどの闘争で同盟関係をもちました。しかし私は潜在的に革命的な多くの大衆と共闘できる可能性があると考えていました。一九五二年三月一〇日に起きたバティスタのクーデター以前から、私はこのような思想を実践するようになっていました。

ベト：モンカダ兵営を襲撃したグループは、真正党の左派ですか？

カストロ：真正党の党員でした。その党の青年部の一団で、私は彼らをよく知っていました。彼らが何を考えているかも知悉《ちしつ》していました。クーデターが始まると、私は彼らを組織したのでした。

その時点では私たちは戦闘細胞を組織しました。正確に言うと軍事機構を組織していたのでした。一九五二年の軍クーデターから何ヵ月もたっていなかったので、そのときにはまだはっきりした革命計画はありませんでした。一九五一年から革命の計画をいだいてはいましたが、その計画によれば、当時はまだ政治的にその前段階だったのです。

その当時、私はある革命運動を計画していました。そして私はある種の政治的な力さえももっていました。真正党は選挙で勝つ手はずになっていました。ハバナ州を除いたほとんどすべての州での党の主導権は、いつものように地主やブルジョワジーの手中に落ちつつあることは知っていました。その人気政党は事実上、反動分子や選挙組織に掌握されていました。唯一の例外がハバナ州で、そこでは健全な政治家のグループや知識人部門、評判の高い大学教授などの力が優勢でした。だからそこには選挙のための裏組織というものが存在しませんでした。ただしハバナ州内でも地方ではすでに幾人かの金持ちたちが党の中に入り込み、伝統的な裏組織と金という方法で党をコントロールしようとしてはいましたが。

党はハバナでは十分な力をもっていました。自主的に参加した党員は八万人を数えていました。これは相当な数ですよ。とくに党の創設者チバスの死後、党員の数は増えました。彼は大衆に大きな支持基盤をもった戦闘的人物で、ある政府閣僚との論争がもとになってみずから命を絶ってしまいました。その閣僚にグワテマラに土地を所有しているという疑いをかけたのですが、実証できなかったのです。彼は罠にかけられたのです。この問題について論争するように仕向けられました。国中に腐敗が蔓延していたというのに、この件に関しては証明されずじまいでした。そして絶望した彼は自殺したわけです。党はそこで実質的に指導者不在になりましたが、強大な力を得ました。

そのとき、私はすでに真正党《オルトドクソ》が一九五二年の大統領選挙で勝つという想定で計画を立てていました。この政府が将来どうなるかもわかっていました。これもまた完全なる失敗に終わるはずでした。これが準備していた運動の政治的第一段階であり、それはこのように経過すると思っていたのです。しかるのちに第二段階では革命的に政権を奪還するつもりでした。マルクス主義の教えと本能が伝えるところによる重要なポイントというのは、革命を遂行するためには権力を掌握しなければならないということでした。そのときまで従っていたような伝統的な政治のやり方では、どこにも到達などしないのでした。

私はある一定の立場にあることを広報として活用し、そこから革命の計画を発表していこうと考えていました。最初は法案として、のちには当のモンカダの計画となったものとして。いいですか、それはたしかに社会主義の計画とは言いがたいものでしたが、国民の圧倒的多数の支持をとりつけることのできるプログラムで、キューバにおける社会主義の前段階となるものだったのです。モンカダの計画に収められていた発想は、バティスタのクーデターよりもかなり前から、私が温めてきたものだったのですよ。ハバナ市民や都市部および地方の貧民街の人々の間での強固な基盤作りを、私はもうおこなっていました。加えて私は、党の多数の人々に対しても活発に働きかけていました。

私は弁護士でしたから、少数の同志の努力に支えられながら、精力的に、大胆に、そして一生懸命、これらの階層の人たちと密に接していました。党の役職にはついていませんでしたが、党内でも大多数からの支持を集め、はっきりした革命思想ももっていたのです。しかしクーデターが起きたときにすべてが変わりました。例の計画は実行不可能になりました。

私の当初の計画では、兵士たちも仲間に入れようと思っていました。というのも、彼らもまた搾取の対象だと私には映ったからです。兵士たちは有力者や大統領、大佐などの私有地農場で働かされていました。私はそういったことも見て取って、告発してもいたので、この一団の中でわずかながらある程度の支持基盤ももっていたのです。少なくとも彼らは私のおこなう告発に注意を向け、またそれに対して利害がありました。私はこの運動に兵士も加えようと思ったのです。そうです。兵士も労働者も、農夫も、学生も、教師も、専門家も、全住民の中間層をすべて、ひとつの広い計画の中に取り込むつもりでした。

しかし、クーデターが起き、すべての計画表が変わりました。当初私は、ひとつ手前の憲法を打ち立てるという段階に戻らなければならないと考えました。まず軍事独裁政権を打倒しなければなりませんでした。まず以前の状況を回復しなければならないと私は考えました。あの悪辣《あくらつ》で反動的なものごと、というのはつまり、バティスタのクーデターですが、それをなしにするためだっただれもが団結するだろうと思いました。真正《オルトドクソ》党青年部の若くて謙虚で、闘志あふれる連中を私自身で組織し、党の指導部の何人かとも連絡を取りました。こうした作業を私はすべて自分自身で発案し、実行したのです。

指導部の中には武装闘争を支持する人もいました。バティスタ政権を武力をもって倒し、以前の段階、つまり立憲体制に戻ることが必要だということは、私にとっては自明のことでした。これはきっとすべての政党のめざすところだったはずです。まずは憲法によってつけられた道筋を通って実行される大きな大衆運動というのが、私が最初に考えた革命戦略でした。こんな状況になった以上、だれもがバティスタ体制打破のために団結するだろうと思ったのでした。政府内にいる人たちも、野党の連中も、全員がです。

それから何週間もたたないうちに、私は最初の戦闘員、最初の闘士、つまり最初の細胞を組織していました。まず、私は小さなガリ版刷りの新聞と地下ラジオ局を作ろうとしました。これが第一歩です。警察とのちょっとしたヘマもやらかしましたが、それはのちの教訓としてよい経験になりました。というのも、その経験のおかげで、人選や組織の細分化の際にとくに細心の注意を払うようになりましたから。そんな経験をへてやっと、私たちは本物の謀反人《むほんにん》になることができたのです。そしてすべての政党、すべての勢力を結集した闘争として想定していたもののための、最初の核を組織することができるようになったという次第です。

その党での私の活動はこのように始まり、そこで私は若くて健全な多くの人と知り合いました。ハバナの貧民街、アルテミサ区や、そこよりもっと貧しいほかの地区で、労働者の仲間を探して歩き回りました。そんなときはごく最初のころから私を助けてくれていた仲間といっしょでした。アベル・サンタマリア、*3 ヘスス・モンタネ、ニコ・ロペス*4などの数少ない一団でした。

私は専任の幹部になりました。その運動は専任の幹部を擁するようになったのですが、それが私で、ただし、私一人でした。ほんとうのことを言うと、モンカダ襲撃まで、実質的に私たちが擁していた専任の幹部は一人しかおらず、最後のころになってやっとアベルが加わった次第です。最後の数ヵ月は二人いたというわけです。

私たちはこの運動を一四ヵ月かけて組織しました。最終的には一二〇〇人のメンバーを集めました。私はその一人ひとりと話をし、ひとつひとつの細胞を組織し、ひとつひとつのグループを作っていきました。一二〇〇人もですよ！　モンカダ兵営襲撃の前に、どれくらい車を走らせたか知っていますか？　四万キロ走りましたよ。こうした努力も、すべては運動の組織化のため、訓練や装備の調達のために払われたのです。戦闘員候補たちと膝を交え、私の考えや指示を伝えたことが何度あったことでしょうか！

そういえば、私たちの使っていた車は支払いがすんでいませんでした。私はこの運動の専属幹部でしたが、支払いの遅れた請求書をつねに抱えていました。アベルとモンタネが経済的に援助してくれ、車の代金も支払ってくれたのでした。

こうして私たちは若くて健全な人々を組織し、愛国的で進歩的な思想で武装し、規律の行き届いた決然たる組織を作り上げていきました。もちろん、独裁政権と戦うために組織を作っていたのです。私たちは反乱を主導しようともくろんだのではなくて、ただすべての勢力と協力するつもりでした。有名で人望も篤い政治指導者や名士もたくさんいました。しかしやがて、次の段階がやってくると、すべてはうそやごまかしで、実現不可能だとの結論に達することばかりでした。だから私たちは独自の計画を立てる決意をせざるをえなかったのです。それがすべてを変えるきっかけでした。

原注

＊1　フランク・パイスは、オリエンテ州での学生運動と労働者や農民の反乱を連携させようとした若い革命家。一九五七年にバティスタ軍に捕らえられて殺害されるまで、地下活動でリーダー的な役割を果たした。

＊2　一九八五年に放送を開始したアメリカ合衆国政府のキューバ向けラジオ放送。

＊3　アベル・サンタマリアは、一九五三年七月二六日にモンカダ兵営を襲撃したグループの重要なリーダーだった。そこで捕らえられて拷問された上、刑務所で殺された。

＊4　ニコ・ロペスは七月二六日運動の創設メンバーの一人。一九五六年一二月のグランマ号上陸作戦後に捕らえられ、殺害された。

監訳注

★1　本書第一章同様、後藤政子編訳『カストロ　革命を語る』第二章「カストロの思い出」に掲載。本章は新訳。

第五章

監獄からの手紙1953-1955

Las Cartas de Prisión 1953-1955

一九五三年七月二六日、フィデル・カストロはオリエンテ州サンティアゴ・デ・クーバのモンカダ兵営を武装襲撃する。若き革命戦士の三分の一以上が襲撃時に殺されるか、その直後にバティスタ軍の手にかかって殺害されるかした。逮捕された者は、キューバの南西岸沖にあるピノス島の国立男子刑務所（模範刑務所ともいう）に投獄された。フィデルが収監されたとき、彼はわずか二六歳だった。

●一九五三年一二月八日

有名な作家の作品や、どこかの国の国民史、思想家の学説や経済学者の理論、社会改革家の説教を読んでいると、すべての作家の書いたものや、すべての哲学者の学説、すべての経済学者の論文、あらゆる改革の指導者の説教を、くまなく知りたいという思いでいっぱいになります。何もかもを知りつくしたいという思いから、それぞれの本の参考文献一覧にまで目を通し、いつの日かこれらの本も読みたいものだという望みを心ひそかにいだいています。塀の外にいたときは、いつも十分な時間がないままに余裕がありませんでした。ここではたっぷりと時間があるように思えるのに、あいかわらず余裕がありません。

● 一九五三年一二月一二日

すでに使ってしまった支出は別として、調達した資金の全額を、（モンカダ襲撃で）殺された人たちの未亡人や親族たちに渡してください。私たちには何も必要ありませんし、欲しいとも思いません。言うまでもなく、私たちはクリスマスを祝いません。その日は服喪の意味を込めて断食し、水も飲まない予定です。このことはみなさんに教えて差し上げてください。というのも、そうすることによって私たちの目標はより高貴に、より人間的になると思うからです。私たちのような囚人にクリスマスの喜びを望むことは無意味です。それよりも愛する人や稼ぎ手を亡くした人が住まいをなくしたり、飢えたりしないように願っています。

● 一九五三年一二月一八日

カール・マルクスの『資本論』も深く研究しています。よく研究され、科学的な厳密さをもって書き進められた、経済学についての大部の五巻本です。同時にキューバ人の著述家たちの研究も始めました。フェリックス・バレラ、ルス・イ・カバジェロなどです。

● 一九五三年一二月二二日

午前五時、ついさっき目を閉じたばかりだと思うのに、突然「整列！」という叫び声が手を叩く音とともに聞こえてきて、寝ている間には一瞬忘れることができたというのに、自分が刑務所にいるのだということを思い出します。一晩中つけっぱなしだった電灯は、いつになく目ざわりな光を放っています。頭は鉛よりも重く感じます。それでも起床しなければならないのですよ！　当然、シャツを着てズボンをはき、靴をはくのに三〇秒とかけません。これから夜の一一時までは眠ることはないでしょう。その時間には、マルクスやロマン・ロランを読んでいるさなかに、あるいは今日のように手紙を書き終えるころに、睡魔に襲われるという次第です。

ここでの一日をまとめると、こうなります。五時半に朝食、午前八時から一〇時半まで授業、一〇時四五分から昼食、午後二時から三時までふたたび授業、そして四時までレクリエーション、四時四五分夕食、七時から八時一五分まで政治経済の授業と読書会をしています。そして九時半、すべては静寂につつまれます。

一日おきの午前中、九時半から一〇時まで、私が哲学や世界史について説明します。キューバ史や文法、算数、地理、英語はほかの同志《コンパニエーロ》が教えます。夜は私が政治経済を教え、一週間に二度、演説の授業をします。つまり、演説の授業のようなもの、ということですが。

方法は以下のとおりです。政治経済の授業をするのではなく、三〇分ほど私が彼らに本を読み聞かせます。たとえばナポレオン・ボナパルトの（ワーテルローの戦いでの）歩兵によるウーゴモン攻略といった戦闘についての描写や、スペイン共和国に宛てたマルティの嘆願のようなイデオロギー上の論点となるものなど、そのほか同様のものを読むのです。読み終えてから、任意に選ばれた者やみずから手をあげた者何人かが三分くらい、この話題について話します。私たちの中から審査員を選び、それをコンテストにして賞を与えます。英雄などに関係した国民の祝日にはつねに、その話題についての特別な話し合いがもたれます。

毎月二六日にはパーティをし、二七日には喪に服します。その主題について静かに考えたり、だれかが口頭で発表したりする追悼集会を開きます。喪に服する日には、当然ながらレクリエーションや娯楽はどんなものも控えます。勉強するのは月曜日から土曜日の昼までです。

……仲間たちはだれもかれもすばらしい者ばかりです。何千回もの試練をくぐり抜けてきた者ですから、エリート集団といってもかまいません。武器の扱いを学んできた者たちが、いまここで本の扱い方を学び、将来の偉大な闘争の準備をしているのです。訓練はスパルタ式です。生活や教育などそのほかすべてがそうだからです。彼らは志操堅固で意志も強靭《きょうじん》なので、「負けても敵に背中は見せない」といった手合いだと言っていいでしょう。

●一九五四年一月一日

この日の私の最初の、そしてもっとも純粋な記憶が、祖国のために死んだ勇敢な人たちのことだったのはすばらしいことです。彼らは恥辱や不名誉に縛られたみじめな存在でいるよりも、永遠の生命を選んだのですから。

いまこの瞬間に彼らのことを思い出している人が、いったい何人いるでしょう？　きびしく見積もって、答えはわずか数名だろうと思います。一方で、彼らを想起することもせずに浮かれ楽しみ、笑っている人たちはたくさんいます。ダンスホールを埋めつくす金持ちの間抜けたちは、祖国の苦しみや民衆の嘆きを自分に関係があることだとみなしているでしょうか？　彼らにとっては私たちこそ何も考えていない若者であり、いまある社交界の楽園をかき乱す者だということになるのでしょう。私たちが彼らをうらやみ、現在の彼らのような怠惰で蛇蝎《だかつ》のようなみじめな存在になりたがっているのだろうと考える愚か者にはこと欠きません。

おそらくたくさんの貧しい家庭で、とくに屈服することのないオリエンテ州では、この地の気高くすばらしい子どもたちが、国歌を歌うことによって、われらが死せる英雄たちにしばし思いを馳せたことでしょう。

……たったいまラジオですばらしい演説をふたつ聞きました。このような状況下で人の言葉はほんとうに印象的に響くものですね。とりわけ、遠く離れた地の監獄で、二重に自由への闘いに燃えている者にとっては。わが愛すべき兄弟の名を呼んで、強い祈りを捧げるようにして想起させたその演説は、正義の光でした。演説も終わるころには私は、光線の一端を見たように思いました。栄光という後光を八〇名の殉教者にかざす光を、です。一〇〇年祭[*1]の殉教者たちよ！

私にとって一九五三年中、そして人生の中でももっとも幸せだった瞬間は、戦いに出たときです。いちばんつらかった瞬間は、敗北という恐ろしい挫折に直面しなければならないときでした。敗北のあとには汚名を着せられ、罵倒を浴びせられ、恩を仇で返され、誤解され、ねたまれました。

考えつきもしないほどの最悪の逆境にあるときに、自分自身を信じ、自分の信じるところに忠実でありつづけられるだけの揺るぎない強さを、人はいったいどこから取り出してくるのか、私にはいまだに理解できません。ただ、痛みを覚え、何もかもわからなくなって、不確かになり、何も見えないでいる、そんなつらい瞬間にも、自分自身を鼓舞しつづけることです。私はそもそもの最初から現実の状況を把握するようにしました。自分が何をしなければならないのかを考え、それを実行に移しました。一瞬たりとも迷いませんでした。完全に孤立していると思われる状況の中にあったときでさえも。

自分の理念と真実を信じる者の頑強さほど偉大なものはありません。彼は無敵です。地球上のいかなる力も彼に立ち向かうことはできません。何者も反応してはくれないだろうと思いましたが、私はみずからを信じたときに、真実という形をした自分の信念の最初の果実を見て、ちょっとした喜びを感じました。

●一九五四年初頭

ビクトル・ユゴーの『レ・ミゼラブル』がどれだけ私を感動させたかを言葉に表すことはできません。しかし、時間がたつにしたがい、彼の過剰なロマン主義や多弁さ、それからときには冗長で誇張されてすらいる博学の重さに、私は少し飽きてきました。同じナポレオン三世を題材にカール・マルクスは『ルイ・ボナパルトのブリュメール一八日』というタイトルのすばらしい作品を書いています。この二冊を並べると、歴史を科学的で写実的に描く視点と、純粋にロマン主義的に解釈するものとがどれだけ違うか、理解できるでしょう。ユゴーが単に運のいい冒険家とみなした人物のうちに、マルクスは社会的矛盾とこの時代に支配的だった利害の数々の衝突からの不可避の帰結を見たのです。歴史を運とみなす人もいれば、法則に支配されたプロセスとみなす人もいるということです。

一九五四年一月二七日

人間の考え方は、まちがいなく時代の状況によって条件づけられるものです。どんな政治の天才の場合も、その人の天才とはひとえに彼の時代に依拠するものでしかないと、あえて断言しましょう。レーニンも、官僚が階級を支配していたエカチェリーナ女帝時代であったならば、ブルジョワジーのリーダーとして頭角を現したことでしょう。それが当時革命を担った階級だったからです。さもなければ、彼は歴史に名を残しはしなかったでしょう。もしマルティがイギリス人に占領されたころのハバナにいたら、彼の父親とともにスペインの旗を守っていたでしょう。ナポレオンやミラボー、ダントンやロベスピエールがシャルルマーニュの時代にいたら、いやしい農奴でも、どこかの封建領土の城に住む名もなき住人でもないとすれば、いったい何をしていたでしょうか？

ユリウス・カエサルはローマ共和国初期には決してルビコン川を渡らなかったでしょう。ローマを揺るがす熾烈《しれつ》な階級闘争が先鋭化して平民会が力を伸ばしてくるのは、もっとあとになってからの話です。こうした状況のおかげで彼は権力の座につくことができたし、またそれが必要ともされたのです。カエサルは真の革命家でした。カティリナと同様に。一方で、歴史上で崇拝されているキケロは、ローマの正真正銘の貴族階級を体現しています。

このことは、フランスの革命家たちがカエサルをののしり、貴族階級のものである短剣をカエサルの胸に突きたてたブルートゥスを神格化することの妨げにはなりませんでした。フランスの貴族制に死の一撃を加えた彼らには歴史的な視座が欠けていたため、ローマ共和国というのは当時の専制君主国家フランスのようなものであり、平民の共和国に対する闘争が、ちょうどブルジョワジーの専制君主に対する攻撃のようなものだということを理解できませんでした。新たなカエサルがかつてのガリアの地にいままさに現れ、それが正当な権利だと主張してほんとうにローマ皇帝をまねようとしているという疑いなど、豪毛《ごうもう》ほどももちませんでした。

ほかでもないこの主題について言えば、私はローマ人たちがフランスの革命家たちに及ぼしたこれだけの影響というのはいったいどこから来るものなのかと、いつも興味深く思っていました。それしてある日、フランス文学史を読んでいて、一六世紀のフランスの作家アミヨがプルタルコスの『対比列伝』と『倫理論集』をラテン語から訳していたことを知りました。これらギリシャ・ローマが遺した偉大な人物と偉大な場面の記録が、二世紀後に大革命の主人公たちの参照点となったのです。

文学や芸術、哲学の天才の場合だったら、以上の観測は正しくはありません。ロマン・ロランやビクトル・ユゴーは、たとえ半世紀早く生まれたとしても、同様に輝かしい作品を遺したでしょう。半世紀早かったら、ボルテールの域にも近づいたことでしょう。ただし、まったく異なる思想を表明していたでしょうけれども。

およそ思想というものは、たとえそれが天才のものであっても、時代によって条件づけられます。ギリシャのアリストテレスの哲学は、彼に先立つ哲学者たち（パルメニデスやソクラテス、プラトンたち）の積み重ねの上に成り立つものです。これらの先駆者たちがいなければ、彼の思想もありえなかったでしょう。同様に、マルクスの理論も、社会思想の分野ではユートピア社会主義者の努力のあとに来た絶頂期であり、哲学の分野でいえばドイツの唯物論と観念論を統合したものです。ただしマルクスは哲学者であることに加えて政治の天才でもあり、だからこそ彼の役割は彼の生きた時代と環境に全面的に依拠していたのです。

セルバンテスやシェークスピアといった人物のように、一人の天才が普遍的な価値を生み出すことがあります。彼ら天才は、ドストエフスキーもそうですが、フロイトよりさきに精神分析に精通していました。科学を通じてではなく、人間の精神を心理的な深奥まですばらしい手並みで掘り下げることによって、そうなったのです。当時としてみれば、時代にはるかに先んじた偉業でした。

文学や哲学や芸術の天才たちは、現実の世界や行動が提示するものよりもかなり広い時間的、歴史的広がりをもつものです。しかし政治の天才が登場することのできる舞台は、ただ現実の世界や行動が提示する、この時間的広がりの中だけなのです。

●日付のない手紙——刑務所当局への手紙

二冊の本が没収されたと知らされました。そのうちの一冊はトロツキーの『スターリン』です。この処置は、この本の題名が『スターリン』であったためではないかと察します。それ以外の理由が考えられないのです。もしこの本がスターリンの支持者によって書かれたもので、スターリン擁護の本だったとしても、正直に言って私にはそれだけで没収の理由になるとは思えません。しかし実際には今回の場合、公平な批判研究の本ではありません。この本はスターリンと犬猿の仲にあった政敵レオン・トロツキーによって書かれた、反スターリンの一冊です。擁護などからはほど遠く、執念深く彼を攻撃している本なのです。ご存じのように、没収される理由はまったくないのです。もう一冊はどの本かわかりませんが、察するにクルツィオ・マラパルテ著の『クーデターの技術』ではないでしょうか。この本が入荷したと聞かされた覚えがあるからです。

私はこの本のことはよく知っていますが、これはファシストやナチ、ファラン〜党（スペインのフランコ派）、その他のクーデターを自由気ままに解釈したものにすぎず、歴史的な真実を突いたものではありません。この本の著者は歴史学者というよりは小説家なのですから。この本には実質的な価値などありません。ときどき、すでに読んだ本が送られてきます。でも、それはかまいません。この本が示唆的なタイトルであることは認めますし、だからこそ没収しろとの意見も起こるのでしょう。いずれにしろ、没収されたもう一冊の本というのがそれでしたら、まったく興味はありません。しかし、一冊めの本には興味があります。それにあなたがそれを手元に留めておく理由もありませんよ。何かのまちがいだったのでしょう。ご自分の目でご確認ください。

……私のリクエストした本が、トロツキーの本のように、タイトルだけで、内容を確認せずに没収されてしまうことは、私にとっては大いなる心痛の種です。検閲の仕事は公平の観点からおこなわれなければなりません。人はだれしも自身の教育と教養とにしたがって本を読むものなのです。

経済学や社会、哲学上の問題についての研究には、分析や比較、等々ができるよう、多様きわまりない視点を提供する本や著作家が要求されます。読書の自由がなくなってしまえば、だれも宗教の教義も社会政治学の学説も研究などできません。

……この建物に閉じ込められ、すべての時間を学習に費やしています。それがほかの人を傷つけたり邪魔したりすることもなければ、刑務所や国家に危害を与えるわけでもありません。私は刑務所の規則の何かを改善しろとか変更しろとかいった要求などはいっさいしていないのです……。

●一九五四年三月一日

ここの電気がつかなくなって一七日たちます。ろうそくすら使わせてもらえません。しかし昨夜は暗闇と孤独ばかりでなく、雨まで降りました。雷が轟くときだけ闇が姿を消しました。稲妻《いなずま》が光ると暗闇を切り裂き、高い窓から独房を照らし、部屋の角に鉄格子の影を落とします。そして嵐がやってきて、その強い風が雨を部屋の中に吹き込むものだから、すべてが濡れてしまいました。私は本をスーツケースに入れたり毛布にくるんだりして、雨から守ろうとしました。その間に、ベッドはずぶ濡れになり、床は水浸しになりました。そして冷たく、湿った空気が隅々まで行き渡りました。びしょ濡れで、骨まで凍りそうになりながら、私は部屋の片隅で、強風が静まるまでひたすら辛抱強く待っていました。それが日曜の夜のできごとです！

●一九五四年三月三日

（ホセ・ミロ・アルヘンテルの『戦争年代記』は）まさに私たち全員（七月二六日に殺された人、投獄された人、亡命した人たちのことです）にとっては聖典そのものでした。侵略軍のあの忘れられない行進が頻繁《ひんぱん》に心に浮かびました。私たちは実際の戦闘のたびに感動しては、その本の経験からできるだけ多くの戦術的・戦略的な細部を思い出して利用しました。時代は変わり、それとともに戦争の技法も変わりましたが、すべてのできごとは同じひとつの感情から起こるのです。その変わることのないたったひとつの感情が不可能を可能にし、多くの同時代人にとっては信じられないできごとも、後代にいたって信じることができるようにするのです。

『戦争年代記』のページはそんな思いにあふれています。この本を読んだ人は、先行する世代の者たちを信じるならば、彼らに肩を並べたいという思いで血が沸きかえるでしょう。ほんのわずかの闘争心でももちあわせていれば、彼らがこうむった不興を恥じ、赤面するでしょう。

ホメロスの『イリアス』では何よりも英雄的なできごとが語られていますが、われらがマンビ[*2]たちは、彼らよりも伝説的に見えます。アキレスよりは（アントニオ・）マセオのほうがいっそう無敵に思われるのです。なぜ私たちは、自分たちの偉大な功績についてまったく無知のままに生きなければならないのか？　この本がすべての家庭に一冊備えられていないことを思うと恥ずかしくなります。この本をすべての学校で必読書にしたいというのが私たちの固い意志です。子どもたちがこの本に書かれた事例についての知識を得て、ここで描かれた人々のような偉大な魂を吹き込まれて育つものならば、将来子どもたちは決してだれにも屈服しないでしょう。

●一九五四年三月九日

国家は裕福な人からお金を徴収し、この問題を解決すべきだと思います。カントリークラブの豪華クラブハウスや五番街、娯楽施設、貴族階級のためのクラブ、遺産相続によって分割売却されることになっている土地、そしてぜいたくに費やされる信じがたい収入には、三倍の税金をかけるべきです。

一九五四年三月一八日

『空間と時間についての超越論的美学』(「先験的感性論」ともされるカント著『純粋理性批判』中の一節)を読み終えて就寝しました。当然ながら、しばらくの間、私の心から空間と時間が消えたわけです。カントを読んでいると、アインシュタインを思い出しました。空間と時間の相対性理論と$e=mc^2$(質量×光速度の二乗)というエネルギーに関する有名な公式のことを考えたのです。この二人のおそらくは対照的な概念にどんな関連性が認められるだろうかと考えました。そして、実験科学とその発見がもたらした驚くべき結果によって打ちのめされ、葬り去られた哲学を救う決定的な判断基準を見いだしたというカントの信念について思いを馳せました。

デカルトの哲学は事象という試練に耐えることができなかったのですが——というのも、コペルニクスやガリレオの証明ずみの法則に反するからです——、はたしてカントはそのデカルトと同じ宿命に直面したのでしょうか? カントはしかし、物自体の本性を説明しようとはしませんでした。そうではなくて彼がしようとしたのは、私たちがそれを通じて物自体に到達するところの知識についてのみ説明を試みることでした。加えて物自体の本性を知ることが可能かどうか、そしてまた、これにのっとって、こうした知識がどのようなときに正しく、どのようなときに誤るのか、といったことの説明を試みたのです。彼の哲学とは知識の哲学で、知の対象ではありませんでした。このことにしたがえば、彼の哲学とアインシュタインの間に矛盾はないはずです。しかしながらは彼には彼なりの空間と時間についての考え方があり、それが彼の哲学体系を練り上げていくための基本的なポイントなのです。

そこに矛盾があるでしょうか？　明らかに、それを見いだそうと思えば簡単に見いだせるでしょう。しかし、このことやいつも私を悩ませる多くの疑問に思索をめぐらせている間ずっと私は、私たちの知識はどれだけ限られたものであるか、そして人間が何世紀にもわたって知性と努力をもって挑んできたこの分野が、どれだけ広大なものであるかと考えていました。この知識の相対性でさえ、考えるだに滅入《めい》ります。いったいどれだけの理論や学説、信仰といったものがかつて科学の聖書として使われながら、いまでは時代遅れとなっていることでしょう！　人類は、人間の進歩のためにいったいどれほどの犠牲を払ってこなければならなかったのでしょうか！

●一九五四年三月二二日

いまやっと電気がつきました。電気なしで四〇日間過ごし、その価値を理解することを学ぶことができました。暗闇に閉じ込められるひどい屈辱は忘れることはないでしょうが、同様にこのことも忘れないでしょう。暗闇に沈み込むような事態を避けるべく努め、そうならないようにと二〇〇時間近くも闘ってきました。薄暗く揺れる炎の小さなオイルランプを使って耐え忍んだのです。私の目は疲れ、心は怒りで震えました。あらゆる人間の蛮行の中でもっとも耐えがたいものは、こうしたばからしさです。

●一九五四年三月二三日

ロベスピエールは最後の瞬間まで、誠実で理想主義者でした。革命が危機に瀕していました。その周囲を敵が取り囲み、裏切り者は背後から短剣を突き刺そうと虎視眈々《こしたんたん》と狙い、先導者たちは行く手を阻んでいました。強行策を取り、妥協を許さず、冷徹になる必要があったのです。罪を犯したのも委任を受けてのことであり、決して手続きを無視してやったのではありません。というのも、そんなことをすれば、そこには破滅への道が待っているからです。数ヵ月間恐怖政治を敷くことは、何世紀も続いた恐怖政治を終わらせるために必要なものでした。キューバは何人ものロベスピエールを必要としています。

●一九五四年三月二四日

シェークスピアの伝記の中でもビクトル・ユゴーは、美しくも多くを言いえた言葉を遺しています。とりわけ、書物について語った次の一節はすばらしいものです。「あらゆる予言者、あらゆる詩人、あらゆる哲学者が書き上げてきた膨大な人類の聖典が、いままさに、義務教育という巨大で輝くレンズの火にくべられ、燃え上がろうとしている」。彼の言葉は義務教育がすっかり定着した現代において予言的なものとなっています。現在、(私たちの国も含めた)多くの国で、義務教育というのがただ理論上でのみ強制になっています。もっとほかのことが強制されているというのが実情だというのに。つまり、貧困や競争力のなさ、時代錯誤などです。

● 一九五四年三月二八日

午後七時ごろに電気をつけ、それから蚊との戦いを始めます。何かを書いているときは、タバコの煙を吹きかけて追いやります。それから蚊帳の中に入り、私といっしょに入ってしまった蚊を一匹ずつ追いかけることになります。

しかしそれで終わりではありません。読書を始めるとすぐに、色鉛筆を蚊帳の外に置いてきてしまったことに気づきます。それを取ってきて本を開くと、なんと違う巻でした！ そしてまた辞書や眼鏡を取りに外に出ることになります。なんとめんどうくさい！ だからいまはベッドの右側に物を積み上げ、ベッドの上にも物を積んで、それを崩さないように気をつけています。私はできるかぎりの時間、一日一〇時間でも、一二時間でも、一四時間時間でもと、読めるだけ本を読んでいます。

この独房にはチーズでも油脂でもパンでも、なんでも食べる蟻《あり》も住んでいます。不思議なことに、蟻が近寄らないのはコンデンスミルクだけなのです。そこでは生物が生きるための絶え間のない闘いが繰り広げられています。蝿《はえ》は蚊と戦い、蛙は蝿を捕まえ、小さいハゲワシのような蟻は残っている物を何もかも運び去っていきます。私が窮屈に感じているこの刑務所は、彼らにとっては広大な世界なのです。

ごくたまに小さい、色鮮やかな鳥が高窓まで飛んできて自由で幸せそうにしています。そうすると私は、こうした鳥を籠《かご》の中で飼うのがどれほどの罪なのかをこれまで以上にはっきりと理解し、そして『サン・ミケーレ物語』（アクセル・ムンテ著）を思い出します。午後遅くには、日射しが窓越しに斜めに入ってきて、鉄格子の影を数分間だけ部屋の向こう側の床の上に落とします。

皮肉なことに監禁されているつらさを意識するときほど、何か新しいことを見いだすとそこから楽しみを引き出してくるものです。

●一九五四年四月二日

政治とはなんとふざけたものか！ 私のこれまでの活動では、最良の人材と渡り合い、最良の政党で働くときでさえ、耐えがたいものでした。どんな集会にも、数多くの偶像崇拝者が疲れ知らずに熱狂に取りつかれて出席し、何時間も何時間もそこに座ったまま、二〇人もの異なる話者が狂乱の弁論大会の参加者よろしく話すのに耳を貸して――その実だれもが同じことをしゃべっているというのに（しかもその日一日だけでなく、来る日も来る日もそうなのです）――いたものですが、それらの会議を思い出すにつけても、私はわが人民がとてつもなく辛抱強く親切だという結論に達するのです。この孤独な独房でそのことを考えていると、みな、あのペテン師どもに椅子《いす》を投げつけるのではなく拍手喝采《かっさい》を送るなど、どうすればできたものかと、私には理解できません。彼らすべての政治家は、舞台の役者のようなものです。与えられた役を演じ、観客の拍手を勝ち取る人たちだからです。それでいつも選挙日のことばかり考えているのですが、それ以外のことに思いを馳せようものなら地獄に落ちてしまうのです。

私もその中の一人でした。あえて説明するならば、経験のなさや環境のゆえだったと言うしかありません。何千ものアイデアを頭の中に抱えていても、それ以外のことができなかったのです。私はそのサーカスの団員でした。アルキメデス同様、私も世界が動く中心となっている軸を探しました。心の奥底ではこうしたこと何もかもに嫌気がさしていました。ここかしこに偽善や凡庸さが見えたように思ったのです。時間がたってみると、当時の私の本能は決して私をあざむきはしなかったと証明されました。

もし私が何かできるという段になったら、何をおいてもまず、党大会を本当の意味での情報や教育、規律の促進手段に変え、大衆のエネルギーを生み出すように努めるでしょう。道化や大言壮語といったもののことごとくに終止符を打ちたいものです。いまのところ観察されるのはそればかりです。集会でも、せいぜい四、五人が話せばいいのです。少なければ少ないほどよろしい。私がかつて所属していた党は、他党とは違うということを最大限に訴えたところですが、それでも結局、あらゆる点で他党と同様のものに成り下がってしまいました。もっとも残念なことはスローガンに政治的要素がまったく含まれていなかったことと、リーダーには個性がなく、党員には規律が欠けていたことでした。

●一九五四年四月四日

いま、夜の一一時です。午後六時からぶっつづけでレーニンの作品を読んでいました。『国家と革命』です。その前にはマルクスの二冊、『ルイ・ボナパルトのブリュメール一八日』と『フランスの内乱』を読みました。この三冊は相互に関連しており、計り知れない価値があります。

……哲学の分野に踏み込んでいったことが役に立っています。長い間カントで頭を悩ませたあとでは、マルクスは「主の祈り」よりも簡単に思えます。マルクスもレーニンも強烈な論争精神をもっていたので、私は笑ったり読書を楽しんだりして、彼らとすばらしいひとときを過ごしています。敵に対しては妥協を知らず、難物と化す二人は、どちらも本物の手本にすべき革命家です……。

……いまでは毎日午後の数時間、外に出ることが許されています。火曜日と木曜日、日曜日の午前中もそうです。広く、がらんとした、周囲を柱廊で囲われた庭に出るのです。それをとても楽しんでいます。もっとも、無言のままでいるのですが……。

金曜日に独房の整理をしました。まず御影石の床を石鹸《せっけん》と水で洗い、次に研磨剤をつけて磨き、洗剤で洗い流しました。最後に消毒剤と芳香液でもう一度すすぎました。そしてすべてを完璧《かんぺき》に整頓もしました。オテル・ナシオナルの部屋でさえもこれほどきれいではないでしょう……。

今日の夕食はイカのスパゲティで、デザートにはイタリアンボンボンを挽きたてのコーヒーとともにいただきます。その後H・アップマンの四インチの葉巻を吸います。うらやましいでしょう？

みんな私のことを気にかけてくれて、とてもよくしてくれます。私の言うことを聞き入れてくれません。物を送るのをやめるように頼んでいるのですが。朝、パンツ姿で外に出て潮風を受けると、まるで海辺にいて、目の前に小さなレストランがあるかのようです。まるで休暇中のような気分にさせてくれます。カール・マルクスはこんな革命家についてなんと言うでしょう？

●一九五四年四月五日

現代の二大政治運動、社会主義とファシズムを勉強するための教材はたっぷり持っています。しかし、ルーズベルトのニューディール政策に関するものは何も持っていません。ルーズベルトの計画や業績について完璧に研究した内容を収めたスペイン語の一、二巻程度の本があったはずです。

一九五四年四月一一日

何日か前に裁判所に連れていかれました。そのときずいぶん久しぶりに野原や遠くの地平線を見ました。ここの風景は美しく、光にあふれ、太陽は輝いています。裁判所の職員たちと——とても感じのいい人たちです——しばらく国内のできごとについて立ち話をしました。独房に戻ったとき、奇妙で、落ち着かない感じがしました。彼らに言ったことについて思いをめぐらせてみました。会話は簡にして要を得たものでした。しかし私は、自分がとても機械的な話し方をしていたことに気づいたのです。光や風景、水平線、それら何もかもが作用していたのでしょう。おかげで私はまるで不思議な、どこか遠くの、忘れられた世界に入っていたような気がしました。

……ここへ来てからわずか八ヵ月半ですが、ありとあらゆるしかたで、どれほど苦しまなければならなかったことか！　ほとんどの時間を一人で過ごしました。ある点まではこれが私の運命でした。物理的な世界に慣性の法則があるように精神世界にも惰性の法則があります。そしてこのふたつの世界には、いずれも重力の法則があるのです。無数の力があなたのスピードをゆるめさせようとするでしょう。だから人はときには心理的、精神的なエネルギーを最後の最後まで使ってその力と闘わなければいけないのです。

あなたは私の抵抗の決意を信頼しているとおっしゃいますが、それは無根拠なことではありません。ほんとうに私は堅固に耐えつづけています。しかし、私が歩んでいるのは普通の人生ではなく、どのようにしても私の性分には合いません。まるで独自の形をしたものが別の鋳型《いがた》にはめ込まれるようなものです。

不思議なことに、私には個人的な野心がありません。私のいっさいの動機は道徳的なものです。名誉や尊厳、義務感といったものです。ほかの人たちが人生の価値をはかるものさしとしているものは、私にとってはまったくの無意味です。こんな状況に置かれた私の最大の矛盾点は、私が肉体的な罰や物質的な罰にまったくの無関心だということ、生物として存在することになど全然興味がないということです。処罰を受けねばならないとしても微笑《ほほえ》みながらやり過ごし、その意図をくじくことでしょう。私にとって牢獄、鎖、不可抗力と認識されるものは、ただ義務の牢獄だけです。肉体的には、私は強く、地上のどんな力にも傷つけられはしないという自信があります。単純に私がそういった力を恐れないからですが。しかしながら、肉体的なものは精神的なものに屈するはずです。平静と冷徹なる理性をもって戦場に臨んだ生来の反逆者ですが、その冷徹な理性というものは、それはそれで強い道徳観に裏打ちされているのです。

●一九五四年四月一二日

「成功のためのすぐれた秘訣は待ち方を知ることだ」とマルティは言いました。私たちは裁判で採用したのと同じ戦略を続けるべきです。だれかと敵対するのではなく、私たちの視点を弁護するというものです。すべてのゴキブリをつぶすのに時間はたっぷりとあります。

もっとも困難な瞬間でさえそうだったように、私たちはどんな邪魔が入ろうともあきらめません。最後にひとつ忠告を。ねたみから身を守ること。あなたたちはいまや栄光と名声を手にしました。だれにしろ、そんなものを手にした者に対しては、いつ何時でも、その弱点を探ってやろうとして、いろいろと言い立てたり口実をつけたりしながら、凡庸な人間がすり寄ってくるものです。

●一九五四年四月一五日

……ルーズベルト。私がいま、おもにほしいのは彼についての情報です。農産物価格の引き上げや農地拡大とその管理、貸付、返済猶予、農業分野での国内外での市場の拡大といった政策について知りたいのです。社会面では、彼がどのように雇用を創出したか、労働日数を減らし、賃金を引き上げ、失業者や高齢者、障害者への社会的補助をどのように成し遂げたのか、知りたいのです。一般経済の分野でいえば、彼のおこなった産業の再編、新税制、企業合同や銀行貸し付けの法制化、貨幣制度の変革などについての情報がほしいのです。

……古代から現代まで、偉大な社会改革のことごとくがこんなにも似ていることは興味深いものです。一八七一年にパリ・コミューンが採用した手法の多くは、ユリウス・カエサルが布告した法令に似ています。土地や家、負債、失業などの問題は昔からどの社会でも起きていました。

歴史上の偉大な革命の壮大なスペクタクルに、私は触発されます。それは常に巨大な利益をもつ少数派に対抗する、多くの大衆の福祉や幸せを具体化する目的の勝利を意味してきたからです。

私をほんとうに感動させるエピソードは何かご存じですか？　ハイチで起きた黒人奴隷の革命で

す。ナポレオンがカエサルをまねて、フランスがローマに似ようとするころ、スパルタクスの魂がトゥーサン・ルベルチュールの中に再生したのです。反乱を起こしたアフリカ人奴隷たちが、ナポレオンの配下にある大将軍たちを打ち破って自由共和国を打ち建てたという事実が、どれほど重要視されていないことか！　その時点からハイチは大して発展していないのも事実です。しかしほかのラテンアメリカ共和国がはたしてこれ以上の何かを成し遂げたでしょうか？

こうしたことを考えつづけています。率直に言えば、この国を上から下まで革命するのだとすれば、こんなうれしいことはないと思うからです！　すべての人が幸せになっていいと確信しています。彼らのためだったら、数千人もの嫌悪や敵意を一身に引き受ける覚悟はできています。その数千人の中に何人かの親族や知人の半分、同僚の三分の二、同窓生の五分の四が含まれようとも。

●一九五四年五月一二日

私はモントリオール・グループ（保守陣営と結託しようとした真正党右派）をまったく信用していませんし、低く評価しています。彼らの、私やわれわれの運動に対するふるまいは以下のようなものでした。七月二六日以前は私たちの存在を認めることを拒み、私たちを排除し、妨害しました。また、流言やうそや予言を信じ込ませたり、あるいは巨額の金——くすね取ったものだというのに——に物言わせて自分たちこそが優勢なのだと吹聴《ふいちょう》したりして、私たち対する悪印象を人がいだくようにと仕向けました。

七月二六日の時点とそれに続く時期には、彼らは私たちを批判し中傷してねたみの深さを露呈しました。あげくに私たちがバティスタと合意の上で襲撃を実行したとまで言い出す始末です。

それから裁判が始まりました。すると彼らは沈黙を守り、浴びせられる中傷や犯罪、侮辱と闘う私たちを手放しにしました。この点に関して彼らは賢明ですらありませんでした。私たちの大義のヒロイズムが広がるのを恐れるあまり、バティスタの犯罪を告発できずじまいだったのですから。

七月二六日の前も、最中も、その後も、私たちは孤独に闘わなければならなかったというわけです。いまでは私たちは、気高く、非難されることのない理想を体現しています。私たちこそが率先して未来をになう者となる権利を手中にしているのです。私たちは目先のことにとらわれて大切なことを失うことはしますまい。この紳士連中は、では、いまどんな位置にいるでしょうか？ やつらは何も変わってはいません。変わったことといえば、ただほんの少しの賞賛の言葉で私たちをあざむこうとしただけです。そうやって彼らが真正党に対しておこなったのと同じほどのひどいことを、あいつらはそれよりも悪いことを私たちに対しておこなっただけです。彼らが真正党《オルトドクソ》にした悪事とは、つまり、彼らが党を袋小路追い込み、その信頼を失墜させ、望まれざる愛人のごとく足蹴にして追い出してしまったということです。

世界中がいまこそ作戦を実行に移すときだと騒ぎ立てているときに尻込みせずにまっすぐ立っているのはむずかしいことです。だれもが必死になって武器に手を伸ばすということも、私はよく知っています。そしてモントリオール・グループが追随者を集めるために使った手段というのが、せいぜい武器を提供するくらいのものだということも知っています。私にもかつて、十分すぎるほどの数のそうした必死な追随者がいました。だいたいにおいて、闘争が始まる前はだれよりも多くを要求し、性急でありながら、いざその時が来たら戦うことにはまったく興味を示さないという、そういった手合いです。彼らにとって革命とは、上質な冒険以外の何ものでもないのです。

私たちは自身が現実の力というよりも、まだ理念や象徴、大きな可能性の力だということを認識しなければいけません。この路線を続けていけば、それはキューバの役に立つでしょう。私たちは自由のためならば血の最後の一滴まで捧げる覚悟ができています。しかしその闘争がもし、私たちに屈辱を与えるものだったり、あるいは多額の金を盗んだからとか、まだ成し遂げてもいないことを吹聴しているとかいう理由で、その地位にいるリーダーたちの傲岸不遜《ごうがんふそん》や欺瞞《ぎまん》を堪え忍ぶことを余儀なくさせるものであったりするのならば、血など一滴だに流すに値しません。こういったリーダーたちの唯一の目標は権力です。私たちの目標は革命だというのに。彼らがいま闘争を指導しているのは、彼らに多額の金があるからです。明日には彼らは闘争のためという口実で金を盗むでしょう。まずは彼らが私たちのプログラムを受け入れないかぎり、彼らとはいかなる合意にも達しません。そのプログラムがわれわれのものだからというわけではありません。そうではなくて、唯一可能な革命への道筋を指し示したものだからです。このプログラムはもちろん、これまで代々の政府で暗躍してきた悪党ども一人ひとりの私有財産の没収を排除するものではありません。これがいかにも重要なポイントとなるに違いありません。

これが私のほんとうに感じていることです。メキシコにいる人たちにもそう伝えてください。彼らは同じように考えていると確信しています。くりかえしますが、あなたが決定したことなら、たとえそれがどんなことであっても受け入れます。あなたは私たちよりも判断するに適切な立場にいるのですから。ひとつだけお願いしたいのは、それぞれのステップを理知的に、その最大限の大きさで見積もっていただきたいということです。私たちの人数が少なくても問題ではありません。これから先の道のりは長いのです。もし私たちが自分たちの原理原則を高く掲げつづけられるなら、それがいつの日か現実の革命と、さらに可能な革命の旗印となることでしょう。

●一九五四年六月一二日

……独裁者が刑務所を訪れたときに私たちが愛国行進歌を歌ってからこの数ヵ月というもの、私の独房からたった五〇メートルしか離れていないところにいる弟（ラウル・カストロ）に会わせてもらえません。短い手紙を書くことすらできないのです……。

だれかが私の近くにいるときがあるとすれば、それはただ唯一、受刑者の死体——おそらく明らかにされることのないやり方で首を吊られた者か、叩かれて、でなければ拷問されて死にいたった人のものでしょう——が、私の独房の向かい側にある小さな遺体安置室に横たえられるときだけでしょう。しかし独房の唯一の出口には六フィート（約一・八メートル）のついたてが立てられていて、だれひとりとして人が見えないようになっています。たとえその人が生きていようが死んでいようが。たとえ死体であっても私にだれかの同伴を許そうものなら、寛大すぎる処置だというのでしょうね！

●一九五四年六月一八日

独房に監禁されてから、もう四ヵ月と一週間が過ぎました。はじめは四ヵ月といっていましたが、ほんとうは無期限に私をここに閉じ込めておくつもりなのでしょう。

……状況はほんとうにこれ以上はありえないという悪さです。キューバでこうしたことが完全に刑事罰確定以前におこなわれ、しかもそのことに報道は恐ろしいまでに無関心であると考えること以上の精神的拷問があるものなのか、これほどの異常事態がありうるものなのか、私にはわかりません。共和国が苦しんでいるこうしたモラルの低下を知れば知るほど、ますます胃が痛くなります。

……ここで私は、一日を読書と自分をコントロールする訓練をしながら過ごします。たしかに、新聞など読まないときのほうが気分はいいものです。数々の政策やそれが示す屈辱的な態度などをあらゆるところに見いだすにつけ、私は怒りに震えます。だれかの忍耐が試験されてきたのだとすれば、それは私のものでした。ときには私は何時間も、怒りを爆発させてみたいとか、ハンガーストライキを宣言して私を独房から出すか、さもなくば殺すかするまで、いっさいのものを口にすることを拒みたいという欲望と葛藤します。ただし、私が釈放されたり殺されたりすることはまずなさそうですが。彼らは私を挑発しようとしているだけなのだと私は確信しています。ただしうまく挑発しおおせるものではないでしょうが。なぜ彼らは、四ヵ月を過ぎてもなお私を独房に閉じ込めてきたのでしょう？　私はいつまで自分をコントロールするだけの強さをたもてるのか、わかりません。

●一九五四年六月一九日――メルバ・エルナンデスとアイデ・サンタマリア宛て

最高幹部の一員として、外部にあって運動の代理を務める幹部として、ここでの決定を遵守しなければいけません。あなた方の地位というものは義務と責任とを必然的にともなうもので、それらがあなた方に熱意と規律とを課すはずです。それをもって決定を遂行してください。この点に関してはこれまでも厳格な路線を取ってきましたが、今日新たにそうしようとしているわけです。

真正者党《アウテンティコ》（キューバ革命党）との協定を結ぼうなどという考えに少しでも傾いたら、それは深刻な思想上の逸脱ということになります。過去にも私たちが彼らと協定を結んだことはありません。彼らが自由になる巨額の資金をもち、私たちが一文なしで武器の購入にも苦労していたときでさえ結んでいません。なぜなら、彼らは革命を指導する能力や道徳性、イデオロギーに欠けていると私たちは考えたからです。高潔な理想のために人生を捧げた人々の死体と血を乗り越えて、なぜいまさら彼らと協定が結べるでしょうか？

過去に彼らの物語や空想譚《たん》や大ぼらなどにだまされることがなかったのだから、くすねた大金をちらつかせていたとしても、もはや本性をあらわにしてしまった彼らのことを、いまなぜ信じなければならないのでしょうか？　過去に彼らがしてきたことといえば、ただそのうそや欺瞞《ぎまん》で私たちの邪魔をし、妨害し、私たちの地位をおとしめ、組織の細胞を間引きすることだけだったのだから――そして体制の罪を告発するだけの品位すらもたない――、彼らの前に私たちの高潔な旗印を降ろすよう仕向けるような、どんな原則や理念、論理があるというのでしょうか？

カルロス・プリオ前大統領はアメリカ合衆国でいったい何をしたというのでしょう？　サンティアゴ・デ・クーバでおこなわれた野蛮な大量虐殺《ぎゃくさつ》を大々的に公表する機会に恵まれていたというのに、そのことごとくを無駄にして、哀れなほどの沈黙を守ったのです。さらに言うならば、それ以後の二年半近くの間に、彼ら自身が一〇〇度と吹聴《ふいちょう》しているのだから、二〇度はあったはずの、彼らの約束を実行するための時間が、資金同様、十分にあったはずではありませんか？　つまり革命を起こす時間があったはずではないですか？

革命は、精神的に虚無主義者と化し、歴史的にも無と化した人々、そしてまた現在私たちが苦しんでいる状況に対して全面的に責任を負う人々が、権力に返り咲くことであってはいけません。私たちが成功するか否かは、そもそもの最初から自身の革命原理を全面に掲げてきた志操堅固な男と女の努力を、民衆は支持するだろうという確信にかかっていたということを、あくまでも忘れないでください。人々をだまし、裏切った者にはこうした支持は望むべくもありません。

……この運動がだれかの手で汚されるなどということがあってはなりませんし、これは反乱の笑劇などというものとはなんら関係のないものです。私たちはこうしたことを含むなんらかの合意を承認しなければなりません。陰謀によって幅をきかせる人々、小政治家連中、革命ごっこをする者たちに気をつけてください！

……もしもいま、私たちの同列の者の中にただ銃を撃ちたいだけだったり、銃を手に入れるためには悪魔と喜んで契約するといったりする人がいたら、何も考えずに追い出すべきです。いざというときに尻込みする臆病者が撃たれるに違いないというのと同じ理屈です。だれよりも大口を叩く者は、一般的に言って、やけになってそうしているのです。私たちが欲しているのはギャングや冒険家ではなく、ただ自身の歴史的運命を自覚していて、待つことを理解し、私たち祖国の将来のために辛抱強く働いてくれる人たちだけなのです。

これらが私の主な心配ごとであり、私たちはこの方向へと私たちの歩を向けてきました。絶えず勉強を続け、規律と性格とを打ち立てることによって指導者を訓練しました。刑務所で過ごす時間が長かろうと短かろうと関係ありません。私が知るかぎり、時がきたならば私たちの使命を実行することになっています。キューバでこれだけの大それたことが準備されたことなど、いまだかつてなかったことはあなた方に保証します。

……もし第三の政治的勢力が結成されたら、何が起きるか、見てみたいものです。多くの偽善者たちがついには仮面を取り、下院議員や上院議員の席を争い、政府の吹く笛に合わせて踊ることでしょう！　そうなると、プリオの熱心な支持者たちがそれらの政治勢力のいずれかから立候補する必要がやっとできるというものです。私たちにとっては現実の闘争の完璧《かんぺき》な出発点に立つ必要が生まれます。一方で犯罪者や泥棒や売国政治家、背教者、裏切り者や腐敗した人たちがいて、彼らの間で共和国は分裂するでしょう。そして、もう一方の側で民衆に寄り添うようにして、キューバの汚れることなく、理想主義者、誠実な革命家でありつづけた者たち全員がいるということになるでしょう。こうした陣営の構図が早くできればできるだけ、好都合です。

……私たちがすぐにやるべきことは——これは完全に納得してほしいのですが——私たちの仲間の地位を確立するために革命細胞を組織することではありません。そんなことをしたら重大なまちがいになるでしょう。いますべきことは、私たちを支持するように世論を動かし、私たちの思想を広め、広範な民衆の後ろ盾を勝ち取ることです。私たちの革命計画はもっとも完璧で、活動指針は何よりも明瞭で、私たちの過去の歴史はだれよりも自己犠牲的です。私たちには民衆の信頼を得る権利があります。千回でもくりかえしますが、それなしに革命はありえないのです。

●一九五四年八月

いまだにほかの同志たちから隔離されたままでいます。これは疑いようもなく若者の知的訓練を妨げるべくなされた処置です。彼らは若者を未来のもっとも手強い敵として見ているからです。若者が私と本を交換することすら禁止されています。それ以外では、私の状況はよくなっています。ラウルもここに連れてこられました。彼らは私の独房(『ボヘミア』で見るようなところです)を四倍は広くて大きな庭とつなげてくれました。そこは朝七時から夜九時半まで開放されています。刑務所の従業員がそこの掃除を担当しています。私たちは電気を消して眠り、日中に不意におこなわれる整列や点呼にも参加する必要はなく、好きな時間に起きられます。

当然、私はこうした改善要求などいっさいしていません。水は十分にあり、電気も、食べ物と清潔な服もあり、すべてが無料です。家賃すら払っていません。外の世界よりいいと思いませんか?月に二回面会があります。まったくの平穏な空気がおおっています。しかしこの「楽園」にあとどれくらいいるのかはわかりません。

……私たちの時は近づいています。かつて、私たちはたいへん少数でした。いまでは民衆に溶け込まなければなりません。私たちの戦術は違ったものになるでしょう。私たちをグループと見ていた人たちは、悲しいことにまちがっています。私たちがグループとしてのメンタリティや戦略で特徴づけられたことはないでしょう。さらに言えば、いまでは私は自身の大義名分のために身も心も捧げられるのです。そこにすべての時間とエネルギーを費やせます。新しい生活を始めるのです。すべての障害を乗り越え、必要なだけの闘争のすべてを戦い抜く決心をしたのです。

何よりも、いままで以上に私たちの進む道とゴールが見えています。刑務所で時間を無駄には使っていません。勉強し、観察し、分析し、計画し、仲間を訓練してきたのです。キューバで最適の場所がどこか知っていますし、その場所をどうやって探せばいいのかもわかります。始めたときは私一人でしたが、いまでは大勢になっています。

●一九五五年一月一日――ニコ・ロペス宛て

……私が刑務所で時間を無駄にしていると思っていないことを、いまさら言う必要はないでしょう。反対に、運動のために思想や教養面で前衛や指導者たちの準備をしています。私たちはまだ若く、急いではいません。ここには二九人の同志《コンパニエーロ》がいますが、代わりに八〇人いればすばらしかったことでしょう！　キューバのためにできることを考えると、亡命して散り散りになった人たちよりも、ここに囚われている仲間に、より信頼をいだいています。

……私は、私たちが現状の中で長い闘争に備えなければならないということを、絶対的に確信しています。その長い闘争というのは、キューバ民衆がもっとも大事に温めてきた夢の実現によって絶頂に達するものです。彼らはほんとうによりよい運命に値します。日一日と、私たちの行動を通して民衆の共感を勝ち取ってきました。あなたが行動すれば、いっそう大きな称賛を得ることでしょう。加えて言えば、あなたはそのとき私たちのワークショップに参加することになるでしょう。そこでいま、私たちは同世代のリーダーを作り上げ、彼らに私たちと同じ考え方や教義、規範を浸透させているところです。現状がどんなものであれ、この状況下に私たちはもうこれ以上いる必要はないでしょう。それというのも、私たちの解放を求める民衆の圧力の強さのおかげです。ここに残らなければならなくなったとしても、大した問題ではありません。時間は私たちの味方です。

一七ヵ月の過酷な囚人生活から得た、つらくはあるけれどもためになる経験を基に、私はあなたに率直に語っているのです。最後の一〇ヵ月間は、私はほかの同志《コンパニエーロ》たちから隔離されていました。しかし勉強会はきちんとまじめに機能しつづけ、蔵書もそろいがよくなりました。いつ いかなるときにも私たちをおおっていた信頼と道徳、闘争心、自己啓発心の大きさたるや、あなたには想像できますまい。

私たちの熱狂と熱意も、いままでと変わらぬ大きさをたもっています。私たちの自己犠牲への覚悟と闘争への欲求も同様です。かつて一度も革命家でなかった政治家――ただし彼らは革命家のふりをして通そうとしてきたのですが――がキューバを踏み台として、自分たちのいやしい野心をかなえようとしているのを横目で見ながら、私たちは自己犠牲という祭壇を土台にした偉大な革命的行動の準備をしているのです。私たちにとっては、刑務所も闘争のための学校でしたし、時が来れば、何ものも私たちを止めることはできないでしょう。

一方、私は心底、政党やエセ革命家グループからは何も期待できないと信じています。彼らの無能さは、三月一〇日以後の三年の間に衆目のもとに露見してしまいました。私たちは自身の血と汗、自己犠牲、無欲、理想で、幻滅した国民の心の中に希望と信頼の光を与えた唯一の存在なのです。逆境の中にあって待ち、行動し、強くなるすべを知ることによって、国民の名に値する存在になろうではありませんか。

私たちは戦闘では負けましたが、キューバの威信は守りました。そして私たちは闘争に戻ります。もはや私たちの血管に流れる血が一滴もなく、最後の一人も死んだとき、そのときだけ彼らは勝ったと言えるのです。私たちには資金が欠如していましたが、絶対にまちがってはいませんでした。右も左も、さまざまな流れを汲む政治家もどきの悪党どもや偽革命家たちの陰謀によって、私たちの仲間が殲滅《せんめつ》されていったさまを覚えていますか？　やつらはつねに混乱とうそをメンバーの間にまき散らし、国全体に浸透させ、そうやって私たちの訓練を受けた細胞をことごとく引き抜こうとしたのです。彼らの運動への誹謗《ひぼう》中傷のさまや、モンカダ兵営での恐ろしい捕虜虐殺を卑劣にももみ消したそのやり方を、あなたがご存じかどうか知りません。私たちは孤独に自らの死を引き受けました。一人ずつ捕らえられ、投獄されました。これからも一人のままでしょう。ですからこのままでいきましょう。キューバ革命の前衛となるために十分な権威もなければ組織もない人々と組んだりしようものなら、それは盲目的で狂気に満ちた裏切りの行為でしょうから。

私はすべてのキューバ人とひとつになることを模索しています。ただし、恥ずべき過去に巻き込まれたことのない人物に導かれた、尊敬に値する高貴なキューバ人とです。私たちが汚い金をもっていないからといって、どうだというのでしょうか？　七月二六日以前に私たちがそのような金を手にしていたでしょうか？　金のないことは私たちのさまたげにはなりませんでした。いまでも金以外のあらゆる理由があるから、さまたげがないのです。いまは私たちは人々の信頼という後ろ盾があります。民衆は私たちが、彼らを解放するために、徒手空拳でみずからの死を引き受けていることを見て取っているのです。

あなたは実にいい人です。あなたなら私の言っていることを理解してくれると思ったので、すべてを書いているのです。あなたのような、死んでいった人々の掲げた原理原則にいまだに忠実にしたがっているすべての人を、親愛の情を込めて抱擁します。そうでない人々も決して私たちの手の届かないところにいるわけではないと私は信じます。早晩、私が正しいことは彼らも気づくでしょうし、いつの日か、彼らと連れだって私たち全員が、七月二六日のあの忘れがたい薄明に連れていった栄光の道を、ともに行進することになると固く信じています。

フィデルと同志たちは国を挙げての人権擁護運動の結果、一九五五年五月一五日に釈放される。そして同年七月七日午後、カストロはメキシコに亡命した。

原注

＊1　モンカダ兵営を襲撃したグループは、キューバの国民的英雄ホセ・マルティの誕生一〇〇年にちなんでみずからを「誕生一〇〇年祭の若者」と呼んだ。

＊2　「マンビ」はスペインからの独立のため戦ったキューバ人をさす。

キューバ革命以後四〇年以上にわたってフィデル・カストロの伝記はいくつも書かれ、数多くの言語で出版されてきた。それらはいずれも「現代社会でいちばん知られている顔貌のひとつである髭づら」[*1]の人物を解明しようとするものだった。本書がそれらに比してユニークな点は、カストロ自身が描いた自伝的スケッチのはじめてのコレクションだということだ。これまでプライベート、とくに幼少期や青年時代についてはは語りたがらなかったカストロがそれを語っているのだ。

一九五三年七月、当時二六歳だったフィデル・カストロは一六〇名の若い武装勢力グループを率い、バヤモでのカルロス・マヌエル・デ・セスペデスに主導された支援活動と連動して、サンティアゴ・デ・クーバのモンカダ兵営を襲撃した。一九五二年三月一〇日の軍事クーデターで権力を手にしたバティスタ将軍に対する民衆蜂起を連鎖反応として引き出すことを目的としたが、反乱軍兵士の多くは殺され、生き残った者もほとんどは捕らえられ、拷問された。

数年前に法学部を卒業したばかりとあって、フィデル・カストロは、捕らえられはしたものの、獄中で孤独に過ごすこととなった時間のほとんどをみずからの弁護の準備に費やした。裁判所への出廷を利用してキューバに革命的な変化が必要であると主張し、最後には挑発的な態度で「私を有罪にするがいい。そんなことは大した問題ではないのだ。歴史が私を無罪にしてくれるだろうから」と結んだ。

これほどドラマチックにキューバとその後の国際的な政治の舞台に登場し、今日まで重要な地位を占めてきた若者とはどんな人物だったのか？

アメリカ合衆国の情報機関は、一九四七年ごろの報告書で、大学在学中のフィデル・カストロを「育ちのいい典型的なキューバの若者。両親のしつけ、またはしっかりとした教育の不足から、すぐに一人前のヤクザ者になるような手合い*2」と報告している。

本書でフィデル・カストロは、家庭環境や幼少時代、カトリック系の名門校での教育、そして早い段階から政治活動に参加する動機となった宗教やモラルの影響などを語っている。「早い段階」というのは、大学生時代から一九五二年三月一〇日のバティスタのクーデターまでの時期も含む。この時期、すなわちモンカダ兵営襲撃以前までに、カストロの個人的、政治的な道はすでに決定していたとみずから論じている。

「三月一〇日以前に革命行動を組織する必要性があるという確信に達していましたし、そのためには私の代理人としての地位も資力も何もかも投じる覚悟はできていました*3」

本書『少年フィデル』はそれゆえ、彼の形成期に焦点を当て、彼自身の言葉で、少年フィデルや若い反逆者フィデルを眺めていくものだ。暴力的な集団が大学の自治を牛耳っていたハバナ大学でどんなふうにすごしたのか、武装闘争に対して最初はどう考えていたのか、国際学生組織のオーガナイザーとしてラテンアメリカを旅したときには何をしたのか、ラテンアメリカ反帝国主義運動と連携するどんな行動に参加したのか、一九四八年にコロンビアで起こった民衆蜂起ではどんな経験をしたのか、そして若い弁護士・政治活動家としてはどんな時代をすごしたのか、といったことを回想している。

一九五九年のキューバ革命の直後、世界中からジャーナリストや作家たちがフィデル・カストロの「素顔」に迫るため、先を争ってキューバ島に押し寄せた。得られるかどうかわからない褒賞を求めてのことだった。つまりは、カストロその人とのインタビューという褒賞を。アメリカ人フォトジャーナリストのリー・ロックウッドは、こう語る。

「もしカストロが言われているほど危険な敵なら、できる限り彼のことを知っておくべきだろう……。賛成するにしろ、反対するにしろ、彼を理解するには、まず本人に語るべきことを語ってもらって、それを聞くのが一番だ」[4]

ワシントン・ポスト紙の特派員で、カストロの青年期にいち早く焦点を当てたライオネル・マーティンはユーモアを交じえて、このような観測を述べる。

「法学部四年の一九四九年春学期、フィデルの成績表は彼のその後を暗示している。労働法では優を取っているが、土地・不動産法では可の成績。筋金入りの社会主義者にふさわしい成績だった」[5]

もっと最近の話では、一九八〇年代後半から九〇年代前半にかけてのソビエト連邦と社会主義圏の崩壊を受け、多くのカストロの伝記が世に出るという事態があった。カストロと革命キューバの急激な崩壊を予想してのことだ。なかでも痛烈な評伝作者の一人ジョージー・アン・ゲイヤーはこう記している。

「あいかわらず世界はフィデル・カストロを、無数の顔があり、変幻自在のミステリアスな人物として捉えている。彼は第三世界のナポレオンであり、史上最初の左翼ファシストのリーダーで、精神錯乱のカウディーリョ、社会主義のカウディーリョ、地上に舞い降りたイエス・キリストであり、年とったヒモで、みんなのヒーロー、ローン・レンジャー、社会主義の押し売りで、まったくの独裁者、まったくの王子、まったくの革命家、裏返しの民主主義者で共産主義者、ガリシア人の〈酋長〉でマキアベリの君主、フランコ将軍時代のゲリラで異端審問官、海神プロテウスのカリブ海版で、世界という舞台に現れた新しいタイプの俳優、世襲制の共産主義者であり第三世界集団の司教代理、新たな第三世界のプロトタイプ、古典的なご都合主義のろくでなし……」[6]

そしてゲイヤーは、カストロの墓碑銘として「ほんとうに最後の共産主義者」と書き記す。

さらに際立った一冊といえばアンドレス・オッペンハイマーの著書『カストロの最後——キューバ共産主義国衰退の裏側』だ。一九九二年一月の日付でオッペンハイマーはこう書いている。「本書はどのようにフィデル・カストロが失墜するかとか、彼の最後の時をどれだけ先に延ばせるかを予言しようとするものではない。それは何週間か先かもしれないし、あるいは……何年か先かもしれない[*7]」

だがカストロはどうにかこうにか生き残り、ここ何年間かキューバ島を打ちのめした経済的打撃からキューバの人々は立ち直ろうとしている。「フィデルのもっとも重要な性格は絶対負けを認めないことだ[*8]」と、かつてラウル・カストロは語っていた。

カストロの大部の伝記を執筆したタッド・シュルツは「このたぐいまれなる人物の決断力がもう少し劣っていたなら、あるいは——これがもっとも重要だが——この人物の運がもう少し悪ければ、キューバと世界の歴史は違う方向に向かっていただろう。運は彼という存在を考える上でくりかえし問題にしなければならないテーマである[*9]」とコメントしている。運がよかったということは本書も示しているとおりだ。若きフィデル・カストロが、その人生を終えることになったかもしれない場面は数多くある。一九五三年の勇敢なモンカダ兵営襲撃の前にも、その人生は終わっていたかもしれないし、一九五六年のメキシコからの《グランマ号》による遠征も、もう少しで大惨事になるところだった。

■政治的影響

フィデル・カストロの政治的な進化については、いくつもの観測がめぐらされてきた。とくにキューバ共産党との関係やマルクス主義思想への傾倒はよく語られる。サルバドール・アジェンデ大統領時代の一九七一年一一月、チリのコンセプシオン大学で学生との間になされた前例のない個人的な対話の中で、フィデル・カストロは彼自身の政治的見解の形成について、たっぷりと語っている。

私は地主の息子でした。だから私は反動分子になってもおかしくはなかった。裕福な家庭の子どもたちが通う宗教的な学校で教育を受けました。その意味でも、反動政治家になっても不思議はなかった。キューバのような、映画も映画館も、広告も、人目に触れる何もかもが「アメリカ合衆国製」であるという国に住んでいました。反動主義になったかもしれないと考えられる三番めの理由です。大学にも通いましたが、何千という学生の中で、反帝国主義者はたったの三〇人だけでした。そして私はその一人になったのです。大学に進学したのは、地主の息子として名門高校を卒業したばかりのころでしたから、言うなれば政治にはまったくの無知だったのです。*10

彼は続けて、「ブルジョワ政治経済」について読んだあとに、はじめて社会システムに疑問をいだくようになった経緯をこう語っている。

過剰生産により資本主義はつねに危機にさらされています。それは結局、社会と自然の不変の法則によるものです。過剰生産による危機は避けられない問題であり、危機が訪れれば失業が増えます。失業が増えれば労働者は生きていけません。石炭がたくさんあっても、労働者は凍え、飢えて死ぬといった状況が訪れます。

そんなわけで、上流階級の教育を受け、アメリカのプロパガンダに感化されていた地主の息子は、このシステムはおかしい、何かまちがっていると考えはじめたのです。*11

カストロは「地主の孫ではなく、息子でよかった」とも語っている。

貧しく生まれながら一代で財をなした新興地主の息子として、田舎に住み、農夫や質素な人々といっしょに暮らし、友達づきあいができたことは、少なくとも私にとってはいいことでした。もし地主の孫だったら、きっと親は異なる意識をもつことになったでしょうから、都会の高級住宅街に私を住まわせていたでしょう。そのような環境では、私はその影響をまぬかれることはできなかったでしょう。良識よりも人間の悪癖が勝り、わがままになるだけだったと思います。

そして幸運なことに、私の良識は学生時代に伸ばされました。良識というのは、ある種の理想主義的な合理性、とてもシンプルで基本的な善悪の観念などのことです。同様に、何がよくて何が悪いのか、何が正しくて何が不正なのかを見分けるある種の意識と強制や抑圧に反抗するある種の精神が養われました。この精神のおかげで私は人間社会を分析することとなり、あとになってから知った言い方で言えば、ユートピア的共産主義者になったのです。当時は残念ながら共産主義者の知り合いはおらず、共産主義的な書物すら読んだことがありませんでした。

そんなある日、私は『共産党宣言』を手に入れたのです。共産党宣言ですよ！　あの有名な宣言。何行かを読み、忘れられなくなりました。たとえば次の一節。「ブルジョワジーは私たちが土地私有制度の廃止を望んでいるといって責めたてるが、実際のところ、人口の一〇分の九を占める人々にとっては土地私有制度は廃止されているのだ。土地私有制度が残りの人々にとって存在するのは、一〇分の九の人々にとって廃止されているからだ」（原文と若干異なるが、ほぼマルクスからの引用）

なんとすばらしい言葉！　なんという真実！　この真実は毎日の生活で見られる例の一部にすぎません。いまとは違うしかた、すなわち合理性によって世界が動いているに違いないと考えていた、ユートピア的共産主義者の私にとって、『共産党宣言』の階級社会やほかの一切合財を分析している部分は天の啓示のようなものでした。それまで私は、人間社会を不変の法則から生まれたものと思っていたのであって、進化や歴史と弁証法の法則による産物であるなどとは、思いもよらなかったのです。

そんな私が人間社会の起源とその階級分離を知ったとき、それがとても説得力ある理論だったので、すっかり魅了されてしまい、これらの思想に改宗してしまいました。しかし、それでもまだ共産主義者というには遠い存在でした。

さまざまな考えをいだいていましたが、私はどの党にも所属しませんでした。自分で学んだのです。帝国主義が何かもはっきりと理解していませんでした。私は当時まだ、レーニンの偉大な著書『国家と革命』も『帝国主義論』も読んでいませんでした。二冊とも、私の人生に光を与えてくれた著書です。それまでの私は、森の中に生まれながらも、そこがどんな森かわからずにいる動物のようなものでした。そこへ突然、その森の地図が示され、それがどんな森か、どこまで広がっているのか、といったことが教えられたのです。だから私はどこへ行けばいいのかわかりました。いいですか、もしマルクスの思想が正当で正しく、人を導くようなものでなかったなら、もし私たちの闘争が彼の思想に支えられていなかったなら、私たちはいまこの瞬間、ここにはいなかったかもしれない！　ここには存在しなかったかもしれないのですよ！

それではこの時点で私は共産主義者になったのでしょうか？　いいえ。私は、幸運にもひとつの政治理論を見いだした人間だっただけです。完全無欠の共産主義者になる前に、キューバの政治的危機という渦潮の中に立たされなければならなかったのです。すでに渦潮は訪れていましたが、私はまだ戦いに招集されてはいませんでした。そこでみずから志願して闘争グループに入隊し、戦いはじめたという次第です。[*12]

フィデル・カストロはつねに「どの党のメンバーからも、共産主義者からも、社会主義からも、過激派からも教えを受けたことはない」[*13]と主張してきた。しかしキューバの革命的ヒーローであるホセ・マルティとカール・マルクスの著書からは多大な政治的影響を受けたとくりかえし語ってきた。

本書では青年期のフィデル・カストロがどのような理知的、道徳的、政治的影響を受けてきたかを追究してゆくが、それによってキューバ革命そのものの独自性や、そのなかでカストロが中心的な役割を果たしていく過程を浮き彫りにしていくだろう。

■フィデル・カストロとチェ・ゲバラ

本書の回顧はカストロの釈放までを扱っているが、それを見れば、その後のわずかな年月（一九五五年六月から）で、フィデル・カストロとアルゼンチンの裕福な家庭で育った若い知的な反逆者のエルネスト・チェ・ゲバラが急速に関係を親密化させていった様子が容易に想像できる。はじめて両者が顔を合わせたあと、ゲバラはみずからのすべてをキューバ革命に捧げることを決めた。このときチェは二七歳になったばかり、フィデルは二九歳になろうとしていた。

「同世代だったが、二人を結びつけるに際してそんな共通性よりも重要だったのは、実践面でも思想面でも二人が同一の考えをもっていたということだった。二人の価値観は、時間を重ねるにつれてさらに共通していった」と、メキシコでフィデルやチェとともに過ごしたキューバの老革命家へスス・モンタネはなつかしそうに語っている。モンタネは「あの二人の間には、仲間意識があっというまにめばえていった」と語り、二人とも「まったく同じ性格と気性」[*14]を見せていたとコメントしている。

はじめて会ったときのことを、ゲバラはリカルド・マセッティにこう語っている。

「フィデルと一晩中話した。日が昇るまでには彼の遠征軍で主治医になることになっていたよ。実際、グワテマラでフィナーレを飾るラテンアメリカをめぐる長旅を経験して、暴君に対する革命に参加するのにだれかからの説得は必要なかった。だけど、フィデルの桁はずれの人間性には驚かされた。彼は多くの問題に取り組み、不可能を可能にしてきた。並はずれた信念をもち、キューバに旅立てば必ずたどりつくだろうし、たどりつけば必ず戦うだろう。そして、戦えば必ず勝つと信じている。私は彼の楽天的な考えを共有することになった[*15]」

ラテンアメリカ大陸の両端から来た、似ているようでまったく違う若い二人の間に生まれた絆は、比べるもののないほどに強くなっていった。

■

本書はデボラ・シュヌーカルとキューバ国家評議会出版局長ペドロ・アルバレス・タビオによって編集された。編者はこれがフィデル・カストロの青年期に関する自伝の決定版だと主張するつもりはない。まだまだ多くの、そしてきわめて重要な、補足すべき空白部分が残っているだろう。

このセレクションの目的は、論争の焦点となることも多い二〇世紀最大の政治的人物の一人に自身を回顧してもらうことだ。その点で『少年フィデル』は、フィデル・カストロとキューバ革命について少しでも理解したいと思っている読者にとっての基礎文献になるはずだ。

とくに一九八五年五月にハバナでおこなわれた、カストロとブラジル人司祭フレイ・ベトの広範にわたる論議からの抜粋がふたつ収められている。「解放の神学」の徒であるベトは、キューバのリーダー・カストロの幼少時代や学校生活から、宗教や倫理が彼自身に与えた影響について、そしてまたその他の個人的なことについて、より内密なレベルまで引き出している。

プライベートを公にしたり、営利目的に使ったりすることを嫌うことで有名なカストロが、ここでは驚くべき率直さで答えている。ベトのインタビューは『フィデルと宗教』[*16]として出版され、のちにカストロの幼少時代を知るもっとも総合的な著作として各国でベストセラーになった。ほかの二つの文献はあまり知られていないが、そのうちのひとつははじめて英語に訳され出版された。

一九九五年九月四日、フィデル・カストロは、かつて法学部に通い、政治のキャリアを踏み出した母校ハバナ大学の大講堂《アウラ・マグナ》での集会でスピーチをおこなった。その中で、カストロはちょうど五〇年前、大学入学当時に彼がどれだけ「政治に無知」だったか話し、そしてマフィアもどきのギャングが学生組織を牛耳る中で、生き残っていく道をいかに早く見つけたかを語った。[*17]

一九四八年四月にコロンビアで起こったボゴタ騒動（ボゴタソ）の名でしばしば言及されている民衆蜂起についての、コロンビア人ジャーナリストのアルトゥーロ・アラペによるインタビューは、今回はじめて英語に訳されて出版される。[*18] 一九八一年九月におこなわれたこのインタビューでは、わずか二一歳だった青年フィデルの中で、ラテンアメリカの統一の必要性の意識や、彼自身の並はずれた倫理観や肉体の強度、揺るぎない信念が高まっていく様子が描かれている。

モンカダ兵営襲撃の際に逮捕されたフィデルの牢獄からの手紙も、この改訂新版の最終章に新しく収録されている。これらの手紙はカストロの性格、倫理観、政治的信条、自分への固い信念、そしてみずから課した使命などをよりいっそう明らかにしている。投獄されたときはわずか二六歳だったが、これらの手紙はまた、彼の成熟した政治的なヴィジョンと戦略をも示している。

また、ガブリエル・ガルシア＝マルケスによる序文「素顔のフィデル」は、本来オーシャン・プレス社のジャンニ・ミナの著書『カストロとの出会い』に収録されていたものだ。フレイ・ベト著『フィデルと宗教』とアルトゥーロ・アラペのコロンビアでのカストロのインタビューを訳してくれたマリー・トッドに感謝を捧げる。キューバ国家評議会歴史局のペドロ・アルバレス・タビオは、本書にフィデルの幼少期から青年時代の貴重な写真の数々を提供してくれた。

二〇〇四年九月

デボラ・シュヌーカル

原注

＊1　Tad Szulc, *Fidel: A Critical Portrait*, William Morrow and Co., p.23.（邦訳、タッド・シュルツ著『フィデル・カストロ　カリブ海のアンチヒーロー』文藝春秋）

＊2　Herbert Matthews, *The Cuban Story*, George Brazier, p.140からの孫引き。

＊3　リー・ロックウッドのフィデル・カストロのインタビュー、Lee Lockwood, *Castro's Cuba, Cuba's Fidel*, Vintage, p.158.には、一九五二年に予定されていた選挙の候補者であったと書かれている。実際の選挙はバティスタ軍により中止された。

＊4　*Castro's Cuba*, xix.

＊5　Lionel Martin, *The Early Fidel: Roots of Castro's Communism*, Lyle Stuart, p.72.

＊6　George Anne Geyer, *Guerrilla Prince*, Little Brown & Co., p.391.

＊7　Andres Oppenheimer, *Castro's Final Hour: The Secret Story Behind the Coming Downfall of Communist Cuba*, Simon & Schuter, p.9.

＊8　Herbert Matthews, *Castro: A Political Biography*, Penguin, p23からの孫引き。

＊9 *Fidel: A Critical Portrait*, p.23.

＊10 フィデル・カストロ、*Fidel in Chile: A Symbolic Meeting between Two Historical Processes*, International Press, p.85.

＊11 同右

＊12 同右、p.85-87.

＊13 同右、p.85.

＊14 フィデル・カストロ、*che: A memoir by Fidel Castro*, Ocean Press, p.14-15.（邦訳、『ｃｈｅ：エルネスト・ゲバラの思い出』〔仮題、小社より近刊予定〕）。ヘスス・モンタネによる序文。

＊15 同右、p.14からの孫引き。

＊16 英語版は*Fidel and Religion: Conversation with Frei Betto*, Ocean Press（邦訳は『カストロ　革命を語る』〔同文舘出版〕に所収）。

＊17 この講演議事録の英訳は*Cuba at the Crossroads*, Ocean Pressに所収。

＊18 アラペのインタビューは、一九八四年刊の*De los recuerdos de Fidel Castro: El Bogotazo y Hemingway*, Editora Política に所収。

《著者プロフィール》

フィデル・カストロについて

フィデル・カストロは一九二六年八月一三日、旧オリエンテ州ビランの裕福な地主の家に生まれ、サンティアゴ・デ・クーバとハバナのカトリック系名門私立校をへて、一九五〇年ハバナ大学法学部を卒業した。

大学時代には政治腐敗に抗議する学生運動に参加する。キューバ人民党（真正党の名で知られる）の党員となり、一九四七年には同党左派のリーダーとなる。同年、ドミニカ共和国のトルヒーヨ独裁政権に抵抗する武装闘争に志願するが、遠征部隊はキューバを離れられず、計画は実行できずじまいだった。また、学生リーダーとしてカストロはベネズエラ、パナマ、コロンビアを回り、ラテンアメリカ反帝国主義学生会議の設立に協力した。奇しくも、アメリカ合衆国主導による米州機構（ＯＡＳ）が設立されたのと同時期のことだった。カストロは一九四八年四月、コロンビア滞在中にボゴタ騒動（ボゴタソとも。保守党による自由派弾圧の時代に、ある暗殺事件がもとで起こった自由党支持者による暴動）にも参加している。

一九五二年三月一〇日、キューバでフルヘンシオ・バティスタ将軍が率いるクーデターの勃発後、カストロはアメリカ合衆国が後ろ盾となったバティスタ将軍の独裁政治に対して、武装闘争を始めるべく革命組織を作りはじめた。一九五三年七月二六日、サンティアゴ・デ・クーバのモンカダ兵営の襲撃を計画してそれを先導するが、失敗に終わる。その結果、カストロを含む二〇人以上の人間が捕らえられ、裁判で有罪宣告を受け、投獄される。モンカダ兵営襲撃とそれに続く時期には、六〇人以上の革命家がバティスタ軍によって殺された。カストロは獄中、裁判での自己弁護を『歴史は私に無罪を宣告するだろう』と題したパンフレットにまとめた。この冊子は何千部も出回り、「七月二六日運動」のプログラムともなった。当初はカストロと同志たちに懲役一五年が言い渡されたが、投獄から二二ヵ月目の一九五五年五月、人権擁護団体のキャンペーンにより恩赦を受け、釈放された。

一九五五年七月七日、カストロはメキシコに渡り、キューバでの武装反乱に向けたゲリラ部隊を組織した。一九五六年一二月二日、カストロは弟のラウル、チェ・ゲバラ、カミーロ・シエンフエゴス、フワン・アルメイダ、ヘスス・モンタネなどを含む八一人の闘士とともに、《グランマ号》と名づけられたヨットでキューバ沖にたどりつく。その後の二年間、反乱軍の作戦を指揮する一方で、「七月二六日運動」の中心的リーダーとしても活動していた。キューバ上陸後は兵力をうまく再編することができ、一九五八年後半までにシエラ・マエストラの山岳部から島内のいたるところへと勢力を広げることに成功した。

一九五九年一月一日、バティスタ将軍は国外逃亡する。カストロの呼びかけに呼応して何十万ものキューバの人々が反政府ゼネストに打って出た。それが革命の勝利を確実なものにしたのだった。一月八日にカストロは、勝利を勝ち取ったキューバ反乱軍の最高指揮官として意気揚々とハバナに入城する。そして一九五九年二月一三日には首相に任命され、一九七六年一二月に（憲法改正によって）国家元首である国家評議会議長と閣僚評議会議長に就任する。キューバ共産党が設立された一九六五年以降、党中央委員会第一書記の職にもある。

【監訳者プロフィール】
柳原孝敦(やなぎはら・たかあつ)
東京外国語大学准教授。1963年生まれ。東京外国語大学大学院地域文化研究科博士後期課程地域文化専攻単位取得満期退学。法政大学助教授、ロムロ・ガリェーゴス・ラテンアメリカ研究センター客員研究員を経て現職。ラテンアメリカ文学・思想・文化論。著書に『ラテンアメリカ主義のレトリック』(エディマン)、訳書にアレホ・カルペンティエール『春の祭典』(国書刊行会)、『ホセ・マルティ選集①』(共訳、日本経済評論社)などがある。

翻訳協力＝森 美樹(ハントヴェルク)

少年フィデル

2007年10月31日 第1版第1刷発行

著　　者　フィデル・カストロ
監 訳 者　柳原孝敦
発 行 者　佐野 裕
発 行 所　トランスワールドジャパン株式会社
〒150-0002 東京都渋谷区渋谷2-22-3 渋谷東口ビル11 F
TEL：03-5778-8599 FAX：03-5778-8743

DTP制作　クニメディア株式会社
装　　丁　古屋恵史郎
印刷・製本所　株式会社シナノ

ISBN978-4-86256-010-0 C0023